本书系中央高校基本科研业务费专项基金资助项目："数字出版的运行机制与发展趋势研究"（项目批准号：SKZXY2015078）的阶段性成果。

传播大视野丛书

SHUZI CHUBAN YANJIU

YUNXING MOSHI YU FAZHAN QUSHI

数字出版研究

——运行模式与发展趋势

万安伦 / 著

中国传媒大学出版社

·北京·

图书在版编目(CIP)数据

数字出版研究：运行模式与发展趋势 / 万安伦著 . -- 北京 : 中国传媒大学
出版社，2017.9
ISBN 978-7-5657-1957-8

Ⅰ . ①数… Ⅱ . ①万… Ⅲ . ①电子出版物—出版工作—研究
Ⅳ . ① G237.6

中国版本图书馆 CIP 数据核字（2017）第 066025 号

数字出版研究：运行模式与发展趋势

著　　者	万安伦	
责任编辑	黄松毅	
装帧设计	卡古鸟设计	
责任印制	阳金洲	

出版发行　中国传媒大学出版社

社　　址　北京市朝阳区定福庄东街 1 号　　邮编：100024
电　　话　86-10-65450528　65450532　传真：65779405
网　　址　http://www.cucp.com.cn
经　　销　全国新华书店

印　　刷　北京玺诚印务有限公司
开　　本　710mm×1000mm　1/16
印　　张　18.75
字　　数　286 千字
版　　次　2017 年 9 月第 1 版　　2017 年 9 月第 1 次印刷
书　　号　ISBN 978-7-5657-1957-8/G · 1957　　定　　价　65.00 元

绪 论

一、"数字出版"的相关概念探讨

"数字出版"一词是由英文"Digital Publishing"翻译而来，亦可称为"数字化出版"。数字出版所覆盖的内容包括基于互联网的数字内容发行和出版发行、在线教育内容发展、移动内容研发和出版等。广义上讲，目前基于互联网和移动网络的数字报、手机报、网络视频和网络游戏等多种新媒体业态均属于数字出版。[①]数字出版其实是对数字内容进行创建、存储、传输、再现和管理的过程，也就是对数字内容的一种整合，包括数字内容管理、数字沟通和数字交易。[②]

随着计算机、网络和通信技术的飞速发展，科学技术正给新闻出版业带来深刻的变革。数字出版的概念日益突出，引起了业界和学术界的高度关注。数字出版主要包括两个方面，即传统出版业的数字化和新的数字出版形态。事实上，在今天，纯粹意义上的传统出版已经不复存在，即使是纸质出版物，其出版过程也离不开数字技术的应用。[③]

"数字出版"这一概念是伴随着技术的不断进步而不断深化的，从桌面出版、电子出版、网络出版、游戏出版、手机出版再到数字出版。[④]以往的这些概念更多地表现了数字技术在出版的某一流程或某一介质上的应用，只有"数字出版"第一次用更本质的技术属性来概括出版的全过程。[⑤]因此，

① 杨靖. 关于数字出版的几点思考[J]. 科技传播，2014（24）：171–180.

② 郝秋红. 浅谈数字出版的运作模式[J]. 太原城市职业技术学院学报，2012（9）：1–2.

③ 廖健太. 中国当代民族出版研究[D]. 兰州：兰州大学，2008.

④ 张立. 数字出版的若干问题讨论[J]. 出版发行研究，2005（7）：13–18.

⑤ 张立，陈含章. 数学技术与数字出版[J]. 编辑学刊，2006（3）：4–9.

广义上说，只要是用二进制这种技术手段对出版的任何环节进行的操作，都是数字出版的一部分。^①换言之，只要是用二进制的技术手段从事的出版活动，都叫"数字出版"。它包括：原创作品的数字化、编辑加工的数字化、印刷复制的数字化、发行销售的数字化和阅读消费的数字化。^②

让我们来比较下面六个概念：

1. 概念一：桌面出版

桌面出版（desk to publishing .DTP）这一概念由美国的保罗·布赖内德（Paul Brainerd）首先提出，是指将图文信息输入计算机之后，运用Pagemaker软件进行排版，而Postscript对排版后的图文信息进行描述——可以任意放大、缩小图像与文字，并保证Laser Writer激光打印机打出一致的校样。^③

典型的桌面出版系统由以下几个部分组成：图文信息输入设备、图文处理设备、图文显示设备、数据存储传递设备、图文输出设备。激光照排机是桌面出版系统中最为重要的输出设备，可在胶片或相纸上输出高精度、高分辨率的文字和图像，但是，其制造难度大、价格偏高。^④

2. 概念二：电子出版

电子出版，"是指以数字代码方式将图文声像等信息编辑加工后存储在磁、光、电介质上，通过计算机或者具有类似功能的设备读取使用，用以表达思想、普及知识和积累文化，并可复制发行的大众传播媒体。媒体形态包括软磁盘（FD）、只读光盘（CD-ROM）、交互式光盘（CD-I）、照片光盘（Photo-CD）、高密度只读光盘（DVD-ROM）、集成电路卡（IC-Card）和新闻出版署认定的其他媒体形态"。这是国家电子出版与新闻出版总署于1998年1月1日生效的《电子出版物管理规定》第二条对于电子出版与电子出版物的界定。

3. 概念三：网络出版

网络出版，是指出版者采用一定的技术手段将其待出版的作品存放在网络服务器上，以有偿或无偿的方式提供给用户的出版形式。从广义上来

---

① 张立. 数字出版相关概念的比较分析[J]. 中国出版，2006（12）：11-14.

② 刘成勇. 定义数字出版[J]. 科技与出版，2007（12）：6.

③ 张立. 数字出版的若干问题讨论[J]. 出版发行研究，2005（7）：13-18.

④ 张立. 数字出版相关概念的比较分析[J]. 中国出版，2006（12）：11-14.

讲，信息通过互联网向大众传播的过程都可以叫做网络出版。谢新洲认为，网络出版是狭义上的概念，指出版单位通过互联网向大众传播信息的过程，即出版主体限定为传统的出版单位。其具体特点主要有四个方面：①出版主体的合法性；②网络产品的数字化；③流通的网络化；④交易的电子化。

网络出版是借助于计算机网络（主要是互联网）进行信息传播的一种方式；是某个人或某些组织，出于一定的社会目的，把一些特定的信息进行收集并整理、编辑，定期或不定期地放在比较固定的网络空间或传送给需要者，以供其阅读浏览。而网络出版物就是用互联网或其他信息网络进行传输和发行的出版物。[①]

网络出版亦称互联网出版，国外对此有 Online Publishing、e-Publishing、Net Publishing 等不同表述。

4．概念四：互联网出版与在线出版

互联网出版，是指互联网信息服务提供者将自己创作或他人创作的作品经过选择和编辑加工，登载在互联网上或者通过互联网发送到用户端，供公众浏览、阅读、使用或者下载的在线传播行为。

在线出版又称为"联机出版"，与"离线出版"（Offline Publishing）相对应，指出版商通过计算机网络向用户提供除传统出版物之外的电子出版物的过程。现在的在线出版都已转向因特网出版了。[②]

5．概念五：泛网络传播

跨媒体的泛网络传播（Network Publishing）大大改变了内容生成、管理和提交的方式，这种内容更容易被管理，只要用户需要，无论何时何地，都可以通过各种形式，如 Web 网页、打印机、手机、手持设备、PC 或 Internet 专用设备安全地提交到用户手中，真正实现了创建、管理一次完成，多次发布。[③]

Adobe 公司中国区总经理皮卓丁在 2005 年 7 月 6 日发布的《数字出版与跨媒体解决方案》中称："泛网络传播解决方案分为两个不同层面，其一是基于网络、电脑、打印机、手持设备等建立信息内容采、编、排、印、发的全数字化的创建、管理、传播流程，即解决不同地域、不同作业方式、

---

① 张立. 数字出版相关概念的比较分析[J]. 中国出版，2006（12）：11-14.

② 张立. 数字出版相关概念的比较分析[J]. 中国出版，2006（12）：11-14.

③ 张立. 数字出版相关概念的比较分析[J]. 中国出版，2006（12）：11-14.

不同企业、不同软件采编的数据采集，建立一个虚拟的从设计到产品的新闻出版机构，使之成为引导信息消费与增值的主体。其二是建立一个基于HTML、PDF、XML等适合于跨媒体出版的页面描述与表达的方法和技术，解决信息高效率、低成本、互动的技术，最大限度降低跨媒体出版重复性作业的冗余。"[1]

　　6. 概念六：数字出版

　　数字出版是指以互联网为流通渠道，以数字内容为流通介质，以网上支付为主要交易手段的出版和发行方式。其中由著作权人、数字出版商、技术提供商、网络传播者及读者构成了数字出版产业链的主体。换句话说，数字出版或数字化出版，是指在出版的整个过程中，从编辑、制作到发行，所有信息都以统一的二进制代码的数字化形式存储于光、磁等介质中，信息的处理与传递必须借助计算机或类似设备来进行的一种出版形式。这是现阶段重要甚至主要的出版形式。[2]

二、几种概念的比较分析

　　1. 数字出版对应的英文词是Digital Publishing。其意是数字化的出版或用数字化技术实现的出版活动。而数字化技术的本质就是二进制技术（0，1），其最小单位是比特（bit）。在传输方式上，模拟传输是把信息作为"连续值"处理；而数字传输则是把信息作为"数值"处理。在过去的几十年中，二进制的语汇极大地扩展了，使它包含了大量数字以外的东西及越来越多的信息，如声音和影像，都被数字化了，被简化为同样的1和0。数字技术的直接结果是计算机的发明。数字技术在出版业的应用，就是数字出版。[3]

　　2. 网络出版对应的英文词是Network Publishing。由于互联网空前迅速的发展，目前，许多人习惯性地把"网络（Network）"完全等同于"互联网（Internet）"。但二者还是有区别的。网络（Network）的概念应该更宽

① 张立. 数字出版相关概念的比较分析[J]. 中国出版，2006（12）：11-14.

② 葛存山，张志林，黄孝章. 数字出版的概念和运作模式分析[J]. 北京印刷学院学报，2008（5）：1-4.

③ 汪曙华. 也谈数字出版的概念界定和发展路径选择[J]. 怀化学院学报，2008（12）：155-157.

泛，它既包括了互联网（Internet），也包括非互联网的网络，如局域网、通讯网等。①

3. 互联网出版对应的英文词是 Publishing Online、Web Publishing 或 e-Publishing。严格意义上的互联网出版，应该仅指基于 Internet 的出版活动。英文的 Online 和 Web 两词，都代表了互联网平台。新闻出版总署颁布的《互联网出版管理暂行规定》，无论从其名称上——"互联网"三个字，还是从正文的叙述上，都指明其适用的范围为互联网上的出版物。②这样的定义是比较严谨的。

4. 电子出版对应的英文词是 Electronic Publishing。电子出版最初指的是电子出版物的生产，如 CD-ROM 等。但今天也有一些人将电子出版与网络出版或数字出版的概念等同。不过从新闻出版总局管理权限的设置上来看，其音像电子司的三个处室分别为音像处、电子处、网络处，是有明确分工的，而其电子处所管辖的范围就是 CD-ROM 的出版。③

5. 泛网络传播对应的英文词仍是 Network Publishing。泛网络传播内涵和外延都更大，不仅仅局限于纸介质方面的广告传播，它的概念可以扩展到报社、网站、电视台、报刊社等，逐渐形成整合的媒体集团。它比网络出版的概念更全方位，但它却没能扩展到光盘发行这类独立性的电子出版领域。④

三、数字出版与二进制

在上述提到的所有概念里，数字出版应该是最大的概念，因为不论是网络出版还是电子出版，只要是用二进制这种技术手段从事的出版活动，都应叫数字出版。所以，数字出版的定义能否这样表述：广义上说，只要是用二进制这种技术手段对出版的任何环节进行的操作，都是数字出版活动。数字出版在理论上就是运用二进位制的技术手段进行知识和信息的创

① 张立. 数字出版的若干问题讨论[J]. 出版发行研究 2005，（7）：13–18.

② 张立. 数字出版的若干问题讨论[J]. 出版发行研究 2005，（7）：13–18.

③ 张立. 数字出版的若干问题讨论[J]. 出版发行研究 2005，（7）：13–18.

④ 张立，陈含章. "数字出版"概念探讨[EB/OL].（2013–03–21）[2016–06–20]. http://www.oodii. com/v3/news/arc/2013/arc1895.html.

新、复制、管理、传输、交易、发行、传播的新型出版形态和模式。

那么，到底何为二进制（binary system）？18世纪德国数理哲学大师莱布尼兹发现了二进制，19世纪爱尔兰逻辑学家乔治·布尔对其进行了发展。二进制和十六进制、八进制的原理相似，在运算过程中都是以二的幂来进位的。和十进制逢十进一的运算规律相似，二进制算术运算的基本规律是逢二进一。二进制是计算技术中广泛采用的一种数制。二进制数据是用0和1两个数码来表示的数。它的基数为2，进位规则是逢二进一，借位规则是借一当二。因为它只使用0、1两个数字符号，非常简单方便，易于用电子方式实现。①有学者认为二进制是受了中国古代"八卦"的启发，每一卦都由阳爻（—）和阴爻（--）构成。如果以阳爻（—）为1，以阴爻（--）为0，按照二进制的逢二进一的规则，64卦均可用0和1两个数字表示出来。其实早在莱布尼茨之前，北宋的哲学家邵雍就在他研究《易经》的著作中提出了比较完备的二进制思想，可惜他的二进制思想没有传播开来。为了避免与十进制阿拉伯数字符号混淆，现代运用中更多的是采用T（true）和F（false）或L（left）和R（right）作为基本符号。②

二进制算法：

二进制的或运算：遇1得1。

二进制的与运算：遇0得0。

二进制的非运算：各位取反，就是把1变成0，把0变成1。

二进制法则：

加法法则：

$0+0=0$；$0+1=1$；$1+0=1$；$1+1=10$。

减法法则：

$0-0=0$；$1-0=1$；$1-1=0$；$0-1=1$。

当需要向上一位借数时，必须把上一位的1看成下一位的（2）10，

则$0-1-1=0$，$1-1-1=1$。

乘法法则：$0 \times 0=0$，$0 \times 1=0$，$1 \times 0=0$，$1 \times 1=1$。

除法应注意：$0 \div 0=0$（无意义），$0 \div 1=0$，$1 \div 0=0$（无意义）。

---

① 王霞成. 不同数制之间的转换的教学方法探讨[J]. 中小企业管理与科技（下旬刊），2013（12）：265-266.

② 柯资能. 先天易的数学基础初探——试论先天卦序与二进位制[J]. 周易研究，2001（3）：79-91.

除法法则：0÷1=0，1÷1=1。

了解一点二进制的基本规则，对学习和理解数字出版具有重要意义。

四、我国数字出版的发展现状

（一）发展迅速，产值屡创新高

数字出版近些年产值屡创新高。作为国家经济发展中不可缺少的一部分，数字出版有力地推动了国民经济的发展。我国数字出版政策环境空前利好，数字出版平台竞争加剧，渠道不断创新。2014年我国数字出版产业收入比2013年增长33.36%，为3387.7亿元，在新闻出版产业总收入中，数字出版产业收入的占比由2013年的13.9%提升至17.1%。仅从2013年和2014年两年的数据中就能看出我国数字出版发展日新月异的态势。

（二）产品及服务形态更加丰富

一是特色资源数据库的建设。通过专业出版资源的数据化、结构化、多维化，实现海量出版资源在数据库中的聚集来打造专业领域优质内容服务平台。有的特色资源数据库针对特定群体的特定需求而开发，也有的针对特定主题而开发。如社科文献出版社为"一带一路"打造的特色资源数据库等，已经取得良好的"双效"收益。[①]

二是移动端产品的可视化、多维化创新。很多新闻客户端，通过图文、短视频、动画、动漫、游戏等多种形式呈现新闻报道，实现了一维到多维、可读到可视、平面到立体的服务转化。如新华社的新闻客户端推出了"动新闻"栏目，用3D技术还原新闻现场。[②]

三是以慕课为代表的数字教育产品与服务形态迅速崛起。很多教育出版社和专业出版社都搭建了自己的慕课平台，开发了基于自身内容资源的慕课课程。如人民卫生出版社开发了中国首套国家级医学数字教材，并联合全国180余家高等医学院校成立了中国医学教育慕课联盟，搭建了新型慕

---

① 魏玉山. 2014-2015中国数字出版产业年度报告[R/OL]. （2015-07-23）[2016-09-20]. http://www.bisenet.com/article/201507/150880.htm.

② 魏玉山. 2014-2015中国数字出版产业年度报告[R/OL]. （2015-07-23）[2016-09-20]. http://www.bisenet.com/article/201507/150880.htm.

课平台。①

（三）数字技术不断创新，推动数字出版跨越发展

首先，大数据技术应用前景广阔。移动互联网时代，广大用户的消费行为将通过移动端实现，阅读内容等消费行为将逐步融合和统一。因此，新闻出版业转型升级，不仅带来产品的多样化形态，而且可以通过对大数据技术的运用、渠道把握和为用户提供服务，从而提供产品、服务转型，实现从互联网文化产品加工制造商到服务提供者的角色转变。

其次，云出版与云服务逐步推广。通过云出版平台，出版社可以对社内资源加密，可以选择发行渠道进行授权、安全分发，渠道运营商可以打通各种渠道的终端应用，方便获取出版单位授权的资源进行运营。云计算在出版领域的应用，对于出版产业达成合作联盟、统一行业标准、完善产业链分工、优化高效利用和使用资源、提供更好更便捷的服务，起到直接的推动作用。②

（四）数字阅读率快速上升，移动端电子书阅读量增长显著

据2016年4月中国新闻出版研究院"第十三次全国国民阅读调查"数据显示：2015年数字化阅读方式（网络在线阅读、手机阅读、电子阅读器阅读、光盘阅读、Pad阅读等）的接触率为64%，较2014年的58.1%上升了5.9个百分点，超过了纸质图书阅读率。

2015年我国成年国民电子书阅读率为58.4%，较2014年的58%上升了0.4个百分点；电子报的阅读率为26.8%，较2014年的22.3%上升了4.5个百分点；电子期刊的阅读率为9.4%，较2014年的8.0%上升了1.4个百分点。

五、我国数字出版发展存在的问题

在数字出版发展得欣欣向荣的同时，一些问题的存在也制约着数字出版前进的脚步。

---

① 魏玉山. 2014—2015中国数字出版产业年度报告[R/OL].（2015-07-23）[2016-09-20]. http://www.bisenet.com/article/201507/150880.htm.

② 刘肖，董子铭. 我国数字出版产业协同发展路径分析[J]. 出版发行研究，2012（2）：49—52.

（一）数字出版的理论研究亟须进一步加强

数字出版是新生事物，学界目前的数字出版研究才刚刚开始，无论是整体研究还是单项研究都还较为薄弱。集中研究数字出版的运行模式和发展趋势的则更为稀少。在数字出版的发展一日千里的情况下，从理论到实践，研究和厘清一些亟待解决的理论问题并用以指导实践，显得尤为重要。

（二）产业链分工不明，契合性差

由于对中国数字出版产业链的信息在形成过程中的共享平台建设不足，产业链上的企业各部门不能及时有效地对行业相关信息进行传播、共享和集成，整个产业链缺乏流动性。根据产业链理论，一个成熟的产业链的每一个环节都应该有明确的分工、良好的连接和合作，从而实现多赢的目标。但是中国数字出版产业链上的企业为了抢占市场，经常四面出击，一些科技企业凭借技术和资金优势极力拓展下游、上游——上至内容创作过程，下至产品销售过程。这导致产业链分工混乱，效率低下，甚至恶性竞争，企业之间缺乏信任，直接的后果是部分数字媒体公司由于缺乏内容供应，或版权受限制不能在产业链中立足。

成熟的产业链，应该是参与的企业群落内部形成一条合理的分工链条，其中的各环节都有自己专注的领域，都能各自实现价值，合并起来可以形成整体优势。目前，中国数字技术提供商囊括产业上下游、一家通吃的做法，无法发挥产业链各环节的比较优势而形成健康发展的整体合力，这显然是数字出版产业发展的一大短板。[①]

（三）技术主导产业链，利益分配极不均衡

我国数字出版产业的快速发展与新技术的应用关系非常密切。技术服务商凭借技术优势逐渐介入甚至左右内容资源的生产和供给；在内容销售方面，技术也在主导数字出版产品的市场分销和利益分成。比如，亚马逊一直主导着kindle电子书的定价，大部分内容提供商即使有怨言也不得不接受。又如，中国移动、中国联通等电信服务商掌控技术和发布平台，在利益分配上具有支配地位。技术主导着数字出版产业链的运行，利益分配

---

① 祝兴平. 我国数字出版跨越式发展的瓶颈与短板[J]. 中国出版，2011（4）：6-9.

不均问题突出。在欧美发达国家，技术平台运营商在收益分配中一般占30%左右，而我国技术平台运营商的收益占比在60%甚至更多。此外，技术商凭借技术优势企图控制和"通吃"整条产业链，"跑马圈地，占山为王"，不仅会降低自身的效率，也容易造成整个产业生态的恶化，过于强大的技术主体攫取了绝大部分利润，将使整个产业链失去生机，不利于产业的长远发展。①

（四）内容劣势，上游传统出版机构式微

由于缺乏完善的合作机制，中国数字出版产业链的信息缺乏流动性，各个环节又各具自身的优势：内容提供商有版权优势，技术提供商有技术优势，平台运营商有销售优势；他们又分别代表自己的利益，在产品经过他们各自的环节时，为了实现自身的利润最大化，往往会忽略其他环节中企业的利益。②

与国外数字出版产业链中传统出版机构充分发挥内容优势、有效地和技术结合并占据主导地位不同，目前我国传统出版机构在数字出版中处于劣势地位。在新的数字出版业态中，以技术领先的新型企业、互联网巨头处于强势主导地位，传统出版机构则沦落为"配角"。究其原因，技术和资本投入是大多数传统出版机构开展数字出版的瓶颈，风险大、周期长，传统出版机构观望较多，动力不足，加之版权保护制度滞后、行业技术标准不统一、专业人才匮乏、体制机制不灵活等原因，使传统出版机构作为内容提供商，在数字出版发展进程中一直处于被动状态。③这一点，实际上是数字出版健康快速发展的瓶颈和痛点，需要正视和解决。

六、我国数字出版的运行模式

当前数字出版主要有电子书、数字图书馆、数据库、在线教育

---

① 邓佳佳. 产业链视角下的数字出版产业发展[J]. 南昌大学学报（人文社会科学版），2014（6）：73-76.

② 杨桂琴，谢志琴，徐晓敏. 河北省数字出版产业发展对策研究[J]. 经济论坛，2014（1）：34-37.

③ 邓佳佳. 产业链视角下的数字出版产业发展[J]. 南昌大学学报（人文社会科学版），2014（6）：73-76.

（E-learning）、在线网络（原创文学）出版、手机书、移动教育、按需出版、在线工具书、多媒体在线电子书、图书搜索、电子杂志订阅等产品形式，[①]这些业务都有各自的运行模式和发展趋势，但是目前学界对于这些细分领域的运行模式和发展趋势的研究仍处于较低水平。作为一个以内容生产为基础的知识产业，数字出版为适应产品形态多样化、传输网络化等特征，获取尽可能多的收益，就必须创造出比传统出版更科学的运行模式。按照价值链的不同环节，数字出版包含了三个运行模式：内容模式、营销模式和盈利模式。

七、本研究主要内容和逻辑架构

本研究主要目的在于通过研究数字出版的内涵和外延以及数字出版的运行模式，探求数字出版的发展规律，从而预测数字出版的发展趋势，为数字出版的理论研究和实业发展提供思考路径和建议。本研究内容共分七章。第一章介绍"数字出版的内涵和外延"，对本研究的研究对象作清晰、明确的界定；第二章通过与国外数字出版发展情况作比较，探讨中国数字出版的现状和问题；第三章对数字出版的重要环节和主要内容进行分析；第四章主要研究数字出版的运行规律和运行模式；第五章厘清现行数字出版运行模式存在的主要问题和瓶颈；第六章提出解决现行数字出版运行模式问题的方法和路径；第七章预测数字出版的发展规律和发展趋势。

---

① 姚娟. 中美数字出版商业模式比较研究[D]. 湖南：湘潭大学，2011.

第一章
数字出版的内涵和外延

信息技术和网络技术的快速发展，极大地推动了社会进步和经济的飞跃式发展，同时这些新技术与出版业不断融合，数字化浪潮袭来，逐步产生了新的出版形态——数字出版，使人们的阅读方式和阅读习惯发生了巨大转变。作为出版业中一种新的出版模式，数字出版是建立在计算机技术、通讯技术、网络技术等高新技术的基础上，融合传统出版内容而发展起来的新兴出版模式。[①]数字出版强调内容的数字化、生产模式和运作流程的数字化、传播载体和阅读消费的数字化、学习形态的数字化。[②]数字出版是对出版的整个环节进行数字化操作，而不仅仅局限于某一部分。

第一节　数字出版的内涵

一、数字出版的内涵

（一）数字出版的内涵

新世纪以来，信息与网络等高新技术飞速前行，随着数字出版理论与技术研究、数字出版实践活动的逐步开展，人们对数字出版这一新兴事物的内涵的认识随着数字产品形态的变化而不断拓展，不同领域也有着不同的理解和观点。笔者总结了国内外不同的学者、协会、工具书等对数字出

---

① 张广宇. 浅谈新型出版业态——数字出版[J]. 数字技术与应用，2013（1）：195.
② 张广宇. 浅谈新型出版业态——数字出版[J]. 数字技术与应用，2013（1）：195.

版做出过的定义，以供大家梳理、参考。

我国最早对数字出版进行研究的是北京大学的谢新洲教授，他认为，所谓电子出版/数字出版（他认为两者在本质上是一样的）是指在出版的整个过程中，从编辑、制作到发行，所有信息都以统一的二进制代码的数字化形式存储于磁、光、电等介质中，信息的处理与传递必须借助计算机或类似设备来进行的一种出版形式。

中国新闻出版研究院张立教授对于数字出版的定义是，数字出版是指用数字化的技术从事的出版活动。在《数字出版的若干问题讨论》一文中，他认为广义上只要是用二进制这种技术手段对出版的任何环节进行的操作，都是数字出版的一部分。它包括：原创作品的数字化，编辑加工的数字化，印刷复制的数字化，发行销售的数字化。[①]2008年，张立又指出，数字出版实际上是出版业的流程再造，流程再造以后，出版单位将形成以内容为核心的业务管理模式，是一种全面的数字出版解决方案。[②]

武汉大学徐丽芳教授认为，所谓数字出版，就是指从编辑加工、制作生产到发行传播过程中的所有信息都以二进制代码的形式存储于光、磁、电等介质中，必须借助计算机或类似的设备来使用和传递信息的出版。[③]这和谢新洲的看法基本是一致的。

却咏梅认为，数字出版是以互联网为流通渠道，以数字内容为流通介质，以网上支付为主要交易手段的出版和发行方式。[④]不同于之前几位学者用数字技术属性来诠释出版内涵，却咏梅是用网络属性来概括出版过程。

陈洁认为，数字出版不仅仅是存储媒介的数字化，也不仅仅是某些出版流程的数字化，而是包括媒介、出版流程、消费方式、信息反馈等一系列与出版活动有关的元素和环节的数字化。数字媒体的核心竞争力并不单纯取决于新的技术，而是取决于新的整合方式。

傅强认为，随着数字出版范围的延伸，数字出版已经从狭义的概念演变为内容发布与信息服务的代名词，传统出版单位应该从单纯的内容提供

---

① 张立. 数字出版的若干问题讨论[J]. 出版发行研究，2005（7）：1.

② 张立. 数字内容管理与出版流程再造[J]. 出版参考，2007（2）：28.

③ 徐丽芳. 数字出版：概念与形态[J]. 出版发行研究，2005（7）：5–12.

④ 却咏梅. 数字出版：路在何方？[N]. 中国教育报，2005–05–16（18）.

商向内容服务商转型。①

刘成勇认为，数字出版是依靠互联网并以之为传播渠道的出版形式。其生产的数字信息内容建立在全球平台之上，通过建立数字化数据库达到在未来重复使用的目的。②他认为数字出版过程还涉及电子商务、在线支付系统。同时，按需印刷（POD）和按需制作光盘（VOD）也将成为数字出版的基本要素。

司占军认为，数字出版的定义就是把以计算机技术为核心的数字信息技术应用于各类出版活动的一种方式。③从广义上说，以数字技术为手段处理出版环节的过程都可称为数字出版，狭义上也可以仅指数字内容的出版以及为出版数字内容而采用的数字技术。

王渝丽认为，数字出版可以理解为利用数字化技术，将各种图、文、声、像信息以数字形式存入信息库中，出版者根据市场需要对这些信息进行筛选、编辑、加工、整合，然后以纸介质出版物、光碟或网络出版物等形式投放市场的出版活动。④数字出版就是利用计算机技术或网络技术来代替一些传统的出版活动。

王勤认为，数字出版包括几个方面的含义：一是出版过程的数字化，包括编辑加工、印刷等；二是产品形态的数字化，也就是在出版介质上呈现出可交互的数字化产品；三是产品运营的数字化，即形成一个收费系统，使终端的内容发布能够变成前端的收入，从而形成一个闭合的产业链。⑤

陈昕认为，数字出版是以数字化为支撑，以计算机网络为载体的、全新的文化生产与传播方式，是计算机和网络技术发展到一定阶段后出现的产物。它具有三个特点：1. 记录、储存、呈现、检索、传播、交易、数据化的特点；2. 在网络上运营，实现即时互动、在线搜索等功能，具有创造、合作和分享的特性；3. 能够满足大规模定制这一个性化服务的需要。⑥

---

① 傅强. 数字出版：新的革命[J]. 浙江大学学报（人文社科版）. 2008（4）：84–89.

② 刘成勇. 定义数字出版[J]. 科技与出版，2007（12）.

③ 邱阳. 数字出版趋势下地方高校学报的困境与发展策略[N]. 长春工程学院学报（社会科学版），2015（4）：37–39.

④ 关萍萍. 我国电子出版业政策发展历程审视——以96版、97版及07版电子出版管理政策为例[J]. 现代视听，2011（5）：29.

⑤ 李仲先. 2006–2010年学术期刊数字化出版理论研究综述[J]. 科技与出版，2011（3）：3–7.

⑥ 毛润政. 数字时代出版人才的培养与素质要求探析[M]. 武汉：武汉大学出版社. 2013.

2007年，在维也纳举办的第17届国际数字出版会议上，澳大利亚学者对数字出版概念进行了分析，他们认为数字出版是依靠互联网并以之为传播渠道的出版形式。其产生的数字信息内容建立在全球平台之上，通过建立数字化数据库达到在未来重复使用的目的。[①]

中国新闻出版研究院在《2005—2006中国数字出版产业年度报告》中将数字出版定位为出版活动，提出数字出版就是用数字化（二进制）的技术手段从事的出版活动。不论终端阅读介质是什么，只要记录在介质上的内容是数字化的，并且记录方式是数字化的，这种出版活动就是数字出版。《2007—2008中国数字出版产业年度报告》在进一步阐释了数字出版概念的同时，划定了数字出版的边界，指出数字出版包括传统出版业数字化的全部过程和结果，同时也包括新兴的数字媒体，并指出传统出版业的数字化和新兴的数字媒体产业已开始出现相互渗透、相互融合的趋势。

2010年新闻出版总署发布的《关于加快我国数字出版产业发展的若干意见》对数字出版做出了定义，提出数字出版是指利用数字技术进行内容编辑加工，并通过网络传播数字内容产品的一种新型出版方式。[②]其主要特征为内容生产数字化、管理过程数字化、产品形态数字化和传播渠道网络化。

这些见解和判断是非常值得称赞的，综合以上，笔者认为，数字出版的内涵是指在运用网络高新技术的基础上，革新传统出版方式，以科学技术为支撑，以标记语言为前提，以数字化为主要特征，以全媒体为体现形式的一种新型组织、生产、出版方式。数字出版概念不断发展的过程，实际上也是数字媒体的整合过程。数字媒体的发展不是简单地替代传统媒体，而是长年累月从不同角度以不同程度影响现有媒体形态的发展。[③]数字技术是基础，更核心的是内容价值如何通过数字技术得到有效的体现和发挥，并形成持续盈利的模式，这才是关键。

（二）电子出版的内涵

对于电子出版内涵的探讨，始于1977年，林穗芳教授在《电子编辑和电子出版物》中写道："电子出版主要指把电子计算机技术用于出版物的印

---

① 王友富. MOOC即出版：兼论其意义与应用[J]. 出版科学，2015（4）：11–17.

② 新闻出版总署. 关于加快我国数字出版产业发展的若干意见[J]. 中国出版，2010（11）：6.

③ 张晗，崔世娟. 文化科技融合背景下的数字出版产业发展趋势[J]. 哈尔滨学院学报，2015（1）：23.

前编辑出版工作。"①

《大英百科全书》认为电子出版的内涵是，"计算机网络或磁盘上的出版。指以计算机可读的形式生产文献，并通过计算机网络或者其他载体如CD-ROM等发行"。②

《因卡塔》认为，"电子出版是出版以计算机网络来分销的信息或者以计算机来使用的信息"。③这个定义似乎与网络出版有些类似。

另外与《因卡塔》的定义非常接近的是《韦氏字典》对电子出版的定义：信息通过计算机网络传播或信息以计算机可读格式生产的出版。这个定义也是突出了电子出版与网络出版的相似性。

第二版《中国大百科全书》对电子出版内涵的解释为"大众文化传播活动的一种。利用计算机技术将图、文、声、像、影及动画等内容信息经过编辑加工后，通过编程或多媒体著作工具，按特定的数据结构和相应的控制信息组织起来，以数字代码的形式存储在磁、光、电等载体上，通过计算机或者具有类似功能设备的内嵌解码器交互式回放，以记载、传播、积累和普及科学文化知识，进行思想和信息交流"。

在《辞海》中，电子出版的内涵被解释为，"利用电子计算机技术制作电子出版物的工艺过程。通常包括前期策划、素材准备、美术设计、程序编制、后期制作或通过网络发送等环节"。前期策划、素材准备、美术设计代替了出版定义中的编辑，说明电子出版包含了更复杂的工艺，更全面的内容，图像、文字、声音、动画、视频均可出现在其中，甚至还会有更复杂的程序编制，在这种按需定制的编程过程中，电子出版的技术含量也随之提高。

综合以上，笔者认为，电子出版的内涵是指以计算机为生产工具，以计算机高新技术为基础，以内容为核心，通过数字代码的方式，对图像、文字、声音等信息进行加工编辑，存储于声、电、光、磁等介质中，通过计算机等设备读取、使用、交流、交易的出版方式。

（三）网络出版的内涵

在解释网络出版的内涵之前，先要辨清其与互联网出版的关系。2002

---

① 林穗芳. 电子编辑和电子出版物：概念、起源和早期发展（上）[J]. 出版科学, 2005（3）：6-16.
② 林穗芳. 电子编辑和电子出版物：概念、起源和早期发展（上）[J]. 出版科学, 2005（3）：6-16.
③ 司静辉. 我国科技期刊数字化出版的成长因素分析[D]. 北京：中国科学技术信息研究所, 2010.

年由新闻出版总署和信息产业部联合出台的《互联网出版管理暂行规定》对当时主要的网络出版形式——"互联网出版"作了界定，即"互联网信息服务提供者将自己创作或他人创作的作品经过加工选择和编辑加工，登载在互联网上或者通过互联网发送到用户端，供公众浏览、阅读、使用或者下载的在线传播行为"。①互联网出版并不完全等同于网络出版，它属于网络出版的一种，网络出版的概念更宽泛，既包括了互联网出版，也包括了局域网、无线网、卫星网络等出版。

我国的《互联网出版管理暂行规定》对互联网出版的作品界定如下："其作品主要包括：（一）已正式出版的图书、报纸、期刊、音像制品、电子出版物等出版物内容或者在其他媒体上公开发表的作品；（二）经过编辑加工的文学、艺术和自然科学、社会科学、工程技术等方面的作品。"②

网络出版内涵的口径问题，即在什么范围内界定网络出版的内涵，是关于其定义的争议核心，其中以北京大学谢新洲教授和清华大学熊澄宇教授的观点对比为代表。

北京大学谢新洲教授认为："网络出版是指出版者采用一定的技术手段将其待出版的作品存放在网络服务器上，以有偿或无偿的方式提供给用户的出版形式。""信息通过互联网向大众传播的过程都可以叫作网络出版。""网络出版的整个过程中，所有信息都以统一的二进制代码的数字化形式存储于磁、光等介质中，信息的处理与传递必须借助计算机以及通讯网络等来进行，网络出版亦是电子出版的一种。""在网络出版中，作品的复制和发行是同时完成的，这是网络出版最突出的特点。"③持相似观点的还有很多学者，如杨志峰认为"所谓网络信息出版，是一种借助计算机网络而实施的信息传播方式，由某个或某些个人或组织，出于一定的社会目的，把一些特定的信息收集并进行整理、编辑，定期并较长期地放在比较固定的赛博空间（Cyberspace）中某个地方或传给需要者，供人阅读浏览"④；杨祖彬认为，"网络出版就是利用因特网的各种技术来实现信息在网上的快速、

① 徐丽芳. 数字出版：概念与形态[J]. 出版发行研究，2005（7）：5–12.

② 徐丽芳. 数字出版：概念与形态[J]. 出版发行研究，2005（7）：5–12.

③ 谢新洲. 数字出版技术[M]. 北京：北京大学出版社，2002.

④ 杨志锋. 网络出版的形式、特征及管理分析[J]. 中国出版，2000（1）：60–62.

大量、广泛和所谓自由的传播"；[1]在高明星看来，"网络出版就是运用计算机网络进行发表、记录、存储、阅读的信息传播方式"[2]。

清华大学熊澄宇教授认为，网络出版尽管有不同于传统出版的新特点，如可以人机交互、即时更新、海量存储等，但在出版的内涵上并没有发生实质变化，并强调网络出版不等于网络信息传播[3]。持这种观点的学者认为，网络出版仍具有传统出版的诸多要素，比如原有的工作环节、业务部门、管理机构甚至整个业务流程等。除此之外，还强调网络出版的主体合法性。传统出版过程的网络化、虚拟化是他们认为在网络出版中最重要的因素。持类似观点的其他学者以李斌和王越等为代表。李斌认为，"网络出版应包括网络选题、网络组稿、网络审稿、网络编辑加工、网络发行和网络出版管理等环节"[4]；王越认为，"网络出版是利用计算机网络，特别是因特网传播信息的出版行为。凡出版行为都有出版管理部门、作者群、编辑出版部门、发行部门、读者群等基本要素，缺一不可"[5]。

综合以上，笔者认为，网络出版的内涵是以数字化形式记录、存储特定信息，并通过计算机网络传播的现代信息传播出版方式。

二、相关概念的辨析

（一）核心特点不同

前文列举过六个概念，下面主要辨析一下数字出版、电子出版、网络出版这三个概念。

数字出版、电子出版、网络出版的核心特点是有一定区别的。网络出版和电子出版更多表现了新兴技术在出版的某一流程或某一介质上的应用。网络出版更侧重于网络传播渠道，技术性体现不明显。虽然电子出版先于网络出版出现，但在其定义的解释上，电子出版更强调用电子计算机技术制作电子出版物的工艺过程，相比网络出版来说，更具有技术性，但

---

① 杨祖彬. 高科技条件下出版业的发展[J]. 渝州大学学报，2000（2）：124-126.

② 高明星. 出版业的网络化革命[J]. 出版发行研究，2000（10）：19-20.

③ 徐丽芳. 数字出版：概念与形态[J]. 出版发行研究，2005（7）：5-12.

④ 李斌. 未来出版——无"网"而不胜[J]. 电子出版，1996（9）：8-10.

⑤ 王越. 网络出版：目前能成为一种独立的出版方式吗？[J]. 河南师范大学学报，1999（5）：109-111.

也不够深刻。直到"数字出版"这一概念的出现，第一次用最本质的技术属性来概括出版的整个过程，它深刻、彻底地强调出数字化技术的核心特点——二进制技术，也是数字出版的本质特点。数字出版与电子出版的概念范畴大体相同，然而在现实技术以及核心特点层面上，数字出版要比电子出版更先进，而网络出版的核心则更偏重于依托互联网这一平台方式，[①]这三者虽不相同，但也是一个层层深入的递进关系。

（二）出现时间不同

这三者中，最先出现的是"电子出版"，《韦氏词典》将这一术语正式的使用时间定位于1977年，从那时起这一术语沿用至今。十几年后，互联网技术兴起，相关应用开始传播、普及，"网络出版"这一术语应运而生，它开始出现在各种学术论文中。但随着技术的快速发展，人们对于多样化信息载体的需求，通过阅读器阅读的电子书、手机出版物等新一代出版物已经渐渐跃出网络出版物这一范围，慢慢地，"数字出版"这一术语出现了，业界还没有认定它出现的确切时间，但2005年7月第一届中国数字出版博览会在北京召开后，"数字出版"这一术语开始被文献和媒体广泛采用了。

（三）适用范围不同

辛广伟在《台湾出版史》一书中认为，电子出版和数字出版都可以用来指印刷出版的印前部分，包括利用计算机进行编辑加工、排版印刷等活动，但网络出版却没有这一用法。从20世纪50年代开始，电子编辑、排版技术的快速发展、普及，以及紧随其后的数码打样、计算机直接制版、数字印刷等技术的发展，都大大推动了印刷数字化的发展。时至今日，致力于实现印前、印刷及印后工作流程综合数字化（Digital Workflow）的CIP3（Computer Integrated of Prepress，Press，Postpress）乃至CIP4（加入Process）也已成为现实[②]。

---

① 关萍萍. 我国电子出版业政策发展历程审视——以96版、97版及07版电子出版管理政策为例[J]. 现代视听，2011（5）：29.

② 徐丽芳，刘锦宏，丛挺. 数字出版概论[M]. 北京：电子工业出版社，2013（9）：39.

第二节　数字出版的发展历程

一、桌面出版

（一）传统印刷设计流程

传统印刷设计流程设计素材的准备，包括插图绘制、准备摄影图片、准备文字稿这几个部分；然后是设计草稿绘制，包括版面样式、标题字、制作图文混排效果图等；接下来是设计正稿制作，包括手动排版、照相植字、标题美术字黑白稿绘制、图形黑白稿绘制、完成美工拼贴等工作；最后是菲林制作，包括字稿菲林、图片分色菲林、手工拼版、完成菲林、交付印刷这几个步骤。

在商品经济快速发展、社会对信息的需求越来越大的状态下，这种传统的印前设计流程虽然对出版业做出了极大的贡献，但与此同时，它也存在很多缺陷。由于它需要开放的、可实现的电子图文综合处理设备开放性差，不能实现多种输入和输出方式，不能同时完成文字输入编辑、图形设计制作、图像处理等工作，而且也不能实现图文合一的电子计算机综合处理，因而有待进一步提升。

（二）桌面出版的产生与发展

印前处理技术的发展过程，实际上也是与图像处理和制版相关的技术发展过程。

7世纪，中国雕版印刷的《金刚经》中运用了线条画板技术。

15世纪，欧洲采用了雕刻／蚀刻铜板技术。

1798年，德国A.Senefelder采用了石版印刷术，简称石印技术。

1910年，美国Butterick公司采用了彩色影写凹版技术。

1952年，德国HELL公司采用了电子凸版雕刻机。

1962年，德国HELL公司采用了电子凹版雕刻机。

1978年，英国Crosfield Electronics开始使用电子整页拼版系统。

　　1983年，美国一家报社出版了一份社区报纸，它是一款采用图形卡和"所见即所得"的显示技术的排版软件，这是桌面出版的开端。

　　1984年，美国Apple公司开发了Macintosh个人电脑，同时发布了第一款排版软件MacPublisher，使人们享受"所见即所得"带来的感受。

　　1985年1月，美国Apple公司开发了激光打印机LaserWriter。同年7月，Aldus公司发布了排版软件PageMaker。

　　1986年，美国Aldus公司（后被Adobe公司收购）总裁保罗·布赖内德（Paul Brainerd）在1985年发售其页面排版软件Aldus PageMaker时，最先提出"桌面出版"（Desktop Publishing，又名DTP）这一术语。

　　1991年，德国Heidelberg公司采用了带直接制版的DI印刷机。

　　1994～1995年，美国、德国等率先投入使用了计算机直接制版和数字印刷系统。

　　1995年以后，计算机直接制作胶印版、柔性版、凹版的系统，数字印刷机、色彩管理、数字化工作流程等技术在印前系统和印刷中得到全面应用。[①]

（三）桌面出版

　　数字出版起源于桌面出版，这是传统出版的印刷流程中兴起的革命。

　　"桌面出版"又名DTP（Desktop Publishing），曾经，"桌面出版"这个词汇和"桌面印前作业"（Desktop Prepress）一度混杂使用。但"桌面印前作业"主要包括原稿、胶片、制版等印刷工艺上的输出，直到能够上机印刷之前为止。桌面出版是将图像、文字输入到计算机中，利用计算机进行图像的处理与文字、图形的绘制，然后将图形、图像拼合成整页页面，用PageMaker排版软件进行排版，用PostScript对页面语言进行描述，利用LaserWriter激光照排机将此电子版面输出，成为晒版原版。自1985年由美国Aldus公司发布以来，桌面出版系统开始成型并逐步发展起来，此前，人们可以在计算机上用文字处理程序处理文稿，用表格或绘图软件制作图表，但却无法在计算机平台上将其融汇于一体，要想在一张纸上同时出现文字、表

---

① yanxueyi101. 彩色桌面出版系统，百度文库[EB/OL].（2011–11–14）[2016–05–12]. http://wenku. baidu.com/view/7789a9d449649b6648d74715.html.

格和图形等，就只有用剪刀、胶水来拼装。桌面印刷系统的出现，从根本上改变了这一状况。随后，20世纪90年代，桌面出版实现了彩色化，它的出现首次实现了"所见即所得"，对出版行业产生了重大影响。[①]

1. 最初的桌面出版组成

最初的桌面出版由Macintosh电脑、Aldus的PageMaker排版软件、PostScript的页面描述语言、Apple的LaserWriter激光照排机组成。这种组合实现了图片、文字处理一体化，提高了效率。但文字处理能力差、电脑速度慢、只能黑白显示，这些都成了它发展过程中的不利因素。

2. 桌面出版的升级

随着电子计算机和信息技术的发展，桌面出版的设备逐步升级。印刷出版技术也逐步由模拟化向数字化转变，传统的胶片制版工艺已经落伍，CTP技术和数字直接印刷技术出现，桌面出版的输出终端也随之改变。另外，现在的彩色桌面出版泛指能够完成彩色页面处理的桌面技术。

3. 桌面出版的特点

（1）由于设备和软件的通用性，可以根据需要进行软硬件的组合。

（2）由于桌面出版系统的开放性，具有多种输入、输出方式。

（3）可以直接在显示器上进行各种处理，所见即所得。

（4）具有强大的图像、文字处理功能和创意制作功能。

（5）可进行整页图文合一的组版。[②]

4. 桌面出版的优势

桌面出版系统与传统工艺相比，具有诸多优势：

（1）高效率。由于桌面出版是一种开放性系统，所以它可以和彩色分色在同一系统中一次完成，同时图文处理一体化，提升了效率。

（2）灵活性。桌面出版系统组成多样，接口丰富，对设备性能要求不高，可接受传统电分机分色的电子文件，也可驱动传统电分机的胶片记录机。接受标准文本文件格式和各种图形文件格式，多台工作站能在同一阶段运行。桌面出版系统可以灵活而方便地解决大量中低档、中小幅面印刷

---

① yanxueyi101. 彩色桌面出版系统，百度文库[EB/OL].（2011-11-14）[2016-05-12]. http://wenku. baidu.com/view/7789a9d449649b6648d74715.html.

② yanxueyi101. 彩色桌面出版系统，百度文库[EB/OL].（2011-11-14）[2016-05-12]. http://wenku. baidu.com/view/7789a9d449649b6648d74715.html.

的制版问题。而且价格低，可以根据需要灵活配置，既适合于彩报的图文编排，也适合于各种杂志的图文混排①。

（3）准确性。计算机绘图精度高。

（4）容错性。可以随时修改、调整内容。

（5）强大的编辑能力。如图形变形、重叠、色彩调整和特殊效果等，完全实现"所见即所得"，是卓越的彩色图像编辑能力的体现。

（6）强大的存储功能。电子文件随时保存、随时调用。可以调用500种以上的西文和所有已装入字库的汉字，还具有强大的中西文混合排版能力。

5. 桌面出版的组成

桌面出版的组成从整体结构上分为三个部分，首先是输入设备，包括扫描仪、数码相机等，输入设备负责把内容输入到计算机中；其次是处理设备，包括计算机、软件等；最后是输出设备，包括照排机、打印机、CTP、DI、数字印刷机。②

（1）桌面出版的输入设备

输入设备的基本功能是通过电子设备对原稿进行扫描、分色并输入系统、录入图文信息并存储在磁盘中。使用较多的电子设备是扫描仪和数码相机，还有目前较先进的电脑绘图输入设备——数位板和压感笔。③

（2）桌面出版的加工处理设备

加工处理设备统称为图文工作站，基本功能是对进入系统的原稿数据进行加工处理，例如校色、修版、排版、拼版和创意制作，并加上文字、符号等，构成完整的图文合一的页面，再传送到输出设备。

目前使用的计算机有苹果机（Mac）、PC机和工作站等。除了硬件设备外，还需要配套图文加工处理软件。

（3）桌面出版的输出设备

输出设备是桌面出版系统生成最终产品的设备。主要是由打印机、激光照排机（也叫图文记录仪）、CTP、电脑直接印刷系统等组成。生成拷贝

---

① 徐昌权，周世生. 多媒体技术与桌面出版系统[J]. 云南印刷，1995（2）：12-14.

② yanxueyi101. 彩色桌面出版系统，百度文库[EB/OL].（2011-11-14）[2016-05-12]. http://wenku.baidu.com/view/7789a9d449649b6648d74715.html.

③ yanxueyi101. 彩色桌面出版系统，百度文库[EB/OL].（2011-11-14）[2016-05-12]. http://wenku.baidu.com/view/7789a9d449649b6648d74715.html.

的设备也是输出设备，如硬盘、软盘等。为了把这些设备组织到一起，需要软件支持，在某些情况下，可能只需要一套版式设计软件。许多版式设计程序具有文字处理和图形创作的功能，但是，版式设计程序有各种各样的格式，因此，可能还需要一些额外的、独立的文字处理软件、插图绘制软件包、图形编辑软件及其他图形软件等。[①]

6. 桌面出版与电分机的异同

（1）分色

电分机分色与滚筒扫描仪分色效果相当，后者贵一些，但电分机分色准确，桌面出版需从RGB转至CMYK，容易出现误差。

（2）加网

电分机的网点技术运用的是生产厂家的专利技术，桌面出版采用页面描述语言的网点技术，系统开放性更好，网点技术更新、更容易操作。[②]

（3）色彩校正与层次校正

桌面出版可以实现"所见即所得"，与电分机相比，更加直观、生动。

（4）图文混排

桌面出版采用PS语言，有许多优秀的排版软件，与电分机相比，更具有优势。

另外，桌面出版可做创意特效处理，并且还可以将样张快速打印出来。

桌面出版系统集图文处理和排版功能于一体，它的出现彻底改变了传统的排版印刷方式，打破了传统印刷"复制"的局限。它将文字、表格、图形、图像混合于一个直观的环境中进行编排，版面的设计、修改和出版物的组织都变得方便、快捷，剪刀和胶水已经被计算机所取代，传统排版变成电子排版，图文组合更加多样化，排版功能更加强大。[③]

近年来，计算机性能的提高和价格的下降，以及软件行业的繁荣，使得桌面出版系统的使用范围已不再限于出版业，而渗透到了办公和个人应

---

① 三亿文库. 电子出版系统90[EB/OL].（2011-12-01）[2016-05-12]. http://3y.uu456.com/bp_6rpwy4iyd25kaxd90sd2_1.html.

② yanxueyi101. 彩色桌面出版系统，百度文库[EB/OL].（2011-11-14）[2016-05-12]. http://wenku.baidu.com/view/7789a9d449649b6648d74715.html.

③ 三亿文库. 电子出版系统90[EB/OL].（2011-12-01）[2016-05-12]. http://3y.uu456.com/bp_6rpwy4iyd25kaxd90sd2_1.html.

用的方方面面，形成了一个可观的市场。[①]拿广告业来说，桌面出版在对广告业发展的促进上也是功不可没的，它为广告创意设计拓宽了新天地，为其提供了图像处理的各种软件，使广告设计工作者可以直观地、重复地尝试，直到满意为止，推动了广告业的蓬勃发展。

二、电子出版

（一）早期电子出版物

从 20 世纪中期开始，社会不断进步，人们对于信息的需求也不断提升，传统的印刷媒介受到前所未有的挑战，其面临的主要挑战有四个方面：

1. 社会信息传播量猛增对传统印刷媒介信息载体容量较小的挑战。与此同时，动态信息无法在印刷载体上得到展现，这也是一个挑战。

2. 在全球化传播的大背景下，知识信息的革新不断加快，对传统印刷媒介信息载体较慢的传播速度构成了挑战，后者难以适应社会发展的需要。

3. 新兴电子媒体的检索阅读方式以及快速获取的优势对传统印刷载体单一的检索方式形成了巨大的挑战。

4. 在环保方面，传统印刷生产业与相关行业（造纸工业）消耗了较多资源，现代印刷中环保化、节能化、低炭化的生产要求对传统印刷业提出了挑战。

此外，带有交互功能的多媒体出版物愈发流行，一种新的出版传播方式开始被阅读市场所推崇，即计算机信息化功能的成熟，使出版物能够根据读者的要求，综合运用图文声像技术，并有针对性地提供给用户的新兴出版传播方式。1959 年，美国匹兹堡大学卫生法律中心建立了法律全文检索系统，这是电子数据库的源头。[②]随着计算机磁盘尤其是光盘技术的发展、成熟，逐渐形成了早期的电子出版物。

软磁盘（FD，Floppy Disk），是美国在 20 世纪 70 年代初研制成功的，80 年代初开始广泛应用于个人微型计算机数据储存和传输。比如某本介绍某个程序设计的书籍搭配上包含一个程序设计实例的软磁盘，满足了记录

---

① 三亿文库. 电子出版系统 90[EB/OL]. （2011–12–01）[2016–05–12]. http://3y.uu456.com/bp_6rpwy4iyd25kaxd90sd2_1.html.

② 徐丽芳. 数字出版：概念与形态[J]. 出版发行研究，2005（7）：5–12.

信息的需要。从规格容量区分，有两种，一种是直径5.25英寸，容量为150条题录；另一种是直径8英寸，容量为400条题录。

只读光盘（CD–ROM，Compact Disc Read Only Memory），全称是"密集光盘型只读存储器"，CD的意思是高密度盘。它通过光学方式读取和记录信息，光盘的写入和读出都是使用激光来实现的，是一种可以存储大量数据的外部存储媒介，一张压缩光盘能容纳的数据大约为660兆字节。CD格式最初是为了音乐的存储以及回放目的而设计的，1985年，由飞利浦和索尼联合发布的黄皮书标准，使这种新格式能够适应各种二进制数据的运行、工作。

在只读光盘发展初期，由于其便于检索、存储量极大的优点，最先运用于二次文献的出版。一次文献是指一般内容的书刊，二次文献是指经过图书情报部门对书刊进行检索、加工、整理而形成的文献，三次文献是指检索工具书。只读光盘在这一领域的优势是很明显的，它使一次文献和二次文献融合起来，使出版者在原稿加工过程中可以同时生产一次文献和二次文献，大大缩短了出版周期，提高了出版效率。

目前，各国出版界在出版大型工具书时，也会采用只读光盘，如美国《康普顿百科全书》，印刷版一共有26卷，但内容记录在一张只读光盘上，只占去了光盘总量的五分之一，可见光盘的存储量是极大的。只读光盘是20世纪90年代以来，全球应用最为广泛的实用型电子出版物载体，也是电子出版物成熟发展的明显标志，它的出现大大加快了电子出版物的开发利用。

集成电路卡（IC–Card），它是1974年由一名法国新闻记者发明的。集成电路交换信息的速度远远超过磁盘和光盘。它是将所需要的信息保存在设计好的集成电路卡中，制作成可以与专用设备插口相连接的方式，使用时将卡插入设备插口中，便可读取卡内的信息。而且集成电路卡存储量大，不仅能记录文字、图形等信息，还能承载多媒体信息。

最早的集成电路卡式电子出版物以文字信息为主，配以少量的图形，后来加入了声音，成为第二代多媒体式的电子游戏卡。常见的集成电路卡电子出版物形态是游戏卡。另一类常见的集成电路卡式电子出版物形态是笔记本式辞典。由于集成电路卡具有存储量大、图像清晰度好、高保真效果好、寿命长、制造成本低、小巧、易携带的特点，日益受到出版业的青睐。

（二）电子出版兴起

1961年，美国《化学文摘》服务社运用计算机编制了《化学题录》，开创了电子出版的先河，它也是电子出版物的雏形。

1965年，美国国家医学图书馆正式对外发行了《医学文摘》数据库磁带（MEDLARS），电子出版物诞生。

20世纪60年代中后期到70年代，欧美发达国家联机业蓬勃发展，许多具有重要学术参考价值的学科目录和文摘，如《化学文摘》（CA）、《工程索引》（EI）等被制作成机读数据库，促进了电子出版的发展。

1972年，IBM公司研制出软盘，使电子出版的产品形态转向了软盘。

1978年4月，在卢森堡举办的"科技社会下的出版未来"（The Future of Publishing by Scientific and Technical Societies）研讨会上，J.A.Urqart提出了电子出版的定义。

1977年，电子出版这一概念在我国开始出现，林穗芳先生在《电了编辑和电子出版物》中指出，"电子出版主要指把电子计算机技术用于出版物的印前编辑出版工作"。

1985年，飞利浦和索尼联合发布了在光盘上记录计算机数据的黄皮书——CD-ROM黄皮书，宣告光盘的诞生。同年，《美国学术百科全书》推出了纯文字格式的只读光盘版[①]。也是在这一年，光盘被德国法兰克福图书博览会首次展出。

1987年，在印刷业的发展中，我国提出出版物发展开放式彩色照排系统取代电分机的设想。

20世纪80年代中后期，我国的电子出版实践工作开启，一些拥有计算机技术和设备的高校和科研机构开始将计算机技术应用于教育、科研、新闻出版、信息处理等各个领域，产生了一批丰富的教育软件、实验模拟系统、小型多媒体节目和信息库。他们将其编制的计算机软件作为一种出版物，通过出版社这一平台出版，由此获得版权保护，所有介质一律采用软磁盘。这一时期出版的科技图书中有很多软件程序和文档，甚至出现程序

---

① 方卿，曾元祥，熬然. 数字出版产业管理[M]. 北京：电子工业出版社，2013（9）：17.

集，与纸质图书相比，用磁盘作载体更有利于读者使用，更有利于降低出版成本。于是，一部分科技出版社，特别是大学出版社，相继开展电子出版业务①。磁盘是这一时期的主要载体，磁盘内容主要为教育教学、实验研究、信息库和管理软件。

中国的电子出版发展酝酿于80年代中后期，真正起步是在90年代初。此时，经过近十年的发展，以软磁盘为介质的电子出版业已初具规模，为后面的进一步开拓打好了基础。进入90年代，我国的电子出版业迅速崛起。

1991年5月，一次民间的电子出版研讨会——"全国首届软件出版工作研讨会"在杭州举办，这是第一次为分散的电子出版物的制作、出版和发行单位提供业务交流和探讨的会议。会议根据电子出版物的两大特性，即技术、出版特性，分别向出版主管部门和信息产业主管部门提出申请，成立了行业协作机构。同年，第一种电子图书（磁盘载体）——《国共两党关系通史》于1991年5月发行。在印刷业的发展上，从1990年底，用统一的页面描述语言传送报纸版面，不失真的同时也提升了速度。

1992年，人民出版社与北大火星人公司合作推出了《邓小平文选》电子版合订本（磁盘载体）；同年8月，中国专利文献出版社成功试制出我国第一批专利文献CD-ROM光盘；同年10月，由新闻出版总署技术发展司、湖北省新闻出版局、中国软件行业协会软件出版分会联合举办的电子出版研讨会在湖北召开，会上提出的初步方案经新闻出版署批准后，中国出版工作者协会电子出版研究会正式成立。②从此，新闻出版署统一管理电子出版业，加之不同类型行业协会的成立，对中国电子出版的发展给予了很大推动，随着光盘驱动器大量进入企事业单位和家庭，电子出版进入快速发展阶段。随后，第一种多媒体电子出版物光盘（CD-ROM）——《邮票上的中国》于1992年底发行，这也是中国内地第一张自主版权的多媒体电子出版物光盘。③在这一年的印刷业发展中，人民日报社通过卫星这种方式向全国22个城市传送版面，两分钟就可以传完一版。1992年后，这一技术迅速被推广开来，扩大了报纸发行量，推动了报业的发展。另外，1992年1月《澳门日报》采用国产彩色报纸出版系统，告别了电分机，开启了彩色报纸

---

① 陈生明. 数字出版概论[M]. 南京：南京大学出版社，2013：32.

② 陈少华. 大学出版对我国电子出版业的早期探索[J]. 大学出版，2001（1）：37-38.

③ 李军. 我国电子出版物国际贸易现状与趋势分析[J]. 中国印刷，2006（5）：38-41.

出版系统新时代，自此以后，出彩版已经不是梦想。^①

　　随着计算机技术的普及和快速发展，新闻出版管理部门对电子出版物的出版特性、技术特性、多媒体特性有了更清晰、明确的认识。新的媒体出版形式被正式定名为电子出版物，所属管理部门由图书管理司转为音像管理司，同时，音像司被更名为音像电子出版物管理司。1993年1月，第一种数据库光盘——《中国企业、公司及产品数据库》发行。同年，经新闻出版署审批，国内第一批36家电子出版单位正式建立。

　　1994年，我国研制成高档彩色桌面出版系统，质量可以与电分机相匹敌，我国印刷业进入了画刊、彩色杂志的阶段。1994年1月，《深圳晚报》采用方正采编流程管理系统，告别纸与笔。^②至1994年年底，我国已经有20余家单位制作并出版了近百种光盘出版物。一部分报社也将全年或者多年合订本的内容以光盘的形式发行出来。

　　1995年，微软公司推出了数百张系列光盘（Encarta）。此光盘声像清晰、图文并茂、检索交互性强，掀起了全球多媒体光盘的出版狂潮。我国的电子出版公司、多媒体制作公司也如雨后春笋般涌现出来，生产的产品主要与教育相关。

　　从1996年开始，新闻出版署、海关总署、对外贸易合作部等部门先后出台了一系列政策，加大对光盘的进出口、复制、加工等方面的管理，旨在规范电子出版外延产业的市场秩序，保证电子出版产业的稳定发展^③。1996年3月14日，新闻出版总署令第6号发布的《电子出版物管理暂行规定》，是我国专门的电子出版业管理规定的开端。^④该规定从电子出版物的定义、管理部门职责、出版、制作、发行等多个方面对电子出版业做了全面的规定，为日后我国对电子出版物的管理打下了政策基础。

　　1997年12月30日，国家新闻出版总署正式发布了我国《电子出版物管理规定》，在电子出版物的制作、出版、发行等多个方面做了更加详细和更

① 王选. 电子出版在中国的发展——回顾与展望[J]. 中国印刷，2001（6）：6-8.

② 王选. 技术跨越与科学管理[J]. 安徽科技，2003（10）：8-9.

③ 关萍萍. 我国电子出版业政策发展历程审视[J]. 现代视听，2011（5）：28-33.

④ 关萍萍. 我国电子出版业政策发展历程审视——以96版、97版及07版电子出版管理政策为例[J]. 现代视听，2011（5）：29.

具有操作性的规定。①电子出版物被定义为：本规定所称电子出版物，是以数字代码方式将图文声像等信息编辑加工后存储在磁、光、电介质上，通过计算机或者具有类似功能的设备读取使用，用以表达思想、普及知识和积累文化，并可复制发行的大众传播媒体。②媒体形态包括软磁盘（FD）、只读光盘（CD-ROM）、交互式光盘（CD-I）、照片光盘（Photo-CD）、高密度只读光盘（DVD-ROM）、集成电路卡（IC Card）和新闻出版总署认定的其他媒体形态。③

1997年至1999年，是我国电子出版行业发展最迅速的几年，例如1997年全国出版1025种光盘，复制总数700万张，平均每种光盘复制7000张，比上年增长200%，其中540种为国内产品，占52.7%。110种由出版系统引进出版，占10%。非出版系统单项报批出版有375种，占36.5%。1997年的1025种光盘的选题分类：文化教育类302种，占29.5%。艺术类156种，占15.2%。语言类71种，占6.9%。娱乐类66种，占6.4%。文字类51种，占5.0%④。

在电子出版品种增长的同时，出版物的质量也有了明显提高。从最初的模仿到自行开发、创新，表现手法愈发丰富，出版物的表现手法也愈发鲜明，在国内、国际的比赛中屡屡获奖。从1996年我国出版社等机构参加法国莫必斯国际光盘大赛开始，人民美术出版社出版的光盘《故宫》荣获1997年特别奖，清华大学出版社出版的光盘《颐和园》荣获1998年"文化人文艺术奖"，可喜可贺的是，1998年参赛的光盘均入围进入决赛，包括北京印刷学院的《中国古代印刷术的发明》、江苏出版总社的《国之瑰宝——宋庆龄》《侵华日军南京大屠杀》，清华大学出版社的《长城的故事》。⑤

我国电子出版业经过几年的发展，制作水平和生产能力已逐渐接近发达国家的整体水平。

---

① 关萍萍. 我国电子出版业政策发展历程审视——以96版、97版及07版电子出版管理政策为例[J]. 现代视听, 2011（5）: 29.

② 林穗芳. 电子编辑和电子出版物：概念、起源和早期发展（上）[J]. 出版科学, 2005（3）: 6-16.

③ 关萍萍. 我国电子出版业政策发展历程审视——以96版、97版及07版电子出版管理政策为例[J]. 现代视听, 2011（5）: 30.

④ 徐昌权, 周世生. 多媒体技术与桌面出版系统[J]. 云南印刷, 1995（2）: 12-14.

⑤ 田胜立. 中国电子出版发展与印刷业的关系[J]. 北京印刷学院学报, 1999（4）: 3.

（三）电子出版转型

1998年起，英、美、德等国家的电子出版技术开始向网络出版技术转型。

电子出版物转型后所呈现出来的优势有很多，主要包括几点：首先是可扩展的标记语言XML逐渐成为标准，方便网上检索、传输，有助于数据格式的标准化。其次是出版功效提高，数字印刷的优势非常明显，跳过了繁琐的印前制版流程，革新流程，节约了人力物力。最后，网上书店逐渐开始流行，其低廉的价格、方便快捷的检索方式，受到了大众的欢迎。

进入21世纪，我国的电子出版产业得到了出版管理部门的各项政策支持，这些政策保障了电子出版业的良性发展。

2001年4月，方正电子公司发布了第一个用于电子书发行的阿帕比（Apabi）网络出版方案，陆续推出电子书、电子报刊、数字图书馆等，国内电子出版业的发展一路凯歌。

2002年6月，新闻出版总署与信息产业部出台《互联网出版管理暂行规定》。

2004年8月，新闻出版总署出台了《关于国务院归口审批电子和互联网游戏出版物决定的通知》（新出联[2004]18号），通知中提出切实加强对引进版电子游戏出版物和互联网游戏出版物的管理、保护未成年人身心健康、维护电子游戏出版业和互联网游戏出版业的正常秩序和合法权益。[1]该规定还首次将电子游戏出版物以及互联网游戏出版物划归到电子出版物类别。

2005年，我国政府加大了对电子出版产业的重视和扶持力度。同年7月，新闻出版总署举办了第一届数字出版博览会，推动了中国数字出版产业的快速发展。

2006年5月10日，国务院第135次常务会议通过了《信息网络传播权保护条例》，对网络的信息传播进行了一系列规定。11月，新闻出版总署举办数字出版年会，探讨与数字出版相关的问题。同年，数字出版被国家列为"十一五"时期文化发展规划的重点，国家数字复合出版系统工程、国

---

[1] 关萍萍. 我国电子出版业政策发展历程审视——以96版、97版及07版电子出版管理政策为例[J]. 现代视听，2011（5）：31.

家知识资源数据库出版工程、中国古籍数字化工程、国家版权保护技术开发工程、数字化文化传播工程等8项数字出版工程的设立和启动，大大加快了我国数字出版业的发展[①]。

2007年12月26日，新闻出版总署通过了《电子出版物出版管理规定》，该规定自2008年4月15日起正式施行。

2007年8月，中国出版科学研究所组织第五次全国国民阅读调查，数据显示出我国有阅读习惯的国民有近两成，阅读电子书、手机报和电子杂志的读者规模也超过了200万人。可见，我国电子出版业客户群体庞大，市场前景广阔。

2008年4月15日，我国开始正式施行《电子出版物出版管理规定》，将电子出版物定义为"以数字代码方式，将有知识性、思想性内容的信息编辑加工后存储在固定物理形态的磁、光、电等介质上，通过电子阅读、显示、播放设备读取使用的大众传播媒体，包括只读光盘（CD-ROM、DVD-ROM等）、一次写入光盘（CD-R、DVD-R等）、可擦写光盘（CD-RW、DVD-RW等）、软磁盘、硬磁盘、集成电路卡等，以及新闻出版总署认定的其他媒体形态"。

三、网络出版

20世纪60年代，联机情报检索系统出现，并应用于科技领域，尤其是科技期刊出版领域，这是网络出版的起源。

1969年，美国国防部建立阿帕网（ARPAnet），网络出版开始起步。

网络出版形式的出现，推动了数字出版物的快速化、全球化传播，数字出版的传播手段和时效性大大提升，促成了数字出版产业的迅猛发展。网络的多媒体性、海量性、互动性等正是当前数字出版物所要达到和追求的基本特性[②]。

1971年7月4日，美国伊利诺伊大学的学生将美国《独立宣言》的内容输入学校计算机系统，向公众免费提供电子书籍读物。随后又陆续录入了其他作品。

① 关萍萍. 我国电子出版业政策发展历程审视[J]. 现代视听，2011（5）：28-33.
② 方卿，曾元祥，熬然. 数字出版产业管理[M]. 北京：电子工业出版社，2013：18.

1977年，加拿大《多伦多环球邮报》第一次通过网络向公众免费提供文本检索，受到公众的欢迎。

1980年，《哥伦布快讯报》——美国第一份电子报纸开始由CompuServe向订户发送，之后《纽约时报》《华盛顿邮报》等多家报纸先后通过此公司发送可供订户在线浏览的内容。

1982年，第一份正式的网络电子期刊——美国《沃斯堡明星电讯报》问世，这是网络出版物的源头。

1987年，《成人教育新视野》创刊，它是最早正式出版且持续至今的原生型数字期刊，被认为是"开放存取期刊的开创者"。

1989年，第一家基于互联网的电子报纸《克莱瑞新闻》出版发行，由于其取得的巨大成功，曾一度被认为是世界上规模最大的电子报纸。

1991年，世界上首份中文网络期刊《华夏文摘》在美国创刊。

1993年，网络上第一家在网站上售卖电子书的在线书店在美国创办。

1994年，中国科学院建立了我国第一个网站，从此拉开了我国网络出版的序幕。

1995年1月，我国第一份互联网出版物《神州学人》问世，这是中国网络出版的开端。

1997年1月，人民网开始进入国际互联网。

1998年10月，美国一家新媒体公司发行火箭电子书阅读器。同年11月，其对手公司推出软书阅读器。

从1998年到2000年，以互联网文学、教育出版为主要特点的网站纷纷涌现，数字技术逐渐渗透到出版业的方方面面。

21世纪初期，纯网络版形式的数字出版物开始出现，并迅速发展起来。

2000年3月14日，西蒙·舒斯特公司出版发行美国作家史蒂芬·金的小说——《骑弹飞行》(Riding the Bullet)，引起各界强烈反响，打破了传统印刷图书首日发行量的纪录。《骑弹飞行》是人类历史上第一部只发行电子版的出版物，因此，它也成了数字出版大事件中的一个历史性标杆。

2002年之前，我国从事网络出版业务的网站大致有500家。2002年，由新闻出版总署和信息产业部联合出台的《互联网出版管理暂行规定》对当时的网络出版作了界定，指：互联网信息服务提供者将自己创作或他人创作的作品经过选择和编辑加工，登载在互联网上或者通过互联网发送到用户端，供公众浏览、阅读、使用或者下载的在线传播行为。其作品主要包括：

一是已正式出版的图书、报纸、期刊、音像制品、电子出版物等出版物内容或者在其他媒体上公开发表的作品；

二是经过编辑加工的文学、艺术和自然科学、社会科学、工程技术等方面的作品。

尽管这一界定还存在着某些不足，但已经对网络出版的主体、客体、出版过程、出版目的做出了阐释，基本符合网络出版的实质[①]。随着网络出版的不断深入发展，网络出版的概念也扩展出新的内涵，网络出版中的网络并不仅仅限于互联网，还可以是无线网络、卫星网络等。

2004年，新闻出版总署批准成立了首批互联网出版机构，这是我国网络出版合法主体诞生的重要标志。

2005年4月，国家版权局与新闻出版总署出台了《互联网著作权行政保护办法》，规定了针对互联网出版的一系列管理措施。

从此，国内外网络出版的发展一直在持续，并取得了显著的成绩。微软、谷歌、腾讯、新浪等公司除了提供数字内容外，还参与了相关数字内容产品的开发与制作。微博、微信等网络新形式不断涌现，逐渐渗透到经济、政治和思想文化的方方面面。网络作为"第四媒体"，不仅保持着良好的发展势头，还存在巨大的上升空间。

四、移动出版

移动出版兴起的时代，正是新媒体迅速崛起、大众阅读方式向数字化过渡的时代，移动技术逐渐成熟，出版业务不断向数字化领域延伸。移动出版使数字内容资源突破了用户数量、支付限制的两大发展瓶颈，解决了用户基础不广泛、支付功能不全面的难题。随着3G、4G网络和智能移动终端的普及、网速的不断提高、上网资费的逐渐下调以及数字阅读内容的日益丰富，移动出版对人们产生了深刻的影响。

20世纪70年代早期，移动技术在移动通信技术与移动计算技术的融合

---

① 陈洁. 数字化时代的出版学[M]. 北京：北京大学出版社，2014（10）：222.

推动下，已经历了四五代技术变革和演变，但移动出版的正式发展兴盛，是在1998年第三代无线通信技术问世之后。此后，以平板电脑和智能手机为代表的移动终端逐渐普及，为移动出版的发展提供了良好的基础设施和硬件准备。移动出版适应了现代人群多元变换的社会节奏，将阅读内容大量密植在各种媒体之中，营造了一个真正的任何时间、地点都可以阅读数字内容的环境。目前，移动出版需要具备两个条件：一个是移动终端设备，包括手机、MP3、MP4、PDA、PSP以及专门的电子书阅读器等；另一个是移动出版内容，包括文字、图片、图像、视频、游戏、音乐等。

2000年1月，日本第一部手机小说《阿由的故事》上线。仅仅一年，购买规模就突破2000万人次。它所引发的轰动效应，牵动了日本包括运营商、网站、出版社、作者、读者的整条数字出版产业链及音像制品、电影等联动产业。而此时日本出版业正值"崩溃"状态，这无疑给日本出版业送去了福音。于是，手机小说率先在日本出现并形成一定规模，此后带动了日本的电影、音乐、动漫的发展。

2000年12月，中国移动正式推出"移动梦网"服务，提供短信、彩信和百宝箱（手机游戏）等多元化的手机服务。移动互联网这一移动技术和互联网融合的产物正成为带动电影、音乐、游戏等多媒体联动产业复苏的契机。

2003年，日本推出3G手机，加之电信运营商导入包月套餐等业务，直接引发了手机出版狂潮，许多手机出版的相关网站一时间涌现出来。订阅者可根据作者、书名和类别在网上查询并下载小说，也可以回复评论或发电子邮件给作者。受欢迎的小说还可能被印成纸质图书出版。日本手机图书出版从20多亿日元的市场销售额起步，每年都能实现超速增长。

无论是运营商还是传统互联网，都希望借着移动出版兴起的机遇在移动客户端布局。2005年正式上线的豆瓣读书，为使用安卓版本手机客户端的用户提供了2000多部原创作品和3000多本热门图书。而以亚马逊、当当网等为代表的电商平台拥有各自的移动阅读硬件和软件，借助自身电商平台的优势积累了大量的电子图书资源。传统的新闻出版机构在为电信运营商提供内容的同时，也在积极尝试开发自己的移动应用（App）程序。

2006年，日本的手机网民数量首次超越台式电脑网民的数量，手机图书出版总额达238亿日元。

2007年1月，苹果公司正式发布第一款iPhone手机产品，开启了智能手机的新时代，在全球范围内都具有重要影响。美国的移动出版起步较晚，但是它率先发布的多点触控技术（用于智能手机和平板电脑）在商业上取得了极大成功，并且各种主流移动终端的出版发展都比较均衡。同年11月，亚马逊公司推出移动Kindle阅读终端，结合亚马逊丰富的电子书内容资源，成功地引领了全球电子书行业。

2007年，日本小说类出版物销售数量排名前3位的均为手机小说，前10位中有5部是手机小说，其中最畅销的手机小说《恋空》销售超过300万册。[1]

据日本出版科学研究所的调查，到2008年6月，日本的手机电子书店约有574家，3年内增加10倍之多。同年，日本电子阅读营收总额464亿日元，其中手机阅读402亿日元，占电子阅读总额的86%；而在手机阅读中，手机动漫营收达330亿日元，占手机阅读的82%。但2008年之后，日本的手机出版热潮突然降温，手机小说销量急转直下[2]。

2009年1月7日，工业和信息化部为中国移动、中国联通和中国电信发放第三代移动通信牌照，我国正式进入第三代移动通信时代，2009年也因此成为我国的"3G元年"。

2010年1月，在Kindle的热度尚未消退之时，苹果公司发布第一代iPad，不仅具有Kindle的电子文本阅读功能，还可以看视频、听音乐、玩游戏，给用户更完整的使用体验，它掀起了全世界的平板电脑狂潮。而在2010年，随着美国智能手机、平板电脑等数字出版终端设备在全球销量的增加，依托手机付费交易模式发展起来的日本数字出版优势逐渐被取代。当年，日本总务省和经济产业省共同制定《完善开放型数字出版环境》政策，核心目标是构筑和完善各类消费者和中小出版企业能够加入的数字出版市场，以及使用者能够简便而自由地获取信息的数字出版环境[3]。我国在2010年5月，中国移动的手机阅读业务开始正式商用；6月，中国联通手机阅读业务推向全国市场；9月，中国电信天翼阅读基地在杭州正式落户。

---

① 陈磊. 日韩手机出版发展趋势解读[J]. 出版参考，2008（18）：11-12.

② 国家新闻出版广电总局出版专业资格考试办公室. 数字出版基础[M]. 北京：电子工业出版社，2015：39.

③ 国家新闻出版广电总局出版专业资格考试办公室. 数字出版基础[M]. 北京：电子工业出版社，2015：39.

2012年5月14日,《人民日报》发布安卓客户端供全球用户下载使用。也是在这一年,日本政府出资组建"数字出版机构"。

2013年以后,4G移动通信技术逐渐开始在许多国家展开应用,移动出版进入新的发展阶段。与之前的技术相比,4G技术能够更快速地传输数据、音频、视频,这不仅是现代移动通信、多媒体技术迅猛发展的结果,还是这些新技术不断融合的表现。

2014年,中国移动互联网高速发展,通过手机上网的人数开始超过通过电脑上网的人数。中国互联网信息中心发布报告显示:中国网民数量达到6.49亿,其中手机网民达到5.57亿,台式电脑网民为3.80亿。

2014年1月,45%的美国家庭拥有平板电脑;64%的美国家庭拥有智能手机,拥有量第一次超过普通手机;45%的用户拥有电子阅读器。除了台式机外,美国其他有移动阅读功能的设备,包括电子书阅读设备、手机和平板电脑的阅读使用率都有不同程度的增长。另据尼尔森公布的数据,2014年前9个月,美国有23%的消费者使用Kindle下载电子书,21%的消费者使用Kindle,18%的消费者使用iPad,另有9%的消费者使用巴诺的Nook下载电子书[①]。同年,随着智能手机的日益普及,日本各界将目光再一次投向手机出版领域,两大网络运营商DeNA和NTTDoCoMo联手创立最大的小说、漫画投稿网站Everystar。

综上所述,从国内外移动出版的发展现状来看,作为新出现的出版形式,移动出版覆盖率高,便捷性强,但移动出版的根本还是在于出版内容的运作,内容是核心价值,只有时刻进行内容创新,才不容易被替代,才能受到用户的欢迎。

第三节　数字出版的外延

数字出版产品仍处于发展初期,当前存在的各种数字产品形态,其特

---

① 国家新闻出版广电总局出版专业资格考试办公室. 数字出版基础[M]. 北京:电子工业出版社,2015:40–41.

点、功能和地位等都处在快速演化的过程中，其外延来自于对内容类别的再认识与重组，由于新型的数字出版产品不断涌现，也逐渐扩大了数字出版的外延。数字出版是指用数字化手段重新塑造传统出版形态并萌生新形态的出版行为，而目前在数字出版这个大范畴下，新形态的出版行为主要包括电子图书、数字报刊、数字网络游戏出版、数字动漫出版等多种数字产品形态和业务样态。

一、电子图书出版

伴随着电子技术、网络技术、信息技术的不断发展和新媒体平台的更替，信息传播方式的多样化，在书籍的阅读方面，人们不限以纸张为出版载体，而是通过电子书等方式进行知识的传递、获取。电子书的称谓来自于英文中的E-book（Electronic book），这是和传统出版中在纸张上印刷出版进行传播的图书P-book（Paper book）相对应的。[1]电子书是数字出版产品的典型形态，也是数字出版产业中发展最早、大众最为熟悉的一种业态形式，它打破了传统图书内容的线性顺序，向读者提供了一种动态的立体信息组合，并可以通过超链接的方式加入相关知识和信息，[2]具有阅读方便、节能环保等优势。

《大不列颠百科全书》把电子书定义为：由文字和图像组成的数字化正文文档，适合于电子发行，并可以用纸质图书的样式在屏幕上显示。要创制电子图书，既可以通过将打印机中的源文件转换为易于下载和屏幕阅读的最优格式的方式进行，也可以通过在数据库或者一整套文本文件中进行提取的方式进行。

《牛津英语词典》对电子图书的定义是：印刷图书的电子版本，可在个人电脑或专为阅读而设计的手持设备上进行阅读。

谢新洲把电子图书理解为：电子图书是电子出版物的主要类型之一，是将文字、声音和图像等信息以数字代码方式存储在磁、光、电等介质上，通过计算机或有类似功能的阅读设备阅读使用的新型信息媒体。

---

① 王磊. 电子书的版权保护法律研究[J]. 青年与社会，2012（1）：102-103.

② 王蕾. 电子书及其国内外研制现状介绍[J]. 图书馆学研究，2002（10）：62-65.

2010年，国家新闻出版总署发布了《关于发展电子书产业的若干意见》，指出，电子书是指将文字、图片、声音、影像等信息内容数字化的出版物。

2011年，百道新出版研究院发布的《2011中国电子书产业研究报告》根据电子书的不同呈现方式和其与传统出版的关系，将电子书分为三种基本类型：（1）电子书1.0，即传统印刷图书对应的电子版，这是通过数字化方式转化而来的电子图书，通常是先有纸质图书，再借助图像扫描、数码照相、OCR和人工输入等数字化技术将纸质图书转化为数字存储格式，或者电子版与纸质书同时推出，并通过一定平台进行出版和发行；（2）电子书2.0，是直接以数字形式出版的电子图书，利用相关软件加工和组织电子化的信息，产生可以进行电子化出版发行的电子文献，它从生产到发布都只有数字化形态，不一定来自于传统纸质书；（3）电子书3.0，指除了文字、图、表等平面静态阅读要素以外，集成了声音、视频、动画、实时变化模块（如嵌入的网页等）、交互模块等要素的多媒体读物。

综上，可以把电子书定义为将文字等信息以数字形式存储在光盘、磁盘等存储介质上，以互联网为流通渠道，以网上支付为主要交换方式，借助计算机、电子阅读器、智能手机等终端阅读设备进行读取的数字化图书。数字化内容、阅读器、阅读软件构成了电子书的三个基本要素。

二、数字报刊出版

（一）数字期刊出版

传统期刊是把文字、图片等信息内容印刷在纸介质上，装订成册以便人们阅读的连续出版物。随着交互技术的不断发展，一种经由电子期刊、互联网期刊等概念演变而成的新型期刊形态——数字期刊应运而生并日益发展壮大。[①]

1984年，卡松与霍华德提出，"电子期刊是一种以数字形式提供的期刊"，包括两种不同的服务形式：一种是指存储在商业数据库系统公司的电子期刊，用户可以通过客户机和数据库服务器来检索这些数据；另一种是将这些数字化出版物以磁性介质的形式提供给区域性的计算机中心来为用

---

① 贺子岳，张天竹. 电子书发行模式研究[J]. 科技与出版，2012（10）：76–79.

户服务。

我国对电子期刊的研究开始于20世纪90年代，对电子期刊比较普遍认同的定义是：以数字形式存储在光、磁等存储器上，并通过计算机、远程通讯进行本地或远程阅读的机读型连续出版物。

20世纪90年代，随着互联网技术的兴起，对电子期刊的定义又进一步上升为互联网期刊，它包含两方面的内容：一是传统期刊的数字化，并在互联网上出版发布；二是以期刊为主要内容的包括文献和学术论文等在内的系列知识库在互联网上的出版[①]。由于以前的电子期刊还只是传统印刷型期刊的累积，所以互联网期刊扩大了文献信息的服务范围，真正地突破了传统印刷型期刊的框架，使之成为一种独立发展的新型网络信息资源。

20世纪90年代末，伴随着我国数字化期刊逐渐进入系统化、规范化、实用化的发展阶段，我国已经形成了比较完整的数字学术期刊和数字大众期刊的网络出版格局，数字期刊成为一种经由电子期刊、互联网期刊等概念演变而成的一种全新数字出版模式。出版商的出版行为已经不再仅仅停留在期刊的数字化本身，而是将文献、信息等资源进行分析、加工，从而整合成含有海量信息的数据库，并加入了各种多媒体元素，使用户获得更加优良的阅读体验。数字出版主要表现为网络数字期刊出版和期刊在线数据库出版两大门类；还可以分为数字学术期刊和数字大众期刊两大集群。

综上，数字期刊是指以数字化形式储存于光、电、磁等介质或网络中，通过数字化媒体发行、阅读和使用并在特定范围内传播的一种有固定名称的连续型数字出版物。数字期刊三个最基本的要素是连续性、数字性、特定性。

（二）数字报纸出版

数字报纸，又被称为数字报，主要以文字、图像等形式，运用报纸的采编发等一体化工作方案在网络平台上呈现。

对于数字报纸最早的理解，是把数字报纸看成是一种硬件产品，认为数字报纸是一种新型的、柔性的平面显示器，它基于一种叫电子油墨技术的特殊高科技材料。这种数字报纸可以随意卷曲，不仅轻薄如纸还便于携

---

① 司占军，顾翀. 数字出版[M]. 北京：中国轻工业出版社，2015：83.

带，具有传统纸张的基础功能，不需要特别的设备就可以进行阅读。

但更多的对数字报纸的理解并没有把电子报纸看成是一种硬件产品，而是把它看做是一种以光波以及电磁波作为载体而不是以纸介质作为载体的传播媒介。它们以网页形式居多，也有为了展现版面在网页之外采用PDF等格式制作的。这一概念以及技术的产生、运用，真正意义上打开了电子报纸的大门。如果说以前传统报纸只是将当天的信息内容提供给用户，那么电子报纸兴起后提供的就是整个报纸的全貌，阅读的过程体验和传统报纸高度契合，让用户感受到原汁原味的报纸阅读效果，这是在概念、技术、页面设置等方面的新突破。

按照数字报纸的阅读终端来区分，数字报纸可分为固定阅读终端类、移动阅读终端类和户外公共阅读终端类三种主要类型。

固定阅读终端类主要是台式电脑和笔记本电脑终端，这类数字报纸主要包括新闻网站和多媒体数字报。新闻网站还可以细分为媒体网站、商业网站等板块。而多媒体数字报是在网站这一平台上，由传统报纸媒体提供内容，供用户进行在线下载或使用多种方式阅读的数字报纸。

移动终端类指手机、MP3、MP4、PDA、PSP以及其他专门的阅读器等便携式个人终端设备。移动阅读终端类数字报纸有手机报、云报纸、App版数字报纸等。

户外公共阅读终端类指设立在户外公共场所的大型多媒体显示屏幕。

综上，数字报纸是指采用数字技术手段采集、编辑新闻稿件、图片资料等信息内容，在与报社的采编系统相结合的平台上，通过网络平台及时发布这些信息内容，并借助计算机、移动阅读设备等阅读终端进行读取的一种新型媒介形态。它具有及时发布、传播便捷、覆盖广泛、编读互动、操作简便、回溯性强、整合多媒体等诸多优势。

三、数字网络游戏出版、数字动漫出版

（一）数字网络游戏出版

以前人们把数字网络游戏出版仅仅看做是用户与电脑的互动娱乐。然而实际上数字网络游戏出版不仅是如此，更是一种用户把自己的精神通过网络媒介向外传输、交换的方式，是用户精神世界的畅游和交流，从而为

用户提供在虚拟网络世界中的现实生活体验感、自我存在感、进步感。

数字网络游戏出版是指把经过选择和编辑加工的内容，登载在互联网上或通过互联网发送至用户端，利用电子设备创建互动系统，供公众阅读、使用或娱乐的新型游戏方式或出版形态。数字网络游戏出版是集高科技、文化、艺术和网络于一体的新兴文化娱乐产业，被称为21世纪优先发展的朝阳产业，主要由游戏开发运营、网络支撑、推广销售等环节组成。

数字网络游戏出版的分类方式有很多，最基本的是根据游戏出版方式区分，可粗略地分成三大类：第一类是在线角色扮演游戏出版，这是目前中国游戏出版发布市场上最普遍的类型；第二类是竞技休闲类数字游戏出版，主要考验用户的技巧和智力；第三类是局域网对战数字游戏出版。根据游戏平台区分，可分为电脑游戏出版、电视游戏出版、街机游戏出版、使用掌上游戏机或手机的便携游戏出版等。根据是否联网区分，可分为单机游戏出版和网络游戏出版。

与传统游戏相比，数字网络游戏的出版发布大大拓展了游戏出版的外延，它不仅仅是对传统游戏出版的数字化克隆，而且是硬件的技术升级和设计理念的不断创新，为用户提供了多元化的功能平台和挑战性的游戏内容，打破了传统游戏的时空观，把时间、空间缩小到无，为用户提供在虚拟网络世界中的现实生活体验感、自我存在感、进步感，大大刺激了人们的感官系统，给处于激烈竞争和压力下的现代社会的人们提供了可以缓解的空间，具有长久的生命力，这是传统游戏出版难以达到的。并且数字网络游戏的设计者在游戏中通过人机互动的方式，将现实生活中的缺陷成功地转变为游戏中平等交流的卖点，满足了人们对于自尊的心理需求。

但数字网络游戏出版有很明显的两面性。一方面，它是将现实生活和虚拟世界完美结合的重要的娱乐方式和文化现象。从商业角度来看，它作为一项朝阳产业，所创造的利润空间更是备受瞩目，数字网络游戏出版在美、日、韩等国家蓬勃发展，已成为文化产业的重要支柱之一。另一方面，自控力不强的青少年容易沉溺在数字网络游戏中，造成很多不良后果，比如耽误学业、伤害身心健康甚至走上违法犯罪的道路。

所以，只有全面、客观、科学、健康地认识数字网络游戏，合理、正确地利用它，数字网络游戏出版才能获得更好的发展。

（二）数字动漫出版

动漫出版是动画出版和漫画出版的合称，动画是动画片的简称，属于美术片的一种。动画片是把人物或形象的表情、动作、变化分段等等画成许多张画幅，再用摄影机连续拍摄得到动态图像。[①]而漫画是指配有文字解说的多幅连续画面，相当于连环画。动漫具有强烈的形式美，通过出版发布的动画和漫画能够表达思想和感情，用户对象主要集中在青少年。

新媒体的出现，为动漫出版产业提供了更加肥沃的土壤，互联网技术与动漫出版产业的结合，不仅继承了原有媒体的特性，还拓展了新媒体的优势，将文字、图像、声音等多种载体有机合成，具有覆盖范围广、传播能力强等优势，日益受到投资商的青睐。

数字动漫出版是数字动画出版和数字漫画出版的合称，它是以创意为核心，采用数字化技术手段制作动画和漫画内容，并通过互联网、移动互联网等多种媒体终端进行传播，主要围绕动漫产品，以开发产品、生产出版、播出演出、投放广告、内容销售、开发衍生产品等方式实现盈利的一种出版方式。

四、其他数字出版产品形态

（一）数字音像制品

数字音像制品是数字技术在传统音乐、影视等产业中应用的产物，是指通过数字方式进行生产、存储并通过有线或无线方式进行传播、消费的非物质形态的音像产品，是传统音像产业与数字网络新技术相结合的产物。[②]

在音像出版网站这一平台中，用户不仅可以下载和在线收听、收看音像节目，还可以阅读到有关艺术家创作、拍摄等活动过程的信息和其他作品上架、销售的信息。

---

① 侯晓波. 动漫产业调控法律问题研究 [D]. 太原：山西大学，2011.

② 黄德俊. 我国数字音乐产业的竞争策略研究——以理论模式"钻石模型"为视角 [J]. 南京艺术学院学报，2011（4）：40.

（二）网络广告出版

网络广告出版是指广告主通过付费的方式在互联网上发布文字、图像、影像、声音等多媒体形式的商业信息，满足用户的求知、求乐、求新的欲望，以沟通和劝说为目的的一种广告出版传播形式。网络广告出版具有实时性、交互性、多样性、高效性、非强迫性、易统计性等多种优势。可以细分为按钮广告出版、主页广告出版、旗帜广告出版、赞助广告出版、动画广告出版、插页广告出版、墙纸广告出版、互动游戏广告出版、插播广告出版、综合广告出版等多种形式。伴随着数字网络技术的不断发展和互联网用户的迅猛增加，人们还会探索出新的网络广告出版形式，促进网络广告出版的进一步发展。

（三）网络数据库出版物

网络数据库出版物与前文所述的电子图书、数字报刊等存在交叉关系，是一种出现较早的电子信息源。它是根据用户需求，用数据库技术将信息内容进行拆分、存储、管理，以便用户检索的数据集合出版物。书目数据库、全文数据库和事实型数据库是目前较为典型的三种以数字出版形式出现的数据库。

综上，数字出版业还将继续蓬勃发展，更多的数字产品形态和业务样态将会被开发出来，进一步扩展数字出版的外延。同时，外延的扩展也要求数字出版学界和业界从内容价值和版权附加值等多个角度对数字出版产品进行更深层次的挖掘，从屏战略、网战略、终端战略等角度探寻社会、企业等数字化利益的最大关键点。①

---

① 侯欣洁. 数字出版概念界定的再认识[J]. 现代出版，2014（5）：44–46.

第四节　数字出版的特点

一、多媒体性

传统出版主要以书刊、报纸、广播、电视等传统媒体为传播载体，运用平面化、模拟化的技术记载文字、图片等静止的信息；而数字出版主要以互联网或其他终端为传播载体，表现形态更加丰富多彩，采用数字化技术，记载以图像、音频、视频、动画为代表的动态信息，即数字出版实现了声音、文字、图像、视频等多媒体形式的相互整合又各自独立，使得信息的呈现方式更加形象、丰富、生动，符合人类的认识方式和认知习惯，具备传统出版无可比拟的优越性。如CD-ROM电子版的地图集，它不仅能介绍一个国家的历史、政治、经济、民族、风俗习惯、地理环境、人口分布、气候、资源等资料，而且能显示这个国家的国旗，演奏其国歌等。①

在软件的使用上，数字出版不仅要用到文字处理软件、绘图软件，还要用到音视频编辑软件、动画制作软件等多种工作编辑软件，使得多种媒体素材按照设计好的结构形式有效整合起来，形成多种媒体形态的数字出版产品。如今具备多媒体功能的数字媒体不仅能够做到"有声有色"，而且由于数字出版极大地丰富拓展了出版的内容与形式，它在以后还有可能做到"有滋有味"，可以将传播的内容同时诉诸视觉、听觉、嗅觉、味觉、触觉等感官，达到出版"多觉"化、多样化、多维化的目标。

二、交互性

在传统出版形式下的出版传播过程中，出版人和作者决定着传播方式和传播内容，受众和读者只是被动的接受者，所以传统的出版是一种单向性很强的传播，它在一定程度上阻碍了信息、文化的有效传递，容易形成

---

① 陈洁. 数字化时代的出版学[M]. 北京：北京大学出版社，2014：214.

思想表达等方面的垄断。这种权威、单向的传播方式在公众信息文化需求日益多样化的今天，受众无法与出版人和作者形成一种即时互动关系，所以传统出版方式已经很难满足大众的需求。此时数字出版的出现则为满足这一需求提供了有效的解决方式。

数字出版可以将话语权、表达权转交给受众，形成一种交互式的传播方式，满足受众对于个性化服务的需求，增强受众和读者的融入感与参与感。比如今天的数字出版阅读平台，不仅能向读者提供丰富的信息知识，还能第一时间接受读者的信息反馈。读者可以到相关的网站发布书评，提出自己的建议、意见，和出版者进行实时沟通，从而实现信息的交流互动，这便是交互性的体现，如此一来，极大地调动了读者的阅读兴趣，激发了他们了解新知识的欲望。这些信息对于出版人了解市场需求，改进产品质量，也具有十分重要的意义。

对于数字出版产品而言，交互性不仅可以发生在人与人之间，还可以发生在人与计算机之间，超链接、超文本、超媒体都是互动的方式，输入输出也是体现交互性的数据步骤。数字出版可以运用计算机技术对信息内容进行检索、关联、重组和挖掘，能够把受众和读者所需要的信息搜集齐全以满足读者的需求，还可以挖掘内容中信息与信息间更深层次的关系，受众和读者与出版人和作者可以比以往进行更多功能的互动交流。

在行业交互方面，传统出版行业按照介质形态可以划分为纸介质出版、磁介质出版、光介质出版等出版方式。数字出版兴起后，网络游戏出版、网络动漫出版、手机出版物等新兴数字出版媒体应运而生，标志着跨越介质形态的"跨媒体出版"的诞生，从而打破了按介质形态对出版行业进行划分的模式，这也是行业交互性的体现。

随着数字时代的到来，数字出版的门槛也在逐渐降低，比如很多摄影网站的摄影师在展示自己作品的同时，又是摄影教学网站的忠实用户，在这种情况下，受众不单是阅读者，同时也是作者，还可以传播自己的作品，这也是数字出版交互性的典型表现。

三、个性化

在各种信息文化内容高度发达的当代社会，读者对信息文化的个性化需求越来越丰富、多样。很明显，传统出版模式下生产的出版物在这方面表现得"心有余而力不足"，而数字出版则在这方面呈现出十足的优势，能够更加精确地满足读者的个性化需求。

按需出版是个性化出版的典型，目前有两种类型。第一种类型是面向读者的按需出版，是指基于按需印刷技术，根据客户的时间、数量、质量上的个性化需求和喜好，以数字化的形式编辑和加工出版物，利用数字印刷机及时印刷并装订成册，向读者传播正式出版物的出版过程，这是一种以数字化方式传播的高度个性化定制服务。第二种类型是面向作者的自助出版，是指自助出版商通过提供自助出版平台为作者提供个性化出书服务，然后发售出版物的出版过程，最终出版物形态可以是纸质图书，也可以是电子图书。

由于传统出版业长期存在短版书、断版书、专业书、学术书的出版难题，按需出版的出现，解决了这个难题，并且具有印刷速度快、零库存、满足读者个性化需求等优点。

数字出版时代，读者群体分化以及读者需求的个性化、多元化，使得数字出版业的经营走向了长尾模式，长尾效应逐渐显现。数字出版平台要以个性化、交互式的服务，满足读者个性化、多元化的需求，以追求更好的发展。

但数字出版时代的到来，也会带来一些不良后果。由于各种快餐化、娱乐化的生产方式为浅阅读提供了越来越便利的条件，读者逐渐变得喜欢追求方便快捷、浅显通俗、轻松娱乐的阅读效果，以获得短暂的身心愉悦，同时也缓解生活压力。但长此以往，将会造成读者深度阅读能力的滑坡和部分思想文化的失落。在体现数字出版个性化的前提下，如何提高数字阅读的质量，是我们需要思考并解决的问题。

四、海量存储

与传统印刷出版媒介相比，数字出版媒介的容量几乎是无限的，它给人们创造了一个生产、采集、存储、传播海量信息与知识的空间。数字出版在信息存储量这方面对传统出版带来的变革是颠覆性的。众所周知，电子出版物通常以CD-ROM光盘为信息记录载体，按照当年飞利浦和索尼公司的标准，一张CD-ROM光盘为650M，以一本150页的文字书为例，每页平均字数为1,500个，总字数为1,500×150=225,000，单纯保存这些文字需要存储量450,000字节，约合0.43MB，那么CD-ROM光盘大约可以保存650/0.43≈1,500本这样的小说。可见，数字出版媒介的海量存储量是传统出版物无法比拟的。并且CD-ROM光盘的海量存储能力不仅仅表现在存储文字上，它还可以同时存储图像、音视频等多媒体信息，而这些都是传统出版物无法实现的。

再以报纸增版这一让传统出版工作者头疼的事为例来说，以前若报纸需要进一步增添内容，只能通过增加版面这一主要方式实现，但这样会给印刷业、排版业、发行业带来很多问题，还会增加出版成本，况且版面增加不一定能被读者所接受，内容也不能随意增添。而数字出版则有着很大的不同，因为通过数字出版物发布的信息都是通过二进制代码存储在磁盘、光盘或者网络上的，信息存储量与传统出版物相比大大增加，可以增添许多传统出版无法自由增添的内容，这更体现了数字出版存储的海量性。

随着互联网技术的运用和数字存储技术的快速发展，大容量的存储载体不断更新，为数字出版的发展提供了巨大的空间，时间、空间不再是障碍，反而打破了传统地域、国界、体制以及文化的限制。如今定制大容量存储卡，将所需要的信息内容整合进小小的存储卡中，这种"将整个图书馆装进口袋里"的设想一点也不为过。另外，大数据出版的萌发也得益于数字出版存储海量这一优势的发展。

五、便捷性、环保性

在建立了相应的数字出版系统平台之后，数字出版从录入、存储、印刷再到传播、阅读，都是在数字化的基础上进行的，速度快、效率高，突破了纸质媒介受印刷、运输、发行等因素的限制。[①]这得益于互联网的高速传播效率和实时更新的特点。数字出版的便捷性主要体现在三个方面：

第一，数字出版物检索便捷。因为数字出版物有数据库和超文本链接等技术来参与信息的组织、存储、管理，因此不像传统出版物那样只能采

---

① 杨慧娟. 传统出版向数字出版的转型及创新研究[D]. 郑州：郑州大学，2013.

用单一的线性顺序来检索。数字出版的多媒体和非线性的信息组织方式，快速、灵活，还可以多次检索、反复使用，符合人类多维、发散的思维活动特点，为用户提供了极大的便利。

第二，数字出版产品的使用和阅读基本上不受时空限制。各种数字图书馆、数字服务网站24小时为用户提供服务，用户可以随时随地享受这些服务。

第三，复制、保存便捷。无论是与传统的纸质复印相比，还是与磁带、录像带的复制相比，数字出版的复制过程所体现出来的便捷性和低成本的优势是显而易见的。在数字出版信息内容的保存方面，低成本、大容量的特点使得数字出版产品的保存更为便捷，也使得个人拥有相当规模的数字产品收藏成为可能。

传统的造纸业、印刷业在一定程度上对环境造成污染破坏，不仅有化学污染，还有废料、废液、灰尘等物理污染，一些设备和技术力量薄弱的小型造纸厂所导致的污染更严重。党的十七届五中全会提出"要坚持把建设资源节约型、环境友好型社会作为转变经济发展方式的重要着力点"，大力发展数字出版业，不仅是发展文化产业的需要，也是保护生态环境的需要。①数字出版物正以一种低碳环保的形式融入人们的生活，它可以降低传统造纸工艺产生的污染，有利于建设资源节约型、环境友好型社会。

第五节　数字出版相关技术

一、元数据

随着数字出版技术的飞速发展，人们开始采用元数据标准的信息处理技术来管理和组织信息资源，元数据越来越显示出其重要性和实用性。

元数据是指一般基于标记语言（包括HTML超文本标记语言、XML可扩展标记语言等）对数字信息内容的结构、资源等进行描述、解释、定位

---

① 杨慧娟. 传统出版向数字出版的转型及创新研究[D]. 郑州：郑州大学，2013.

的网络信息资源处理方案。目前，元数据标准按照其功能可以划分为标志型元数据标准和描述型元数据标准两类。描述型元数据标准可以细分为MARC标准、都柏林核心元数据、CIP图书在版编目数据、中文图书标识规则、图书流通信息交换规则、在线信息交换标准等。其中MARC标准是最传统的元数据标准，都柏林核心元数据是最常见的、被广泛采用的元数据标准。

元数据的使用无疑让数字出版的发展更进了一步，元数据在数字出版中可以准确唯一地标识出出版物，即把稿件按其内容分解为基本单元并用XML结构化的符号标记出来，这是数字出版最重要的工作之一；使用元数据对出版资源进行描述可以方便用户快速查询到资源，提高交易效率；对于数字出版业的各参与方，包括出版单位、销售商、图书馆、移动终端提供商、内容集成商等机构而言，使用元数据标准对出版物进行描述能够促进各方的数据交换[①]；数字出版单位还可以运用元数据对资源进行有效管理、开发、利用，提高数字资源利用率，同时还可以维护数字出版资源的信息，实现内容资源的长期保存。

二、云计算

云计算是网格计算、分布式计算、并行计算等传统网络技术发展融合的产物，主要指将计算分布到大量的分布式计算机上，而非本地计算机或远程服务器中，使得企业能够将资源切换到迫切需要的应用上，并能根据需求访问计算机和存储系统。所谓"云"是指由一组相互连接且数量众多的计算机组成。这种计算机云是跨企业和跨平台的，任何授权用户都可以从任何一台计算机接入因特网享受云服务，包括文档处理、大规模计算及各种应用程序等[②]。

云计算带动下的云出版与云服务也得到进一步推广。早在2012年，中国云计算大会上专门设立了数字出版云专场。利用互联网和云计算技术为数字出版领域提供数字内容管理、在线阅读、在线教育、数字图书馆、电

---

① 国家新闻出版广电总局出版专业资格考试办公室. 数字出版基础[M]. 北京：电子工业出版社，2015：164.

② 徐丽芳，刘锦宏，丛挺. 数字出版概论[M]. 北京：电子工业出版社，2013：73

子商务等产品与服务。数字出版云服务具备按需服务、广泛的网络接入、资源池、按使用量计费等多个特征，该技术的推出有助于解决长期困扰数字出版产业发展的内容、版权和运营等问题。它与数字出版的深度结合越来越成为业界关注的焦点，亚马逊和谷歌等IT巨头也早已在云计算领域展开激烈竞争。亚马逊推出云计算服务——"亚马逊网络服务（Amazon Web Services）"的同时，谷歌也推出云计算服务——"谷歌计算引擎（Google Computer Engine）"[①]。

随着云计算技术的进一步发展，云技术的应用伴随着数字化创新也进一步发展、完善。通过拥有海量数据的云出版平台，出版社可以对社内资源加密，可以选择发行渠道进行授权、安全分发，渠道运营商可以打通各种渠道的终端应用，方便获取出版单位授权的资源进行运营。云计算在出版领域的应用使出版行业和终端用户获益颇多：云计算为出版行业提供了强大的信息获取、数据处理和存储、分析能力，这使得开发者不再受到物理资源和硬件配置的约束，对出版产业达成合作联盟、统一行业标准、完善产业链分工、优化高效利用和使用资源、提供更好更便捷的服务等方面起到直接的推动作用。同时，用户也能够随时随地通过各种终端设备获取个性化服务，处理个人事务和信息存储等工作，并可实现协同计算的需求。

近年来，国家日益重视云计算在推进数字出版产业的技术应用、数字出版产业的升级等方面所发挥的作用。2015年2月，国务院印发了《关于促进云计算创新发展 培育信息产业新业态的意见》，提出加快发展云计算，打造信息产业新业态，推动传统产业升级和新兴产业成长，促进国民经济提质增效升级。该《意见》将有效提升云计算、大数据等技术在新闻出版领域的应用深度和应用水平[②]。

三、数字版权保护技术

在数字出版产业链中，版权的问题已不单单是技术加密问题，而成为一个综合性难题。科技期刊中数字化作品的版权保护主要涉及数据加密和

---

① 徐丽芳，刘锦宏，丛挺. 数字出版概论[M]. 北京：电子工业出版社，2013：73-74.
② 张立等. 2014—2015中国数字出版产业年度报告[M]. 北京：中国书籍出版社，2015：18.

防拷贝技术、数字水印技术、数字指纹技术等。

数据加密和防拷贝技术也称DRM（Digital Right Management）技术，一般可以分为硬件防拷贝技术、软件防拷贝技术和软硬件结合防拷贝技术。数据加密的基本过程就是对原来为明文的文件或数据按某种算法进行加密处理，使其成为不可读的一段代码，通常称为"密文"，使其只能在授权用户输入相应的密钥之后才能显示出本来内容，以此来达到保护数据不被非法窃取和阅读的目的。该过程的逆过程为解密，即将该编码信息转化为其原来数据的过程。[1]

数字水印（Digital Watermarking）技术是将一些标识信息（数字水印）直接嵌入数字载体（如多媒体、文档、软件等）当中，但这种标记不影响原载体的使用价值，通常人们的视觉或听觉是发现不了的，只有通过专用的检测工具才能提取。通过这些隐藏在载体中的信息，可以达到确认内容创建者、购买者等或者判断内容信息载体是否被篡改等目的。[2]数字水印是信息隐藏技术的一个重要研究方向。

总的来说，只有依赖权威部门作为可信任的第三方建立认证体制，健全我国著作权集体管理体制，畅通版权授权途径，保护著作者权益，才能有效推动数字出版业更好地发展。

主要参考文献

1. 徐丽芳，刘锦宏，丛挺. 数字出版概论[M]. 北京：电子工业出版社，2013.

2. 方卿，曾元祥，熬然. 数字出版产业管理[M]. 北京：电子工业出版社，2013.

3. 孙广芝，邢立强，张保玉. 数字出版元数据基础[M]. 北京：电子工业出版社，2013.

4. 陈生明. 数字出版概论[M]. 南京：南京大学出版社，2013.

5. 陈洁. 数字化时代的出版学[M]. 北京：北京大学出版社，2014.

---

[1] 魏利梅. 数据加密技术分析[J]. 湖北广播电视大学学报，2008（12）：157–158.

[2] 贾晓华. 数字水印技术在多媒体课件中的应用[J]. 科学之友，2011（29）：32–33.

6. 国家新闻出版广电总局出版专业资格考试办公室. 数字出版基础[M]. 北京：电子工业出版社，2015.

7. 司占军，顾翀. 数字出版[M]. 北京：中国轻工业出版社，2015.

8. 张立等. 2014-2015中国数字出版产业年度报告[M]. 北京：中国书籍出版社，2015.

9. 谢新洲. 数字出版技术[M]. 北京：北京大学出版社，2002.

10. 谢新洲. 电子出版技术[M]. 北京：北京大学出版社，2006.

11. 姚海根，孔玲君，腾丽. 电子出版概论[M]. 北京：印刷工业出版社，2003.

12. 于友先. 现代出版产业发展论[M]. 苏州：苏州大学出版社，2003.

13. 徐昌权，周世生. 多媒体技术与桌面出版系统[J]. 云南印刷，1995（2）.

14. 王选. 电子出版在中国的发展历程[J]. 中国电子出版，2001（2）.

15. 关萍萍. 我国电子出版业政策发展历程审视[J]. 现代视听，2011（5）.

16. 侯欣洁. 数字出版概念界定的再认识[J]. 现代出版，2014（5）.

17. 本刊记者. 我国数字出版的新情况与趋势[J]. 青年记者，2011（32）.

第二章
比较视野下的中国数字出版现状

第一节　中国数字出版现状

一、产业规模不断扩大

我国数字出版产业规模的扩大可以概括为三点：

第一，我国的数字产业收入规模持续上升。

在经历了多年的蓬勃发展后，中国数字出版的产业环境逐渐成熟，产业形态基本稳定，产业规模不断壮大，进入了新的发展阶段。从2006年至今，我国数字出版产业整体收入规模逐年上升，2006年为213亿元，2007为年362.42亿元，2008年为556.56亿元，2009年为799.4亿元，2010年为1051.79亿元，2011年为1377.88亿元，2012年为1935.49亿元，2013年为2540.35亿元。2014年，我国数字出版产业整体收入规模为3387.7亿元，比2013年整体收入增长了33.36%，其中互联网期刊收入达14.3亿元，电子书（含网络原创出版物）达45亿元，数字报纸（不含手机报）达10.5亿元，博客达33.2亿元，在线音乐达52.4亿元，网络动漫达38亿元，移动出版（手机彩铃、铃音、移动游戏等）达784.9亿元，网络游戏达869.4亿元，互联网广告达1540亿元[①]。

同时，2014年互联网期刊、电子图书、数字报纸的总收入为69.8亿元，比2013年增长了13.04%，在数字出版总收入中占比为2.06%，与2013年的2.43%相比来说是下降的。这说明数字出版还不是很稳定，仍有很大的提升

---

① 张立等. 2014—2015中国数字出版产业年度报告[M]. 北京：中国书籍出版社，2015：9-10.

空间，改革力度也需要进一步加大，争取获得更高的市场份额。

电子图书产业整体收入规模2006年为1.5亿元，2007年为2亿元，2008年为3亿元，2009年为4亿元，2010年为5亿元，2011年为7亿元，2012年跨越至31亿元，2013年为38亿元，2014年为45亿元，其收入总量与纸版图书销售收入相比，所占比例虽然不高，但从2012年开始，呈现大幅度增长趋势，年平均增长幅度达20.5%。这既表明移动阅读对数字出版发展具有强大的影响力，也说明在机构用户需求趋于饱和之后，与移动互联网相结合进行商业模式创新是一条快速有效的发展途径。

互联网期刊的收入规模从2006年的5亿元开始，2012年破10亿大关，一直增长到2014年的14.3亿元，虽然在9年间增幅略微出现过起伏波动，但总体仍然呈现稳定增长趋势，且近两年来态势趋稳。[①]

另外，网络游戏和互联网广告在2006年至2014年这9年中，实现了快速增长。移动出版和网络游戏的收入分别为784.9亿元和869.4亿元，在数字出版总收入中所占比例分别为23.17%和25.66%，两者共计占比48.83%，接近全年总收入规模的一半，这说明移动出版和网络游戏依旧是数字出版产业收入规模的主将，同时也意味着休闲、娱乐类产品在数字出版产业中有着非常重要的地位。[②]

第二，我国的数字用户规模保持平稳。

我国数字出版产业的累计用户规模从2009年的10.84亿人，达到2014年的12.48亿人（家/个）（包含了重复注册和历年尘封的用户等）。博客用户注册规模数量大规模减少，从2013年的4.37亿人下降到2014年的1.1亿人，这与微信等新兴社交媒体的迅猛发展有很大关系。

另外，原创网络文学注册用户数从2009年开始，到2014年的2.94亿，保持着大幅度增长的趋势。在线音乐和网络游戏的用户规模数也均从2008年开始有了快速增长，并一直持续。

第三，我国的数字产品规模显著提高。

以同方知网、万方数据、维普资讯、龙源期刊为代表的互联网期刊产品规模从2011年至2014年发展稳定，变化幅度很小。

---

① 中国新闻出版研究院. 中国数字出版产业发展的规模、态势及趋势分析[J]. 出版发行研究，2013（7）：41-47.

② 张立等. 2014—2015中国数字出版产业年度报告[M]. 北京：中国书籍出版社，2015.

多媒体互动期刊急剧萎缩，产品规模从2011年的1.26万种，降至2012年的0.34万种以及2013年的0.2899万种，最终降至2014年的0.1009万种，降幅为91.99%，这说明这一数字出版物形态与市场需求之间没有形成很好的吻合关系，不能与互联网的特点及发展趋势相结合，市场竞争力下降。

电子图书产品规模从2011年的90万种，增至2014年的160万种，增长率为77.78%。

互联网原创作品的产品规模从2011年的175.7万种，增至2012年的214.43万种，再降至2013年的175.78万种，再增至2014年的201万种，产品规模变化明显，这与网络原创作品平台自律机制的不断形成，以及政府引导与内容规范管理密切相关，如近年来涉及色情、暴力、反动等不良题材的网络原创作品受到遏制与删除，侵权盗版行为得到一定程度的遏制[①]。

二、政府政策、国家会议推进产业融合发展

传统出版的数字化转型升级是近年来政府部门的重要工作，也是推进传统出版与新兴出版融合发展的重要途径和有力抓手。2014年是出版业的"政策年"，政府管理部门陆续下发政策、通知，同时中国新闻出版研究院等机构召开各种相关会议，继续深入推进传统出版业的数字化转型工作，推动传统媒体和新兴媒体向融合发展的全媒体现代出版格局迈进。

2014年4月，国家新闻出版广电总局与财政部联合发布《关于推动新闻出版业数字化转型升级的指导意见》，面向全行业提出"通过三年时间，支持一批新闻出版企业实施一批转型升级项目，带动和加快新闻出版业整体转型升级步伐。基本完成优质、有效内容的高度聚合，盘活出版资源；再造数字出版流程、丰富产品表现形式，提升新闻出版企业的技术应用水平；实现行业信息数据共享，构建数字出版产业链，初步建立起一整套数字化内容生产、传播、服务的标准体系和规范；促进新闻出版业建立全新的服务模式，实现经营模式和服务方式的有效转变"的主要目标，并提出"开展数字化转型升级标准化工作、提升数字化转型升级技术装备水平、加强数字出版人才队伍建设、探索数字化转型升级新模式"四项主要任务；还将

---

① 张立等. 2014—2015中国数字出版产业年度报告[M]. 北京：中国书籍出版社，2015：12.

进一步加大财政对新闻出版业数字化转型升级的支持力度，将新闻出版业数字化转型升级项目作为重大项目纳入中央文化产业发展专项资金扶持范围。该《意见》表明政府部门对新闻出版业转型升级、融合发展的重视程度和推进力度都在进一步加大①。

2014年7月15日，由中国新闻出版研究院主办的2014中国互联网期刊出版年会在北京国际会议中心举行，年会以"融合、发展：互联网与新闻出版业的对话"为主题，分析了推动传统新闻出版单位与新兴媒体实现融合发展等方面的内容。此次年会进一步推进了融合发展举措的实施。

2014年8月18日，中央全面深化改革领导小组第四次会议审议通过了《关于推动传统媒体和新兴媒体融合发展的指导意见》。习近平总书记在会上强调，要着力打造一批形态多样、手段先进、具有竞争力的新型主流媒体，建成几家拥有强大实力和传播力、公信力、影响力的新型媒体集团，形成立体多样、融合发展的现代传播体系。②

《意见》对新形势下如何推动媒体融合发展提出了明确要求，做出了具体部署。《意见》指出，整合新闻媒体资源，推动传统媒体和新兴媒体融合发展，是落实中央全面深化改革部署、推进宣传文化领域改革创新的一项重要任务。这对于我国传统媒体的数字化转型、传统媒体"走出去"与社交等网络媒体进行融合发展带来了新模式和新机遇，具有重要的现实意义与指导价值。

2014年10月10日到11日，在国家新闻出版广电总局组织召开的出版传媒集团主要负责人座谈会上，来自全国51家大型出版集团、发行集团、报业集团的相关负责人就媒体融合发展的相关议题展开讨论。与会者认为，"媒体融合的关键应该在坚守主业出版的基础上发挥、发展、转型。融合改变的是内容的传播形式，而不是内容的价值导向。融合不只是内容的融合，还体现在人员的融合和资源的融合。在媒体融合过程中，不仅要处理好传统媒体与新兴媒体的关系，同时，解决好新思维、新体制与旧思维、旧体制的平稳过渡也较为关键"。在2014北京国际出版论坛上，国家新闻出版广电总局副局长吴尚之提出，中国出版业应在融合思维下寻求有效的发展

---

① 张立等. 2014—2015中国数字出版产业年度报告[M]. 北京：中国书籍出版社，2015：15.

② 尹韵公. 全力打造新型主流媒体和新型媒体集团[J]. 新闻与写作，2014（9）：22-23.

路径①。

2014年，总局还先后推出了《关于加强数字出版内容投送平台建设和管理的指导意见》《关于推动网络文学健康发展的指导意见》等一系列行业政策文件，并通过示范带动、项目引领、资金扶持等一系列举措，加强对数字出版产业发展的引导与管理，收效显著。传统出版与新兴出版融合发展态势已经形成②。

为贯彻习总书记重要讲话精神和中央出台的《关于推动传统媒体和新兴媒体融合发展的指导意见》，实现中央精神和行业实际有机结合，将融合发展任务具体落实到出版业，2015年4月，总局与财政部又联合出台了《关于推动传统出版和新兴出版融合发展的指导意见》，提出"力争用3~5年的时间，研发和应用一批新技术、新产品、新业态，确立一批示范单位、示范项目、示范基地（园区），打造一批形态多样、手段先进、市场竞争力强的新型出版机构，建设若干家具有强大实力和传播力、公信力、影响力的新型出版传媒集团"的工作目标，并重点提出要加大财政政策支持力度，包括要加大中央文化产业发展专项资金支持力度，完善和落实各项补助等措施；加大国家出版基金对涉及出版融合发展的出版项目的支持力度；继续实施新闻出版业转型升级重大项目，探索将传统出版和新兴出版融合发展纳入重大项目支持范围。该《意见》的出台为进一步推进新闻出版业的转型升级，推进传统出版与新兴出版融合发展指明了实施路径和重点方向，标志着新闻出版业数字化转型升级、融合发展已经从统一思想认识步入实质性建设的新的发展阶段③。

三、技术创新升级，推动数字出版跨越式发展

科学技术进步推动传统出版业走过了"铅与火""光与电"的时代，迎来了"数与网"的全新时代。技术创新是推动数字出版产业迅猛发展的有力支撑，智能化、万物互联、大数据将成为未来媒介发展趋势。数字出版讲求"用户至上，需求为先"，这就要求我们的出版企业要不断创新科学技

① 李弘. 2014年度数字出版产业回望[J]. 出版参考，2015（2）：6–8.

② 张立等. 2014—2015中国数字出版产业年度报告[M]. 北京：中国书籍出版社，2015：16.

③ 张立等. 2014—2015中国数字出版产业年度报告[M]. 北京：中国书籍出版社，2015：15–16.

术应用水平，随着融合发展的进程不断深入，我国新闻出版业的技术应用水平日趋提升。①出版单位加大了对行业前沿、关键核心技术的关注、研发与应用力度。数字出版共性技术在出版流程中得以广泛应用，数字出版的内容加工、产品管理和市场服务水平得以显著提升；另一方面，企业开始根据自身所需，有针对性地选择数字技术的应用，实现科技与内容、产品的良好融合。技术的创新升级可分为三个方面：

第一个方面是大数据技术、物联网技术前景广阔。基于大数据技术的互联网思维掀起了各个行业天翻地覆的变化，出版业当然也不例外。理念的革新、对个性化阅读需求的重视被提升到更高的高度，运用大数据技术，可以准确把握用户需求，提升资源整合能力，实现内容生产的分众化、特色化、精准化。技术革新带来的出版业的转型升级，将不只是产品形态的变化，而是借助大数据技术运用互联网思维，深入掌握渠道和用户，进而实现从提供产品到提供服务，从文化产品加工制造商向互联网服务提供商的角色转变，从而推动整个行业创新动力的加速发展，将物与物、物与人之间的互动培育出新的"产品＋服务"，这也是和物联网技术的创新结合。②物联网基于设备之间互联、互通的理念，强调通过新一代信息技术来改变政府、公司以及人们交互的方式，从而提高交互的准确性、灵活性和响应速度。中国移动、中国联通、中国电信三大运营商也开始建立自己的物联网研究中心，试图占领数字出版市场中移动出版市场这片高地。

另外，大范围的数字技术应用，使各种可穿戴产品和智能设备为提供实时化的智能服务成为可能，大量的实时性、相关性的数据成为数字内容的创新来源。利用数据分析、人工智能等先进技术的个性化服务性产品正在迅速抢占市场。企业与政府之间、企业与企业之间逐步形成不同形式的多样化战略联盟，产业管理信息整合和共享，行业大数据悄然形成③。

第二个方面是云计算技术带动下的云出版与云服务也得到进一步推广。早在2012年，中国云计算大会上专门设立了数字出版云专场。利用互

---

① 新浪科技. 孙寿山谈数字出版：融合引领创新　创新驱动发展[EB/OL].（2015–07–16）[2016–6–20]. http://tech.sina.com.cn/i/2015-07-16/doc-ifxfaswf7399933.shtml.

② 新浪科技. 孙寿山谈数字出版：融合引领创新　创新驱动发展[EB/OL].（2015–07–16）[2016–6–20]. http://tech.sina.com.cn/i/2015-07-16/doc-ifxfaswf7399933.shtml.

③ 张立等. 2014—2015中国数字出版产业年度报告[M]. 北京：中国书籍出版社，2015：17–18.

联网和云计算技术为数字出版领域提供数字内容管理、在线阅读、在线教育、数字图书馆、电子商务等产品与服务。数字出版云服务具备按需服务、广泛的网络接入、资源池、按使用量计费等多个特征，该技术的推出有助于解决长期困扰数字出版产业发展的内容、版权和运营等问题。它与数字出版的深度结合越来越成为业界关注的焦点，亚马逊和谷歌等IT巨头也早已在云计算领域展开激烈竞争。亚马逊推出云计算服务"亚马逊网络服务（Amazon Web Services）"的同时，谷歌也推出了云计算服务"谷歌计算引擎（Google Computer Engine）"[①]。

随着云计算技术的进一步发展，云技术的应用伴随着数字化创新也进一步发展、完善。通过拥有海量感知数据的云出版平台，出版社可以对社内资源加密，可以选择发行渠道进行授权、安全分发，渠道运营商可以打通各种渠道的终端应用，方便获取出版单位授权的资源进行运营。云计算在出版领域的应用使出版行业和终端用户获益颇多：云计算为出版行业提供了强大的信息获取、数据处理和存储、分析能力，这使得开发者不再受到物理资源和硬件配置的约束，对出版产业达成合作联盟、统一行业标准、完善产业链分工、优化高效利用和使用资源、提供更好更便捷的服务等方面起到直接的推动作用。同时，用户也能够随时随地通过各种终端设备获取个性化服务，处理个人事务和信息存储等工作，并可实现协同计算的需求。

近年来，国家日益重视云计算在推进数字出版产业的技术应用、数字出版产业的升级等方面所发挥的作用。2015年2月，国务院印发了《关于促进云计算创新发展培育信息产业新业态的意见》，提出加快发展云计算，打造信息产业新业态，推动传统产业升级和新兴产业成长，促进国民经济提质增效升级。该《意见》将有效提升云计算、大数据等技术在新闻出版领域的应用深度和应用水平[②]。

第三方面是二维码技术的发展。新闻出版业对二维码技术的应用不再仅仅是产品信息获取的渠道，而是与产品本身有了更充分的结合。通过二维码技术，可以将传统出版内容进行延伸，节省成本，还可与读者在线互动，这种低碳环保的形式的确是将传统出版物数字化的一个捷径。传统报

---

① 徐丽芳，刘锦宏，丛挺. 数字出版概论[M]. 北京：电子工业出版社，2013：73-74.

② 张立等. 2014—2015中国数字出版产业年度报告[M]. 北京：中国书籍出版社，2015：18.

纸的数字化转型也推动着二维码技术的发展，比如一段新闻下面自带二维码，读者通过手机扫描，便可收看到记者在新闻现场的采访报道。如北京少年儿童出版社推出的科普图书《神奇科学》，不仅以图文并茂的形式介绍科学实验，并且在每个实验后附带二维码，通过手机扫描二维码，可视频观看实验的细节。借助技术让纸质图书的内容延伸至手机，技术与出版的融合丰富了阅读体验，提升了呈现能力[①]。

四、产品和服务形态更加丰富多元

首先是特色资源数据库的建设更加丰富、完善。在众多的教育内容数字化产品中，资源库当属龙头产品。利用数字化技术把专业出版资源进行数字化、多维化、碎片化、结构化改进，实现海量出版资源在数据库中的聚集，来打造专业领域优质内容服务平台和数字内容仓库，以便于出版社对已有资源进行有效管理、充分利用，这些内容结构化的资源可以多次开发、自由组合，为不同的用户提供不同的内容服务，并获取多样化盈利。[②]同时，将出版社正在做的纸质图书内容及配套的信息资源及时入库，也利于管理，方便开发数字化产品。

数据库的开发利用已得到了各大出版集团和各教育出版社的重视，有的特色资源数据库是针对特定群体的特定需求开发的，也有针对特定主题开发的，基本都取得了良好的成效。如人民军医出版社打造的医学资源数据库，取得良好的"双效"收益。

其次是以慕课为代表的在线教育形态迅速崛起。很多教育出版社和专业出版社都搭建了自己的在线平台，开发了基于自身内容资源的慕课课程。如人民卫生出版社开发了中国首套国家级医学数字教材并联合全国190余家高等医学院校成立了中国医学教育慕课联盟，搭建了"人卫"慕课平台。

2014年，在线教育持续火热，而在线教育推进中最引人瞩目的是众多跨界企业的战略投资举动，2014年2月，YY推出独立品牌"100教育"，加紧布局在线教育；同年12月，"100教育"又宣布成立100网校，同时收购

① 张立等. 2014—2015中国数字出版产业年度报告[M]. 北京：中国书籍出版社，2015：18.

② 丁金芳. 教辅图书数字化出版的五大路径——以江苏凤凰教育出版社为例[J]. 出版发行研究，2015（7）：41.

雅思在线教育代表人物郑仁强的公司。本次收购耗资3亿，是2014年度在线教育行业的最大收购案。[1]

2014年11月18日，北教传媒于新三板挂牌，基于"传统图书出版发行行业将受到来自数字出版媒体的冲击"等风险，北教传媒低调推出了在线教育新产品——跨学网，形成了包括学生端、教师端、学校端在内的多个平台[2]。

2014底，"腾讯课堂"兴起，推出的专业在线教育平台，聚合了优质教育机构和教师的海量课程资源，课程设置包括小、初、高、雅思、托福、考研等在线教育，甚至是化妆、厨艺等在线教学。作为开放式的平台，腾讯课堂凭借QQ客户端的优势，实现在线即时互动教学，并利用QQ这一平台积累多年的音视频能力，提供流畅、高音质的课程直播；同时支持PPT演示、屏幕分享等多样化的授课模式，还为教师提供白板、提问等功能。探索出在线教育新模式，这无形中又为在线教育O2O增添了几分热度[3]。腾讯掀起的在线教育热潮，是数字化创新转型的典型体现。

第二节　亚洲其他国家数字出版现状

一、日本数字出版现状

（一）移动出版领跑数字出版市场，数字出版整体稳步增长

日本在2004～2014年十年间，传统纸质书刊销售总额从22430亿日元下降至16065亿日元，其中杂志销售总额下降34%，幅度最为明显。与传统纸质书刊的持续下降成对比的是，日本电子出版市场销售总额稳步上升。

2000年1月，日本第一部手机小说《阿由的故事》上线。仅仅一年，购买突破2000万人次。它所引发的轰动效应，牵动了日本包括运营商、网站、出版社、作者、读者这整条数字出版产业链及音像制品、电影等联动产业。

---

① 李弘. 2014年度数字出版产业回望[J]. 出版参考，2015（2）：6-8.

② 李弘. 2014年度数字出版产业回望[J]. 出版参考，2015（2）：6-8.

③ 百度百科："腾讯课堂".

从此日本的电子出版市场，日益蓬勃发展起来，尤其以移动出版为代表。

2003年，日本推出3G手机，加之电信运营商导入包月套餐等业务，直接引发了手机出版狂潮，许多手机出版的相关网站一时间涌现出来。日本手机图书出版从20多亿日元的市场销售额起步，每年都能实现超速增长。

2006年，日本的手机网民的数量首次超越台式电脑网民的数量，手机图书出版总额达238亿日元。

2007年，日本小说类出版物销售数量排名前3位的均为手机小说，前10位中有5部是手机小说，其中最畅销的手机小说《恋空》销售超过300万册。①

2008年6月，日本的手机电子书店约有574家，3年内增加了10倍多。仅在2003—2008年的六年间，电子书销售总额就增长了20余倍，年增长率接近200%。

2009年，日本电子阅读器销售数量达到26500部，销售总额突破500亿日元。

2010年被称为日本的"电子书元年"，手机阅读、移动互联网阅读的形式成为日本读者群的阅读新趋势，电子书市场销售总额为650亿日元。

2013年日本电子出版市场总规模为1013亿日元，其中电子书市场规模约为936亿日元，同比增长28.4%，电子杂志市场规模达到了77亿日元，同比增加97.4%。面向新平台的电子书市场规模为789亿日元，同比增加114.4%。而面向传统手机等非智能终端移动设备的电子书市场规模大幅缩水至140亿日元，同比减少60.0%。②

2014年，在电子出版物持续飙升的作用下，日本纸质漫画和电子漫画的整体市场进一步提升。随着智能手机的日益普及，日本各界将目光再一次投向手机出版领域，两大网络运营商DeNA和NTT DoCoMo联手创立最大的小说、漫画投稿网站Everystar。2014年销售总额达到3160亿日元，远远高于2005年历史最高的2660亿日元。

另外，日本作为报纸发行量和普及率排名占全球首位的报业国家，在传统报业遭冲击的当下，数字报纸产业呈现良好的发展态势。其中《每日

---

① 国家新闻出版广电总局出版专业资格考试办公室. 数字出版基础[M]. 北京：电子工业出版社，2015：76

② 李丽萍. 年度国际出版趋势报告（日本分报告）[J]. 中国出版传媒商报，2015（8）：第18版1-4.

新闻》凭借"MSN每日互动"数字化服务板块奠定了其在日本报业的前沿地位。《读卖新闻》《朝日新闻》《日本经济新闻》等报社以手机报成功完成数字化转型。这些报社的手机新闻业务，是通过日本手机采用的"I-Mode"技术，使用户能够随时用手机接入互联网浏览时事新闻、明星动态或者查询资料、路线等等，为用户提供了极大方便。采取阅读收费模式的日本手机报发展全球领先，以《读卖新闻》为例，它只有五六位负责手机报业务的员工，但此报纸每年创造的利润却高达1亿日元。

Impress R&D还预测，2018年日本整个电子出版市场规模将达到3340亿日元，电子书市场规模将达到2790亿日元，电子杂志市场规模也将达到550亿日元①。

（二）大型出版协会、机构、集团、网站成立，强强联合资源共享

与日本电子出版市场的蓬勃发展相适应，日本数字出版相关的协会、机构、集团、网站等也逐渐成立。面对传统出版市场的衰退，日本各路出版机构纷纷采取抱团形式，积极投入到数字化转型中来，探索数字化转型模式，共商对策，实现资金、人力、信息等资源的共享。

2008年，《读卖新闻》《朝日新闻》《日本经济新闻》等新闻网站，联合运营新网站http://allatangs.jp，这个新网站将三份报纸的头版、社会版、社论版等并列展示，供读者对比阅读，受到读者热捧。

2010年，由朝日新闻出版社、学研社、讲谈社等31家出版社联合组建，以数字出版商务模型为试行模式，以数字出版业情报收集为目的的"日本电子书出版社协会"（JEPA）成立，主要从事数字出版制作、流通、体系等方面的研究以及数字出版相关机构的交流、协作等工作。同年7月，大日本印刷株式会社、日本凸版印刷株式会社和日本电通集团三家行业巨头牵头，联合89家印刷及流通企业成立了"电子出版制作·流通协议会"，积极应对数字时代的变迁。②至2010年，日本图书的网络销售总额占全部图书销售额的6.7%。③

2011年6月，三和书籍、软件银行创造社、主妇与生活社等8家出版社

---

① 李丽萍. 年度国际出版趋势报告（日本分报告）[J]. 中国出版传媒商报，2015（8）：第18版1–4.

② 田雁. 电子书时代日本出版业的自救[J]. 现代出版，2012（1）：58–61.

③ 李丽萍. 年度国际出版趋势报告（日本分报告）[J]. 中国出版传媒商报，2015（8）：第18版1–4.

联合成立了一家名为"Bookpub"的电子书店。该书店将8家出版社精选出来的实体书的数字化形式文本置于书店页面上，采用网络营销的方式供读者在线购买。①

2012年4月，日本政府注资150亿日元，讲谈社、集英社、小学馆等15家日本著名出版社共同出资20亿日元联合成立"数字出版机构"，该机构也将电子出版市场作为重要服务对象，旨在解决各出版社电子出版物制作保管、各出版社与国立国会图书馆的合作、在数字出版背景下出版社与作者利益保障等事关电子出版的各种问题②。

联合后的出版集团实力雄厚，仅这三个出版集团就占漫画出版市场份额的67%左右。

日本出版企业强强联合、共谋出路的例子还有很多，如小学馆、集英社和白泉社联合成立一桥集团；讲谈社、King Records、光文社、日刊现代、星海社，联合成立羽音集团；新潮社、集英社等大型出版社联合组建了"电子文库PABURI"；讲谈社、新潮社、读卖新闻等日本知名的新闻出版机构与索尼公司联合组建了专门发行电子图书的服务公司"Publishing Link"。③

（三）尝试新措施，推动出版转型

长期以来，日本的图书销售方式是固定价格销售的"再贩制"。在"再贩制"的实施过程中，日本出版业形成了比较固定的利润分配结构，即每赚取1元钱，出版社得0.70元，图书批发公司得0.08元，而书店得0.22元④。

但是，对出版社来说，"再贩制"虽然能够保证出版社的利润，可是它允许书店将销售不出去的图书等退还给出版社，这也给出版社带来了不小的压力，比如造成图书退货率居高不下等现象，不利于出版业的发展，使得日本出版业的数字化转型落后于英美等其他发达国家。⑤随着信息技术的

---

① 田雁. 电子书时代日本出版业的自救[J]. 现代出版, 2012（1）: 58–61.

② 李丽萍. 年度国际出版趋势报告（日本分报告）[J]. 中国出版传媒商报, 2015（8）: 第18版1–4.

③ 李丽萍. 年度国际出版趋势报告（日本分报告）[J]. 中国出版传媒商报, 2015（8）: 第18版1–4.

④ 日本著书販促センター. 本の上构成比率、70%+8%+22%とは？[EB/OL].（2011–11–1）[2016–5–12]. http://www.1book.co.jp/000069.html.

⑤ 田雁. 电子书时代日本出版业的自救[J]. 现代出版, 2012（1）: 58–61.

迅猛发展以及数字化在全球的遍及，网络化浪潮向出版业推进，日本出版业，包括出版社、图书批发公司及书店在内，开始在内容生产、新营销渠道建设等各个环节上加大数字化改革的力度。

首先，在内容方面，日本出版业将数字化资源按流程运用于出版全流程中，比如通过网络收集素材、选题和稿件，并将同一个数字化内容在多个数字终端设备上同步或是不同步传播，实现内容资源的多次反复利用，推进数字出版转型。

此外，在拓展新销售渠道方面，争取新的数字内容渠道收入，典型事例是日本两大图书批发公司"东贩"与"日贩"网络销售系统的建立。两家公司建立了各自的销售网站，在网络上直接销售图书，从而在一定程度上摆脱了对书店零售的依赖，由此动摇了日本出版业"再贩制"的基础[①]，促进了数字出版业的发展。日本出版业还大力推进按需印刷和网络预订，借助按需印刷，个性定制、印刷图书，增强读者积极性；通过网络预订，出版社能够预判、分析图书的起印量，防止过度印刷造成的浪费，同时读者也能够采用分期付款的方式来购买图书，减轻经济压力。这些做法最终都是为出版社的数据分析提供长期和稳定的信息来源。

在这个阶段，日本出版业最为成功的销售渠道拓展案例，非日本著书贩促中心所实施的FAXDM对店直推系统莫属。该著书贩促中心收集了日本全国16785家书店以及3026家图书馆的传真号码，并将这些号码与系统连接起来，在此基础上，有选择性地向书店及图书馆推销作品。从FAXDM的实际效果来看，最好的成绩是发1500份传真，得到638家书店的回应，卖书10842册；最差的结果是发3000份传真，得到13家书店的回应，卖书124册；而在这份总成绩单中，共发出113806份传真，得到7143家书店的回应，卖书达61319册[②]。这就等于，每发2份传真，就能卖出1本书，所以说这一渠道的销售成效还是十分明显的。

---

① 田雁. 电子书时代日本出版业的自救[J]. 现代出版, 2012（1）: 58–61.

② 日本著书贩促センター. 书店向けFAX DM效果の一例[EB/OL].（2011–11–1）[2016–5–12]. http://www.1book.co.jp/000038.html.

二、韩国数字出版现状

（一）实体书店大规模缩减，修订"图书定价制"

韩国出版文化产业振兴院的产业统计（2010～2014）、统计厅的网络出版流通销售比较（2009～2013）等资料显示，韩国出版零售在近三年都处于下降趋势。韩国书店组合联合会在2014年的调查数据显示，2013年末全国共有书店2331家（除文具兼营店外的专卖书店为1625家），书店总数与10年前对比减少了45%，可是规模超过100坪的书店增加了59%。网络销售渠道9月份开始进入上升趋势，在图书定价制实施前的11月增长了50%，达到了下半年最高销售，12月份进入下滑趋势。其中，阿拉丁是2014年下半年增长最快的网络书店[①]。

从2014年11月开始，韩国加强了对图书定价的规范，修订了"图书定价制"，规定所有品种图书（之前只针对特定图书）允许定价在15%以内的直接优惠和最高15%的间接优惠[②]，对于发行时间超过18个月的图书（旧书），可以根据情况实行重新定价，社会福利机构发布的图书（国家机关、图书馆发售的图书）必须实行定价制。由此一来，图书价格上升，小学教辅的价格甚至比往年平均提高了3.8%，出版社也增加了库存压力，所以此举一出，受到不论是消费者还是从业者的普遍反对。

但韩国政府不顾反对，仍执行"图书定价制"，因为如果"图书定价制"成功推行的话，韩国图书市场存在已久的虚假定价就会得到抑制。由于网络书店兴起，进货量暴涨，于是网络书店开始向出版社要求低折扣进货，但出版商若一味通过低价格策略吸引读者，会降低图书自身内容的品质，恶性循环，甚至导致"破产"。如今实行"图书定价制"，出版社只能通过提高出书的内容品质来吸引读者，如此一来就会促进更多优秀图书的出版，防止恶性的价格竞争影响学术、文艺等领域图书的正常出版，同时也可以拯救受网络书店冲击濒临倒闭的中小型实体书店。

---

① 申美. 年度国际出版趋势报告（韩国分报告）[J]. 中国出版传媒商报，2015（8）：第14版1-2.

② 申美. 年度国际出版趋势报告（韩国分报告）[J]. 中国出版传媒商报，2015（8）：第14版1-2.

（二）数字出版市场平稳增长

1997年韩国金融危机后，韩国政府把经济增长目标转移到资源消耗比传统产业少的数字行业，政府在经济、政策等方面大力支持，再加上发达的互联网信息技术的发展，智能手机与平板电脑等智能终端在韩国快速普及，韩国数字出版市场呈直线上升趋势，其中电子书和手机阅读的增长速度最快。2014年上半年，韩国电子书流通代表性企业YES24发布的电子书类畅销排行榜占有率图表显示，文学题材占57.9%，占有率最高。人文及社会类题材，继文学题材之后以12.8%和6.2%位居第二和第三位。而漫画题材仅占3.5%，居第七位。在文学领域，赵廷来的《丛林万里》、姜元国的《总统的写作》等备受读者青睐，大部分受欢迎的电子书也曾经是畅销纸质书①。也是在这一年，以三星为代表的硬件厂商尤其值得关注。在这一年，三星先是扩张Reader Hub所整合的数字书刊资源，邀请亚马逊Kindle等平台为三星硬件设计专属应用程序，再与漫画巨头Marvel合作推出三星平板专属的Marvel Unlimited以供用户无线阅读数字漫画内容，同时也构建了自己的数字内容生态，在手机竞争激烈、利润空间急剧压缩的今天，为自己的数字出版市场留出一席之地。

由于韩国政府在政策、人才培养等多方面给予大力扶持，并通过利用其后发优势，尤其是在网络、数字技术方面的后发优势，使得韩国的网络游戏获得了长足发展，在国内普及率很高。网络游戏上进行的电子游戏竞技运动也风靡韩国，并培养了一批电子游戏玩家，引领着网络游戏的潮流。

但目前韩国的游戏出版市场呈现饱和后的回落状态。根据韩国文化体育观光部和韩国信息产业振兴院联合发布的《2014年韩国游戏白皮书》，2013年韩国网络游戏市场规模大约为92.2409亿美元，与上年同比下降0.3%，网络游戏市场已经达到饱和回落状态。与此同时，韩国的PC在线游戏市场规模不断缩小。由于受到移动平台增长带来的挤压，2013年韩国PC在线游戏市场规模大约为51.7523亿美元，与上年同比下降19.6%，占其游戏产业总贡献收入的56.1%。虽然移动游戏业务的增长在2013年达到了190.6%的年度增幅，但《白皮书》预计其在2014年的市场价值增长仅有

① 申美. 年度国际出版趋势报告（韩国分报告）[J]. 中国出版传媒商报，2015（8）: 第14版1–2.

4.2%，2015年和2016年则分别呈现出9.7%及0.8%的负增长[①]。

（三）上市公司营业额小幅上涨

韩国金融监督院于2014年下半年公示了韩国9个出版上市公司的业绩情况，包括销售总额、营业利润、出口额、从事人员数量等，这几大出版上市公司分别是大教、visang教育、能率教育、因特帕克、YES24、E–未来、三星出版社、熊津Think Big、艺林堂出版公司。[②]

数据显示，在销售总额方面，2014年下半年出版上市公司的销售总额约为10443亿韩元，比往年同期增长了1.1%，比上半年上升了5.7%。其中练习册、教科书与学习参考书出版及综合（儿童）出版的上市公司7个出版社2014年下半期销售总额约为8570亿韩元，与往年同期相比减少了1.1%；出版流通上市公司（Interpark，YES24）2014年下半期销售总额约为1873亿韩元，比上年同期增加了12.0%。[③]

在营业利润方面，2014年下半年出版业上市公司的营业利润约为652亿韩元，比上年同期增加了14.5%，与上半年相比，上升了63.1%。其中练习册上市公司、教科书和学习参考书上市公司、出版流通上市公司的营业利润与上年同期相比都有所增加，出版流通上市公司的增幅最大。综合（儿童）上市公司的营业利润约为38亿韩元，比上年同期减少了4.3%[④]。

第三节　欧美国家数字出版现状

一、美国数字出版现状

（一）电子书发展整体稳定，2015年有所回落

从世界范围看，美国的电子书发展整体向好，自2014年开始销售下滑

---

① 张立等. 2014—2015中国数字出版产业年度报告[M]. 北京：中国书籍出版社，2015：137.

② 申美. 年度国际出版趋势报告（韩国分报告）[J]. 中国出版传媒商报，2015（8）：第14版1–2.

③ 申美. 年度国际出版趋势报告（韩国分报告）[J]. 中国出版传媒商报，2015（8）：第14版1–2.

④ 申美. 年度国际出版趋势报告（韩国分报告）[J]. 中国出版传媒商报，2015（8）：第14版1–2.

后，各出版社重新开始以注重品质来增加收入。2010年美国电子书销售量6800万册，总体销售收入为8.78亿美元，占图书销售总收入的6.4%，而2008年的比例仅为0.6%。2011年，美国电子书销售量1.6亿册，销售额激增117%，同期的纸质版图书销售额出现下滑。2012年到2014年大型出版商电子书销量的年复合增长率为3%。[①]2013年电子书的销售量为2.37亿册。2014年美国大型出版商的电子书销量则出现下滑趋势，下滑幅度达6%，回落至2.23亿册。

尼尔森图书监测统计的零售商纸书销售数据以及Pub Track Digital对美国30多家大型出版社电子书销售数据的统计显示，从2010年到2014年，纸书销量从7.18亿册下滑至6.35亿册，但电子书销量从6800万册增至2.23亿册，抑制了整体下滑态势[②]。

2015年6月10日，美国出版商协会发布"2014年度美国出版业统计报告"，这是针对美国近1800家活跃出版商的收入等进行的统计。该报告显示，2014年美国电子书总收入为33.7亿美元，比2013年小幅度提升了3.8%。电子书销售了5.1亿册，仅仅增长了0.2%。尼尔森的数据还显示，成人小说电子书销量从2010年以来大幅增加，自2012年以后增长放缓，2014年成人小说电子书销售下滑9%，目前仅略微领先于2012年的水平；大众小说领域，爱情、悬疑、神秘和幻想类小说有超过50%的销量来自电子书；成人非小说的电子书销售收入增长0.5%，在该细分领域总收入的占比仅为15%；青少年小说电子书市场的销售有大幅增长，过去3年的年复合增长率为12%，2014年青少年小说市场的电子书销售增长了10%；购书者2014年下半年平均购买5.3本书，其中45%为电子书，但是只买电子书的消费者的购书量是只买纸质书的消费者购书量的两倍；2014年12月电子书销售是纸质书销售的20%，11月为33%，10月为40%[③]。由此可见，美国电子书销售的增长速度在变缓甚至开始下降。

另外，美国五大大众出版社——哈珀·柯林斯、企鹅兰登、麦克米伦、阿歇特、西蒙&舒斯特，目前的纸质书与数字书的销售比例，稳定在7∶3。从他们的实践来看，数字出版并没有抢占纸质书空间，反而给出版社带

① 郝景东. 美国电子书发展现状及前景分析[J]. 编辑之友，2014（11）：109–112.

② 渠竞帆. 年度国际出版趋势报告（美国分报告）[J]. 中国出版传媒商报，2015（8）：第14版1–3.

③ 渠竞帆. 年度国际出版趋势报告（美国分报告）[J]. 中国出版传媒商报，2015（8）：第14版1–3.

来30%的销售增长。在美国电子书中最畅销的品种是爱情、科幻、侦探小说等。[①]

2015年上半年电子书销售的急剧下滑，主要是由于儿童/年轻成人类电子书销量滑坡。而贸易类电子书下降了10.3%，电子书同比下降的大部分主要来自儿童/年轻成人书籍，下跌45.5%（相比于2014年上半年，却大幅度增长了28.1%）。根据美国出版商协会对1200多个出版商的统计显示，2015年前六个月，美国电子书的销量下降了10%，但电子书仍然占图书总销量的20%。相比之下，在2014年，这部分仍以3.8%的速度增长。美国出版商协会分析指出，这主要有三方面的原因：一是电子阅读器收入下降，2014年电子阅读器的销量只有1200万部，而2011年有2000万部；二是越来越多的电子书阅读器依赖于平板电脑和智能手机消费内容；最后一个原因是价格的提高，2015年"五大"行业提出，一本电子书的平均价格要控制在11美元（与在同一水平的一本平装书的价格相对应）。这最后一个原因或许是电子书销量下降的主要原因。

（二）青少年及儿童图书拉动大众图书市场

美国出版商协会统计显示，2014年美国图书、期刊出版业的净收入比2013年增长4.6%，达到了279.8亿美元。[②]其中K-12教材版块的增幅最大，达9.9%；专业出版领域销售增长4.6%；大众出版领域销售增长4.2%。大众出版仍然是最大的版块，2014年总收入为154.3亿美元。2014年，全美图书总销量增长3.7%，至27亿册，其中大众版块增长4.1%（含宗教出版），达到了24.2亿册。[③]（表2-1、表2-2）

表2-1　　　　　2012~2014年美国出版业总收入及总销量　　（单位：美元）

	2012	2013	2014
总收入	$ 27,722,633,482	$ 26,749,773,222	$ 27,977,219,642
总销量	2,726,057,573	2,606,975,062	2,700,245,640

---

① 管丹. 美国出版业现状分析[J]. 出版参考，2015（13）：9-10.

② 渠竞帆. 年度国际出版趋势报告（美国分报告）[J]. 中国出版传媒商报，2015（8）：第14版1-3.

③ 管丹. 美国出版业现状分析[J]. 出版参考，2015（13）：9-10.

表2-2　　　　　　2012～2014年美国大众图书市场总收入及销量　　（单位：美元）

	2012	2013	2014
总收入	$ 15,706,398,133	$ 14,808,303,286	$ 15,426,208,252
总销量	2,474,995,518	2,325,386,435	2,421,896,606

原美国出版商协会公关部总监玛丽莎·布鲁斯通分析指出，美国出版业的增长主要归因于大众领域的增长，2014年大众图书市场总值为154.3亿美元，较2013年的148.1亿美元增长了4.2%，2014年美国数字图书中增长幅度最大的是儿童读物，青少年及儿童图书市场总收入增长了20.9%，总销量增长了13.5%，其中儿童及青少年小说分别以8.43亿册及7.46亿册的销量，超越成人小说市场规模。[①]在儿童小说领域，平装本和精装本分别销售4.38亿册和2.4亿册，可下载有声书和电子书市场均有大幅度增长[②]。

从图书形式看，2014年美国图书市场上，平装书销售收入达到了48.4亿美元，2013年为44.2亿美元。2014年平装书销量为9.42亿册，2013年为8.82亿册。[③]可下载有声书销量为4800万册，可下载电子书销量为5.1亿册。可下载有声书保持了连续多年的增长势头，与2013年相比，销量增长27.0%，销售收入增长26.8%，实体有声书则有小幅下滑[④]。

实体书店在2014年扭转了多年的销售下滑局面，这一年大众图书销售收入提高了3.2%达至38亿美元，销量增加了4.1%，达到5.77亿册。与实体书店相比较，在线零售依旧是大众市场最主要的销售渠道，2014年，网上售书达8.32亿册，收入达59亿美元。[⑤]

（三）移动应用程序带动数字体验平台成熟完善

iPhone应用商店在2008年7月10日开业、亚马逊应用商店在2011年3月22日开业、谷歌游戏于2012年3月6日推出，在移动应用程序的推动下，美国的数字出版体验平台越来越成熟、完善。出版商可以在较短的时间内，

---

① 渠竞帆. 年度国际出版趋势报告（美国分报告）[J]. 中国出版传媒商报，2015（8）：第14版1-3.

② Marisa Bluestone（玛丽莎·布鲁斯通），原美国出版商协会公关部总监。

③ 渠竞帆. 年度国际出版趋势报告（美国分报告）[J]. 中国出版传媒商报，2015（8）：第14版1-3.

④ 渠竞帆. 年度国际出版趋势报告（美国分报告）[J]. 中国出版传媒商报，2015（8）：第14版1-3.

⑤ 渠竞帆. 年度国际出版趋势报告（美国分报告）[J]. 中国出版传媒商报，2015（8）：第14版1-3.

拥有更新、更强大的分销渠道，建立渠道目标和印刷、网站和行业在线托管平台。当应用程序进入市场，出版工作人员可以更好地了解管理、编辑、产品开发、市场营销、销售等细微的条款。

成功的出版商认识到应用程序的下一次迭代必须提供一个数码体验的移动平台，从而执行多个业务功能、提供不同的内容和卓越的客户体验，出版厂商可以提供工作流程建议和实际经验给客户并让客户愿意支付自己感兴趣的内容，既节省了时间还保持了应用程序的不断更新。

还有一个突出的业务实例——Instagram。Instagram是一个响应式设计网站推出的App移动产品。Instagram的使用者只能是移动用户，而客户还想要一个网站的界面与内容互动。Uber和Airbnb也是有相似实例的企业，通过移动应用程序，了解其网站的存在也是形成客户忠诚度的至关重要的业务。

总的来说，成熟、完善、合理的数字体验平台，是出版战略成功的关键，这一点，美国做得非常成功，以移动应用程序为代表的美国数字出版平台具有以下几个特点：

● 多样性。不管是美食、养生还是娱乐、学习，应用程序的丰富性、多样化为用户提供了更多的选择。

● 同步性。成功的出版商提供的内容会同步出现在网站和应用程序中。虽然出版商不能直接要求用户从应用程序转到网站，但仍然会有新的收入从应用程序内获得，这仅仅是提供了另一种渠道方式来产生收入。

● 宣传性。推送通知创建了一个结构化的培育潜在客户的过程，让人们对一个不熟悉的应用程序从忽略到接受。这种类型的沟通是成功而且有效果的。

● 技术性。移动应用程序使用的普及，和强大的技术后台是分不开的，它提供了基于实时指标的数据，比如位置和人数统计，让客户一目了然。

根据2014年爱立信移动报告，预计在2019年，全球手机用户将达到93亿，将会有56亿人使用智能手机。在这个数字出版技术相互整合交融的时代，出版商若不提供移动应用程序将很有可能会被数字出版业淘汰。成熟、完善、合理的数字体验平台，丰富、多样的移动应用程序会给数字出版带来可持续性的发展。

（四）图书馆和电子书出版商之间的关系逐渐改善

由于害怕对方抢夺自身利益，像传统出版业和数字出版业的矛盾一样，图书馆和电子书出版商之间的矛盾由来已久。虽然仍有一些出版商拒绝与图书馆合作，但在这几年，图书馆和电子书出版商之间的关系正逐渐改善。据美国图书馆协会2014年底的一份新报告显示，出版商和图书馆多年的冲突在2013年就慢慢结束了，这让所有参与图书馆与电子书市场合作的图书馆负责人和主要出版商们松了一口气，不过目前他们在合作上仍面临很多重要挑战，比如供应和价格的问题、商业模式问题、隐私的问题、残疾人共享资料问题、无障碍惠顾问题、内容的数字化保存问题、数字化文件和电子书整合与收集的问题、整个图书馆系统的操作性问题等，这些都是值得我们关注的。令人欣慰的是，从2013年开始，很多尚未销售电子书的图书馆，都开始了扩大试点的方案。2015年12月15日在美国纽约召开的第七届数字图书世界大会暨博览会（DBW）更是大力推进了这场数字化转型。

二、英国数字出版现状

（一）电子书增长趋缓，英国传统书业重拾自信

伴随着碎片化的新技术的发展、传统出版模式的转变、学术机构的采购方式变革、开放获取和慕课平台的日益普及等，英国传统出版业面临的挑战更为严峻。但随着英国电子书的增长趋缓，英国纸质书业在丧失信心多年后首次找回了自信。

英国书业重拾自信的主要原因是电子书销售放缓，实体书店回暖。《书商》杂志从2013年开始每月从出版商那里收集电子书销售排名，从2009年开始从出版商那里获得全年电子书销售的详细信息，并从中分析其发展脉络变化。①

从2009年到2011年，英国的电子书销售出现了3位数的增长，仅2011年一年，英国出版业数字化产品的销售就增长了54%，其中大众类电子书销售激增366%，而其整体的出版业务却下降了2%，在电子书的发展受到

---

① Tom Tivnan. 年度国际出版趋势报告（英国分报告）[J]. 中国出版传媒商报，2015（8）：第10版1–4.

高度重视的同时，数字专家甚至发出了"到2020年电子书将控制大部分市场"的论断，这不禁让很多传统出版商恐慌。但是之后电子书市场开始平静下来：2012年增长95%，随后增长速度便逐渐放缓，2013年增长40%，2014年仅增长13%。

2014年英国电子书有3.75亿英镑的进账，英国包括纸质书和电子书在内的图书市场总值为17.74亿英镑，比2013年增长了4%。2014年，企鹅兰登书屋、哈珀·柯林斯、麦克米伦、阿歇特、西蒙＆舒斯特五大出版商的电子书销售达4910万册，比2013年增长了15.3%，其中三家出版商电子书销售均获得了两位数增长，只有西蒙＆舒斯特有所下滑。进入2015年，上升曲线仍在继续，上半年纸质书市场增长4%，若加上电子书收入，则英国图书市场总值增长了7%。这也是多年来英国传统书业首次找到了自信。①

这个现象打破了2009年到2010年期间很多数字专家发出的"到2020年电子书将控制大部分市场"的论断。电子书销售收入目前占了总收入的20%，销量占总销量的30%，但是由于售价较低，电子书实现的收入低于纸质书。从当下的发展趋势可以看出，即使到2020年，电子书与纸质书的比例也很难各占50%，而且还有一个不可改变的事实是：纸质书在现阶段仍将较长时间存在。

另外，电子书增长放缓意味着，大众出版商已经基本上找到了哪类书用哪种方式出版最为恰当的规律。在以电子书为代表的数字化领域中，小说领域发展最好，尤其是在犯罪、爱情、科幻和奇幻等类型领域；而在纸质书方面，非小说和儿童读物领域发展最好。过去几年儿童读物的纸质书销售一直在增长，并达到了一个新的水平。在2014年，儿童图书市场实现了更多的资金回报，共售出3.365亿英镑，比2013年增长了9.1%，是英国出版史上收益最多的一年。②

（二）报纸数字化转型比较成功

英国是老牌的报业大国，英国的报业主要由三部分组成：全国报纸、地方报纸、免费报纸。由于受到金融危机和数字化技术的冲击，英国报业

---

① Tom Tivnan. 年度国际出版趋势报告（英国分报告）[J]. 中国出版传媒商报，2015（8）：第10版1-4.

② Tom Tivnan. 年度国际出版趋势报告（英国分报告）[J]. 中国出版传媒商报，2015（8）：第10版1-4.

积极开展转型，整体比较成功。

首先，他们强调传统载体与新载体的合作互动。传统纸质报纸在一些新闻报道结尾会添加相关的网站链接，或者更清晰的网站要闻导读，从而不仅可以提供数字阅读服务，还可以延伸报纸容量。而数字报纸网站也经常通过短信、邮件等多种方式，向读者推送纸质报纸全部的新闻信息。在这点上，英国新闻集团旗下的《泰晤士报》和《星期日泰晤士报》起到了带头作用，在2011年，这两份报纸每月的数字订阅量就能达到上万份。

其次，通过对数字化内容的收费来增加经济收入。默多克旗下属于新闻国际集团的《金融时报》是阅读收费的领军者，它从2002年开始向读者收费，是全世界总访问量最高的网站之一。如果想要全年无限次访问，需要缴纳299美元的年费。目前非付费用户每个月可以免费阅读10篇网站上的文章，超过这个限额就要付费。另外针对单篇文章的微支付模式，目前也已投入使用。

最后，地方报业数字化。数字化转型为饱受金融危机和数字化技术冲击的地方报纸带来了新的生机，这些地方报业都逐渐建立起自己的网站，提供数字阅读服务，同时也增加了相应的收费项目。英国大型报业集团约翰斯顿出版公司从2010年开始限制旗下6个新闻网站的免费服务内容，要求网民开始为阅读网站内容等功能付费。①

（三）注重数字出版人才培养

在英国数字出版的发展上，人才培养是不能忽视的一环。英国是出版学教育最发达的国家之一，世界上第一个出版学学位就诞生在英国。数字出版专业在英国是一门应用性、针对性非常强的学科，比如英国伦敦大学此专业的培养目标是"让学生完全了解现代出版工作的工作流程，给予他们有关方面的知识、信心以及在出版行业中迅速成长的能力"。②英国爱丁堡龙比亚大学的数字出版研究生项目被评为苏格兰地区学生就业满意度最高的一个项目，是注重培养数字出版人才的典型代表。

英国高校的数字出版教育，具有诸多特点：

---

① 吴翔. 免费还是收费：英国报纸新闻价值之争[J]. 新闻实践，2010（11）：41-49.

② 董鑫. 中英高校数字出版人才培养现状比较研究——以北京印刷学院和英国爱丁堡龙比亚大学为例[D]. 北京：北京印刷学院，2015.

首先，师资力量雄厚，注重行业实际操作。学校聘请的教师绝大部分都有在一线的工作经验，他们或是曾经的出版人，或是经验丰富的出版商，经常举办的业内活动给学生带来了新鲜的行业动态和资讯，对学生就业也有一定帮助。由于与出版业的联系紧密，学生不仅有机会代表学校访问世界知名书展，还有可能从国际大型出版培训中心获得奖学金。

其次，课程前沿、广泛、不乏味。在课程设置上，淡化历史色彩和理论色彩，比如加拿大多伦多大学比较注重理论教育，但学生们往往感觉枯燥、乏味，不利于培养学生的学习兴趣，而英国高校的数字出版教育多以前沿动态、市场需求为导向，淡化了枯燥的理论，不仅培养了学生的学习兴趣，也形成了学生的市场意识。课程内容涵盖出版实务、管理、版权、著作权法、合同与分销等方面的内容，广泛而全面，让学生全面掌握关于数字出版的各种知识。

再次，授课灵活多样。以人为本、注重互动是在教学中学生和老师们最看重的一点，学生可以根据老师的讲解吸收知识，老师可以根据学生的反馈调整授课内容，课堂气氛轻松、活泼，学生在学习专业知识的同时也培养了个人技能，比如沟通交流能力、合作能力、判断能力、参与能力，让学生在现代的教学方法中不断探索数字出版的各种知识。英国的邮件往来非常频繁，学校、老师的各种通知多以邮件形式向学生的私人邮箱发送，同时老师也会在教学平台上定期更新课件以及相关网页和课外读物，拓展同学们的专业视野。

最后，实习机会丰富。由于英国高校与英国出版界形成了良好的合作关系，上学期间，学生可以在假期进行实习，毕业后，可以到出版行业进行更加全面充分的学习、实习，直到正式走上工作岗位。

主要参考文献

1. 张立等. 2014-2015 中国数字出版产业年度报告 [M]. 北京：中国书籍出版社，2015.

2. 徐丽芳，刘锦宏. 丛挺. 数字出版概论 [M]. 北京：电子工业出版社，2013.

3. 方卿，曾元祥，熬然. 数字出版产业管理 [M]. 北京：电子工业出版社，2013.

4. 国家新闻出版广电总局出版专业资格考试办公室. 数字出版基础[M]. 北京：电子工业出版社，2015.

5. 李丽萍. 年度国际出版趋势报告（日本分报告）[J]. 中国出版传媒商报，2015（8）.

6. 田雁. 电子书时代日本出版业的自救[J]. 现代出版，2012（1）.

7. 日本著书贩促センター. 本の上构成比率：70％+8％+22％とは. [EB/OL]. http：//www.1book.co.jp/000069.html.

8. 日本著书贩促センター. 书店向けFAX DM 效果の一例[EB/OL]. http：//www.1book.co.jp/000038.html.

9. 申美. 年度国际出版趋势报告（韩国分报告）[J]. 中国出版传媒商报，2015（8）.

10. 渠竞帆. 年度国际出版趋势报告（美国分报告）[J]. 中国出版传媒商报，2015（8）.

11. 管丹. 美国出版业现状分析[J]. 出版参考，2015（13）.

12. Tom Tivnan（英国《书商》杂志特稿记者）. 年度国际出版趋势报告（英国分报告）[J]. 中国出版传媒商报，2015（8）.

13. 李弘. 2014年度数字出版产业回望[J]. 出版参考，2015（2）.

14. 董鑫. 中英高校数字出版人才培养现状比较研究——以北京印刷学院和英国爱丁堡龙比亚大学为例[D]. 北京：北京印刷学院，2015.

第三章
数字出版的重要环节和主要内容

第一节　数字出版重要环节

　　编辑、复制、发行是出版的三个要素，传统出版要经过信息采集、选题策划、组稿、审稿、签订出版合同、加工整理、整体设计、发稿、校样处理、样品检查、出版物宣传、信息反馈等12个环节，[①]缺少任何一个环节都不能很好地完成一本书的编辑出版工作。数字出版既继承了传统出版的几个重要环节，又有其自身的灵活性和传统出版不具备的新环节。下文将会从三个方面探究数字出版的重要环节。

一、数字出版产品策划

　　数字出版产品策划是数字出版产品生产过程中的重要环节，也是一项系统性工程，是策划主体根据主客观条件和未来发展战略开发出版资源的创造性活动，是一定的出版理念、经营思路、市场预期的综合体现。数字技术的迅猛发展和网络文化的广泛传播，使整个社会从封闭性向开放性的转变过程变得势不可挡，人们的文化产品需求更加多样化和个性化。这对传统出版编辑的选题策划能力和市场营销能力提出了全新的挑战，尤其是选题策划的思维创新，直接决定了出版企业的产品生命力和市场竞争力。创新是出版企业做大做强的基石，它具有整合出版生产各环节、各方面能

力和资源的作用，是出版企业形成核心竞争力的关键，是核心竞争力的"核心"。①产品策划包括信息采集与数据分析、制订策划方案、优化方案和完成立项，四者环环相扣，信息采集与数据分析是基础，制订策划方案是关键，优化方案和立项是保障，其中制订策划方案又是整个产品策划的中心环节。

（一）产品策划的意义与内容

产品策划的顺利完成有利于规范数字产品研发过程，抓准产品的市场定位，明确产品的主题内容，从而使出版企业的社会效益与经济效益达到最大化。数字产品从设想到最终投入市场，都不是一朝一夕完成的，而是需要长时间依照计划一步步实现的。只有在最开始制订一个明确合理的策划方案，大到整体发展脉络，小到每个工作人员的工作内容与责任，这样才能有条不紊地进行工作，按计划完成每一个具体环节，即使其中有偏差也能根据实际情况做适当调整，这就是产品策划在规范产品研发过程中的重要性。其次，研发产品不能盲目，要确定其产品的受众范围，并且有针对性地对不同年龄、职业、学历、地区的受众进行调整，这是产品正式面向市场前必须考虑到的问题，并且策划人员还要根据当下的政治、经济、文化对产品主题内容有深入的思考，只有从源头解决问题，后面的一系列环节才能顺利展开。

数字出版产品策划包含对产品研发、制作与营销全过程的策划，包括对产品类型和服务形式进行总体设计，确保产品得到全过程的控制，并在功能上满足用户的需求，在内容上符合国家有关法律法规。因此数字出版产品策划要把握几个原则。第一，导向性原则，数字出版产品应突出党和国家的精神文化导向要求；第二，先进性原则，数字出版产品要满足用户未曾体验过的新需求，在内容与技术上都要不断创新，探索新产品；第三，系统性原则，数字出版产品策划方案要完整周密，不仅全面还要具体；第四，创新性原则，数字出版产品策划方案需要打破常规，构想独特，要有与众不同的创意设计，选取新的题材、角度、思路；第五，预见性原则，数字出版产品策划需要有能力对未来可能遇到的难题与变化做出充分的预

---

① 舒刚. 数字出版时代的选题策划创新[J]. 出版科学，2013（1）：33-35.

案；第六，可行性原则，数字出版产品策划应建立在现实条件的基础上，必须切实可行，不能脱离现实。[①]

产品策划可分为产品研发策划和产品营销策划两类，产品研发策划是为完成数字出版产品的研制、生产而对其进行整体构思和实施的计划，必须体现产品的适用范围、参与部门人员、计划进度和工作程序，并且对产品设计和研发中可能出现的问题、解决机制、需求变更的控制策略进行详细说明。产品营销策划是为了做好数字出版产品的市场销售和用户服务而对其进行的谋划和设计。[②]产品营销策划应包括对产品目标市场分析、竞争产品分析和策划产品的类型和服务方式对比分析等。

具体分析，数字出版产品策划应该包括市场调研、设计产品模型、优化选题并立项三个方面。市场调研可以深入市场了解读者需求，对同类产品进行分析，发现市场空缺，为选题提供依据。设计产品主要包括定位设计、需求设计和可行性设计。定位设计分为读者定位和产品特色定位，读者定位需要编辑在前期调研的基础上刻画出读者群体形象，特色定位要求设计出满足特定读者需求的产品表现形式和服务方式；需求设计包括数字出版产品的功能、性能和技术架构等；可行性设计包括市场销售预期、投入产出分析和风险分析等。[③]优化选题并立项的过程需要对读者定位、特色定位、选题框架、技术路线、进度计划与市场分析进行论证和方案优化。

（二）市场调研的环节与内容

市场调研包括市场调查和数据分析两个环节，是数字出版产品策划工作的源头。市场调研的目的是为数字出版产品的生产和营销找到市场依据、资源依据和技术依据，其中，信息采集是整个工作中最重要的部分。市场调研是联系读者与出版社之间的纽带，有助于编辑和出版单位了解相关产品的技术应用背景，为出版产品的的策划立项提供决策依据。

① 国家新闻出版广电总局出版专业资格考试办公室编. 数字出版基础[M]. 北京：电子工业出版社，2015：188.

② 2016年中级出版资格知识点：产品策划的内容[EB/OL].（2015–11–12）[2016–6–20]. http://www.studyez.com/chuban/fxzd/all/201511/2367140.htm.

③ 2016年中级出版资格知识点：产品策划的内容[EB/OL].（2015–11–12）[2016–6–20]. http://www.studyez.com/chuban/fxzd/all/201511/2367140.htm.

市场调研的主要工作内容主要由确定信息采集目标、设计信息采集方案、指定信息采集计划、组织实地调研、查阅文献资料、整理分析数据资料、撰写调研报告等组成，[①]每个环节都缺一不可，在信息采集工作完成之后要进行数据调查分析，其目的是把采集到的原始信息通过筛选、加工，转换成便于传递和使用的形式。[②]

（三）论证立项与签订出版合同

在数字出版产品列入出版单位生产计划之前，为确保数字出版产品质量，需要进行集体论证，编辑要根据论证结果放弃或优化数字出版产品的策划报告。出版单位可采用与传统出版选题论证会相同的方式对数字出版产品的策划报告进行论证。

出版单位在出版数字产品时，必须与作者签订数字出版合同，获得作品的信息网络传播权，并明确双方的权利与义务，确保数字产品的顺利出版。

二、数字出版产品设计与内容组织

由于不同形式的数字出版产品表现形态不一样，其产品设计较传统出版物更加复杂。

（一）数字出版产品设计

数字出版产品设计是从产品的需求分析开始的，需求分析首先要找到数字出版产品的定位。因为无论何种出版物都不能满足所有人的需求，编辑人员通过调查分析，给产品明确定位，这将为产品接下来的内容设计、形式设计定下一个相对统一的标准，不至于出现大的分歧；无论是传统出版产品还是数字出版产品，都少不了内容作支撑，产品定位明确后，根据受众情况设计产品的内容，数字出版产品的主要内容还是以文本的形式呈现给读者的，所以必须考虑到文本字数、文档格式等，图片、音频、视频

---

① 刘洋. 高等院校"市场调研"实践教学体系改革初探[J]. 科教文汇（上旬刊），2012（1）；49–50.
② 国家新闻出版广电总局出版专业资格考试办公室编. 数字出版基础[M]. 北京：电子工业出版社，2015：189.

等也是数字出版产品设计应考虑的范围；数字出版产品的功能需求常常伴随着内容需求，设计人员在设计产品之前，要对其功能需求进行分析，罗列功能结构图，力图做到舒适性和灵活性；用户测试是必不可少的环节，通过用户测试与反馈，发现设计中的不足，及时进行修改或调整；数字出版产品设计的最终表述文档名称为《数字出版产品需求规格书》，一般包括文件标识和修改记录、项目概述、内容结构图、界面线框图和功能说明等，需求规格书主要是给开发人员和设计人员阅读的，是为了方便团队成员理解产品设计意图。

（二）数字出版产品内容采集

数字出版产品的功能需求确定后，要对产品内容进行组织，搜集整理需要的素材，不同类型的数字出版产品，其内容采集的方式也不尽相同。组稿是原创型数字出版产品内容采集的主要途径，在项目确定后，即可以组织作者进行内容创作。

编辑在组稿前，首先必须对项目有深入的了解，对作者的选择要心中有数，因为作者是稿件创作的核心，可以通过编辑工作中积累的人脉资源或者专家推荐来选定作者；作者选定后，编辑要及时与作者沟通，提出写作要求，必要时要求作者写好作品大纲，以便双方讨论修改；作品大纲经过审核通过后，编辑联系作者，签订作品出版合同，明确双方的权责，之后作者正式开始进行创作；从创作过程开始，一直到作品出版前，要收集作品所需的各种素材，包括文字、图片、音频、视频等，并确保这些素材能顺利应用。

（三）数字出版产品内容编审

与传统出版环节一样，审稿、编辑加工、校对也是数字出版产品出版时必不可少的环节。通过对产品内容的编审，才能保证其政治性、科学性和知识性，从而保证数字出版产品的质量。

审稿是保证数字出版产品质量的重要环节，对数字出版产品的稿件做出基本评价，提出修改建议，并且严格执行三级审稿制度，即初审、复审、终审，三者缺一不可。如三审过后还有未能解决的问题，必须请专业人士进行审查，即外审。审查过后即应提出审稿意见，并通知作者，确定稿件是否能够出版。若稿件审核通过，能够出版，就应该进入编辑加工环节，例如文字加工、图片加工、音频资料加工、视频资料加工等。在校对环节，与传统出版一样，严格遵循"三校一读"制度，对稿件进行校对。经过审校后的稿件，送至产品制作部门，按照规格加工成数字出版产品。

三、数字内容加工与产品制作

（一）数字内容加工

数字内容加工是指对出版资源的数字化整理和加工的过程，主要包括两部分：一是对已经形成纸质的图书进行数字化加工；二是对已经数字化的内容资源进行结构化和各种深度内容标引。数字化加工可分为初级加工、中级加工和高级加工。初级加工是将纸质图书直接扫描成图像，文档内容可长期保存但无法检索；中级加工是将排版文件直接转换成矢量单层的PDF文档，即上层为PDF，下层为内容，既可保持图书的原版原式，又能加以检索；高级检索是指进行数字内容的结构化、碎片化加工。①

1. 纸质图书的数字化加工

纸质图书的数字化加工流程分为图书整理、图书扫描、图像处理、版面分析、OCR识别、内容校对、内容结构化加工、版式加工和质量检验，9个主要环节。

图书整理需要在扫描前把图书影像扫描的污损等问题处理好；图书扫描是将纸质图书通过图文扫描仪转换为数字图像；对扫描过后的图像进行处理，使图像更适合阅读和识别，从而提高图像质量保证阅读效果，这一过程就是图像处理过程；版面分析就是标记各类内容区域并确定其属性的过程；OCR识别是指把图像中的文字、符号等转化为计算机编码的过程；但是OCR识别后的文本还会有较多的编码错误和格式错误，这就需要人工校对和修改，内容校对工作通常使用专门校对软件以减少人工判断错误的发生；结构加工是传统出版内容到数字出版内容转化的重要环节，也就是对图书内容进行内容结构的拆分、标引和各种元数据加工的工作，结构化加工一般使用专门工具，生成的数据通常使用XML文件储存；为确保成品

---

① 国家新闻出版广电总局出版专业资格考试办公室编. 数字出版基础[M]. 北京：电子工业出版社，2015：195.

质量，需要对内容的准确性进行检测，检验合格的成品数据方可提供给后续数字出版产品制作使用或长期保存。

2. 数字内容图书的加工

数字内容图书是指用于传统印刷的图书排版文件，因其内容已经是数字状态，故可以简化加工流程，主要分为数据整理与格式转换、内容结构化加工两个环节。

在进行结构化加工前一般需要收集整理排版文件及其关联文件，再使用对应的、版本正确的排版软件将排版文件转换输出为 PDF 格式的文件。数字内容图书的结构化加工环节是在 PDF 文件上进行的，加工目标和纸质图书的内容结构化加工是一致的。

（二）数字内容标引

数字内容在进入资源管理系统前需要进行资源的标引加工工作。标引加工即信息的有序化处理，就是利用一定的规则、技术和方法，通过对内容对象的外在特征和主题特征的揭示、描述和排序，实现无序信息集合转换为有序信息集合的过程。外在特征指内容的物理载体外观状态，如出版社信息、版权状态、发布时间等；主题特征是指内容的主题概念和对象属性。

标引是根据文献的特征赋予文献检索标识的过程。信息标引有两个主要环节：一是分析主题，即在了解和确定内容特征基础上提炼出主题概念；二是转换标识，即用特定的标识语言表达主题概念，构成检索标识。

（三）数字出版产品制作

数字出版产品制作，实质上就是在数字内容基础上进行的产品开发活动，它在于软件与内容的结合，其中内容是占据主要地位的。

数字出版产品制作首先要进行内容整合。产品内容整合是将经审校及数字化加工的文字、音频、视频和交互模块等数字内容按照《数字出版产品需求规格说明书》的要求进行整合的过程，产品内容整合需要遵循完整性、有效性和准确性原则；再者要使产品规范化。产品规范化指将整合后的内容按照产品设计的要求进行转换和封装，以实现产品发布目标的过程。产品规范化一般包括内容的规范化、内容和软件的打包、版权加密等几方面的工作；数字出版产品制作完成后，在正式发布前还需要对产品进行系统的测试以确保产品的质量，测试的内容包括产品内容检测、可运行模块测试和产品功能测试。[①]

（四）质量控制

数字内容加工和产品制作是一项专业化的技术加工活动，对质量有很高的要求，其质量控制范围应包括成品数据的全部文件和加工制作过程中的管理文档。数字出版产品的质量不仅要满足客户需求和法律法规，还要满足产品的内在结构、外在形态和使用标准等。产品的质量要求包括完整性、规范性、有效性和准确性，质量控制的方法包括点验、批处理数据校验、应用环境模拟校验、人工抽样检测等。

第二节　数字出版主要内容

按目标市场，数字出版可分为数字大众出版、数字教育出版和数字学术出版；按载体形式，数字出版可分为电子阅读器、网络出版、手机出版等；按数字出版产品形态，数字出版可以分为数字期刊出版、电子图书出版、数字报纸出版、网络游戏出版、数字动漫出版、数字音乐出版、网络广告出版。本书主要以产品形态为划分依据，阐述数字出版的主要内容。

一、电子图书出版

（一）电子图书概述

伴随着新媒体平台的出现和交互技术的不断发展，在书籍的阅读方面，越来越多的人群放弃了纸媒阅读，而是通过电子图书的方式获取知识。电子图书有时被简称为电子书。电子书的称谓来自于英文中的E-book，这是和传统出版中在纸张上印刷出版进行传播的图书P-book（Paper book）相对

---

① 国家新闻出版广电总局出版专业资格考试办公室编. 数字出版基础[M]. 北京：电子工业出版社，2015：201.

应的。①电子书是数字出版产品的典型形态，也是数字出版产业中发展最早、大众最为熟悉的业态形式。

《大不列颠百科全书》对电子图书的定义是：由文字和图像组成的数字化正文文档，适合于电子发行，并可以纸质图书的样式在屏幕上显示。要创制电子图书，既可以通过将打印机中的源文件转换为易于下载和屏幕阅读的最优格式的方式进行，也可以通过在数据库或者一整套文本文件中进行提取的方式进行。《牛津英语词典》把电子图书定义为：印刷图书的电子版本，可在个人电脑或专为阅读而设计的手持设备上进行阅读。2010年，国家新闻出版总署发布了《关于发展电子书产业的若干意见》，指出：电子图书是指将文字、图片、声音、影像等信息内容数字化的出版物。

综上，可以把电子图书定义为利用计算机、电子阅读器、智能手机等终端阅读设备进行读取的数字化图书。内容、阅读器、阅读软件构成了电子图书的三个基本要素，电子图书出版的主要业务活动包括两个方面，一是电子图书的内容加工，二是电子图书的传播与销售。

电子图书根据其自身的特征又可分为两类：一类是从纸质印刷版图书数字化转化而来的电子图书，借助图像扫描、数码照相、OCR 和人工输入等数字化技术将纸质图书转化为数字存储格式，并通过一定平台进行出版和发行，是印刷型出版物的另一种表现形式；一类是直接以数字形式出版的电子图书。利用相关软件加工和组织电子化的信息，产生可以进行电子化出版发行的电子文献。②

（二）电子图书的特点

电子图书的特点：（1）容量大。通过一台阅读器即可阅读大量书籍，海量的存贮技术，大大降低了图书的体积，极大地节省了藏书空间，为既定空间范围内更多更全地存储图书提供了前提和可能，大大缩减了过去那种庞大的藏书机构。（2）功能多。插入书签、注释、内容检索都是电子书的基本功能，操作简单，运用便捷。（3）成本低，利于环保。对于出版商来说，电子图书不仅可以减少日趋高涨的印刷费用，而且可以不必仅仅依

① 高峰. 关于电子书的概念及其发展[J]. 沧桑. 2006（5）：106.

② 王丽英. 网上资源——网络图书的发展与对策研究[D]. 北京：中国人民解放军军事医学科学院，2003.

赖纸质作为制造信息的载体，它在使商家降低成本的同时，又保护了森林资源，进而也减少了人类在造纸过程中所带来的环境污染。[①]（4）不需要繁琐的装帧设计和印刷环节，没有库存压力，并且可以反复利用。

电子图书突破了传统图书信息传播者和信息接受者之间信息单向流动的限制，任何读者都可以成为信息发布者。在进行电子图书阅读时，读者通过互动电子图书系统预先设置好的触发按钮或者动作，对电子图书进行控制和调整。这种交互技术提供了读者与系统进行交流和沟通的手段，使得读者从被动的地位转变为主动的地位。[②]电子图书的信息传达是出版者与读者双方主动参与的结果，里面有出版者的传播意愿，也有读者的明确需求，这就使读者在网络世界里深刻地感到了自我的存在。

（三）电子图书发展历程与现状

电子图书经历了三个发展阶段：一是纯文本电子图书发展阶段；二是电子图书阅读软件发展阶段；三是电子图书阅读器发展阶段。第一代电子图书是采用login授权的方式从远程登录到存放书的服务器去取，这种方式无法进行版权保护，所以现在基本上仅是一种公司用于内部文件对传的方式；第二代电子图书是应用各种阅读器软件，将符合格式的书下载到PC上，用显示器来看；[③]在第三阶段，出现了"内容+终端"的电子图书出版发展新模式，随着Kindle和iPad等的出现，电子图书进入多媒体出版的全新发展阶段。

与国外相比，我国的电子图书起步较晚，但是成绩斐然。根据《2013—2014中国电子图书出版产业年度报告》，截至2013末，国内绝大多数出版社都开展了电子图书出版业务，2013年当年出版的电子图书数量超过20多万种，累计总量超过100万种。[④]

---

① 王丽英. 网上资源——网络图书的发展与对策研究[D]. 北京：中国人民解放军军事医学科学院，2003.

② 刘辉. 新媒体交互电子书的制作与应用[J]. 商，2015（31）:237.

③ 徐惠萍. 电子书发展与网络出版[J]. 科技信息，2010（20）:164.

④ 张立等. 中国数字出版产业年度报告（2014—2015）[M]. 北京：中国书籍出版社，2015：211.

二、数字期刊出版

（一）数字期刊概述

数字期刊经由电子期刊、互联网期刊、数字化期刊等概念演变而成。它是指以数字化形式储存于光、磁等介质或网络中，并通过数字媒体进行发行和阅读使用的一种连续性数字出版产品。因此连续性和数字化是数字期刊的两个最基本要素。[①]

数字期刊存储空间大，能承载大量内容；能够实现实时出版，只要编校完成就能及时发布，如果发现编写错误也能立即修改；读者订阅更加便捷，可根据自己所需选择订阅感兴趣的内容，无需整本购买，互联网的便利性也能实现读者与作者的互动交流。

数字期刊的表现手段与传统印刷期刊相比，更加多样化。它借助动画、音频和视频等新型表现手段，能更直观、更全面地向读者传播信息；以纸张为载体的传统印刷型期刊，一般由一定数量、尺寸统一的纸页装订而成，在排版上受到了严格的限制，数字期刊摆脱了这种编排上的局限性，可以完全从各个章节本身内容的完整性、独立性和联系性出发，合乎逻辑地编排所有页面；在阅读数字期刊时，读者可以通过期刊的搜索工具快速准确地找到当期或往期自己感兴趣的所有文章，并且读者可以在互联网上更大范围地搜索自己想要的内容。数字期刊的超文本链接功能与传统期刊相比，又一个重大突破是，使读者能够快速方便地获取相关信息，阅读也会更加舒适和高效。

但是数字期刊也有其局限性。首先，数字期刊对技术具有依赖性，读者需要通过特定的设备才能接触到此类信息。虽然目前已经出现许多小型便携设备，但辨别率与宽幅的限制使阅读并不如想象的方便。其次，数字期刊在保存的安全性方面存在很大隐患，很容易出现数据损毁或丢失、被盗等等。

从产业形态看，数字期刊出版活动主要包括三种方式：传统纸质期刊数字化、构建数字出版平台整合发布数字化的期刊内容、开发多媒体期刊在线平台出版发行完全数字化的期刊。目前，数字期刊出版主要有网络数字期刊出版和期刊在线数据库出版两大门类。

---

① 袁晓玲. 数字时代下的图书出版和图书编辑[J]. 出版参考，2014（18）：31–32.

（二）数字期刊发展历程与现状

数字期刊于20世纪70年代诞生，随着互联网的普及与数字出版技术的进步，数字期刊越来越走进人们的日常生活。数字期刊也经历了从单机型数字期刊、联机型数字期刊、网络型数字期刊到如今的多媒体互动型数字期刊的发展历程。目前，我国数字期刊出版以互联网期刊为主体。

期刊数字化转型已经从观念和实质上产生了很大的飞跃，期刊数字化传播中的网络品牌群体已经形成并正在壮大。期刊在网络环境中重塑品牌的运动，正悄然改变着期刊产业的生态格局。《2013—2014中国数字出版产业年度报告》的分报告《2013—2014中国互联网期刊出版产业年度报告》中显示，2013年，传统期刊互联网出版保持稳定增长，整个行业数字加工能力基本保持稳定增长，年实现数字期刊论文超过了1000万篇，销售收入超过了12亿元人民币大关，较2012年增长超过12%。①

三、数字报纸出版

（一）数字报纸概述

数字报纸是指采用数字技术手段采集、编辑新闻稿件与图片资料等内容信息，通过计算机网络进行传输，借助计算机、移动阅读设备等阅读终端进行读取的一种新型媒介形态。

数字报纸技术是传统报业与现代科技融合的重大创新。数字报纸是对传统报纸的一种提升，它既及时向大众展示最新的新闻内容，提供丰富的阅读体验，又降低了制作成本，如时间成本、纸张成本等。与传统报纸相比，数字报纸不仅有更强大的功能，还更具有时效性，打破了传统报纸定时出版的限制，只要有可发布的内容，便能做到即时报道；此外，数字报纸互动性强，每个人都可以是新闻的提供者，报道及时快捷。数字报纸的受众群体大，中国现今互联网用户比重大且增长速度快，与如此庞大且增长迅速的数字媒体的受众群体相比，报纸的受众群体显然处于相对劣势。更重要的是，互联网对报纸有着很强的替代性，报纸的所有信息都能在互联网上迅速检索到，手机报的出现也使报纸开始脱离纸质形态，它们更能吸

---

① 张立. 中国数字出版产业年度报告（2014—2015）[M]. 北京：中国书籍出版社，2015：235.

引受众的注意力。随着人们阅读习惯的改变，以及电脑和手机技术的不断革新，越来越多的人喜欢通过网络和手机获取信息。[①]

数字报纸自身也存在一些不足。与传统报纸相比，数字报纸的公信力尚显不足。传统报纸的发展时间较长，新闻内容经过记者采集编辑，由专门的新闻报刊系统发布，内容自然更具有权威性。但是数字报纸发展时间短，信息来源分散且审核标准不统一，这就使新闻内容丧失了权威性。另外，数字报纸缺乏成熟的盈利模式，特别是在国内，网络用户似乎习惯了免费获取信息的方式，大多数情况下不愿意为数字新闻买单，导致数字报纸的发展一直缓慢。

（二）数字报纸分类

目前，互联网报纸、手机报和电子报是数字报纸最常见的三种类型，也是最主要的形式。按照阅读终端来划分，数字报纸可分为固定阅读终端类、移动阅读终端类、户外公共阅读终端类三种。

固定阅读终端主要是指台式电脑终端，这类数字报纸包括多新闻网站和多媒体数字报。新闻网站可细分为媒体网站，包括报纸、通讯社、电视台等传统媒体独立或联合开办的综合性网站；商业网站新闻版块业务，指商业网站进行新闻信息登载或服务的网站或版块，也包括和传统新闻媒体联合创办的网页和版块，如新浪新闻等。而多媒体数字报是由传统报纸媒体作为内容提供商，架设在网站上，能提供在线下载等多种阅读方式的数字报纸。

移动阅读终端指手机、PDA、阅读器、平板电脑等通过互联网的便携式个人终端设备。移动阅读终端类数字报纸有手机报、App版数字报纸、云报纸等。

户外公共阅读终端指设立在户外公共场所的大型多媒体显示屏幕，目前我国对于户外阅读终端的新闻信息服务还处于初级阶段。[②]

---

① 刘海涛，李伟峰，赵庆红. 浅谈数字报纸优劣性[J]. 科技创新导报，2008（27）：209–211.

② 郁聪. 我国数字报纸发展历程与现状研究[D]. 武汉：武汉理工大学，2012.

（三）数字报纸发展历程与现状

经济的高速发展对报纸的发展起着拉动作用，数字媒体的发展对报纸的发展起着替代作用。从总体上看，数字媒体的替代作用将大于经济发展的拉动作用，也就是说，中国传统报业其实已经进入衰退期。国家新闻出版总署原副署长石峰曾指出，数字报业是中国报业面对新兴媒体崛起的一种必然选择。未来，平面媒体和新兴媒体相互融合的最终产物可能是数字报纸。①

数字报纸也经历了几个重要的发展阶段，从最初的电子报纸阶段到网络报纸阶段，再到多媒体数字报纸阶段。自2004年《中国妇女报》推出了国内第一家"手机报"，我国数字报纸不断普及与发展。近年来，我国主要报业集团纷纷涉足数字报业，数字报纸类型逐渐多样化。2013年我国数字报业产值为11.6亿元，增势迅猛。

四、网络游戏出版

（一）网络游戏出版概述

网络游戏出版物是指经过选择和编辑加工，登载在互联网上或通过互联网发送至用户端，供公众浏览、阅读、使用或者下载的游戏作品。它是集高科技、文化、艺术和网络于一体的新兴文化娱乐产业，被称为21世纪优先发展的朝阳产业。网络游戏出版作为一项朝阳产业，所创造的利润空间更是备受瞩目。在美、韩、日等国家，网络游戏出版产业已成为其文化产业的重要支柱之一。②

网络游戏出版有以下三个方面的特征：首先，其本质特征是创新；其次，网络游戏出版有很明显的外部特征，那就是网络游戏出版产业有着一条十分广泛的价值链条。网络游戏消费一方面能给玩家带来娱乐享受；另一方面，网络游戏出版产业链的主线是网络游戏研发商、网络游戏运营商，以及销售渠道、电信运营商和用户，副线则涉及IT产业、制造业、媒体业、展览业，产业链极长。另外，网络游戏还具有高投入、高风险特征，网络

---

① 徐萍. 数字报纸的现状与发展研究[J]. 浙江树人大学学报（人文社会科学版），2009（02）：83–86.

② 王晶超. 我国网络游戏出版产业发展研究[J]. 特区经济，2006（05）：208–210.

游戏开发成本高、研发周期长，需要耗费大量的人力资本，各项资金投入动辄上百万，甚至上千万。目前，网络游戏的运营成本也已达到了较高程度，我国每年网络游戏市场有300多款新网络游戏落地，但只有10%的市场存活率。①易观国际分析指出，目前国内仅有10%—15%的网络游戏出版厂商盈利，85%—90%的网络游戏出版公司处于持平甚至亏损状态。

（二）网络游戏出版分类

如今，市场上的网络游戏出版可以粗略地分成三大类：一类是多人在线角色扮演游戏出版。出版发布这类游戏的基本模式是建立一个类似于虚拟社会的环境和相应的规则，每个游戏参与者都在其中扮演一个角色，彼此互动。在这种网络游戏中，用户消耗的时间最长，并且有极强的连续性，容易在一段时间内形成稳定的忠诚度。这种类型的网络游戏是目前中国游戏出版市场上最普遍的类型，单个产品盈利期寿命会在18个月到两年左右。第二类是竞技休闲类网络游戏出版。此类游戏主要考验用户的技巧和智力，只有相对较少的角色扮演元素。由于此类游戏的玩家在游戏中不会由于在线游戏时间的长短而产生根本性的地位差别，所以，此类游戏的客户群主要是30岁以上、没有太多业余时间的人。第三类是局域网对战游戏出版。这类游戏实际上是第一类网络游戏的前身。在真正的互联网游戏出现之前，许多第一人称视角和即时战略类游戏都有局域网对战功能。当时的单机版游戏开发商建立这种功能的目的就是鼓励用户购买正版软件，体验"与人斗其乐无穷"的感觉。②

（三）网络游戏出版的发展历程与现状

网络游戏出版发展经历了初生代网络游戏出版发布、进阶网络游戏出版发布、大型复杂网络游戏出版发布、新生代网络游戏出版发布四个阶段。世界上第一款网络游戏是1969年美国的瑞克·布罗米编写的《太空大战》，它只能在同一台大型主机系统内进行，并且在断电之后无法记录游戏的历史信息，仅可支持两人远程连线游戏。中国的游戏产业产生于1995年，这

---

① 王晶超. 我国网络游戏出版产业发展研究[J]. 特区经济，2006（5）：208–210.

② 岑红. 网络游戏：网络出版中不容忽视的新生产业[J]. 编辑之友. 2003（6）：4.

一时期的游戏出版发布以台湾厂商的单机版游戏为主，并逐步向联机版游戏过渡，为网络游戏在中国得以快速发展在各方面打下了基础。国内的网络游戏出版发布市场从2001年起步，到2005年达到高峰期，网络游戏用户不断增加，市场规模亦不断扩大。[①]目前，无论从国际还是国内市场来看，网络游戏出版都是一个前景良好的新兴产业领域，我国2013年网络游戏产业经营收入已达到718.4亿元。手机游戏用户的规模也呈快速发展趋势，2015年中国手机游戏用户超过6亿，市场规模达到450亿。

五、数字动漫出版

（一）数字动漫出版概述

数字动漫出版是数字动画出版和数字漫画出版的合称，是采用数字化技术手段制作动画和漫画内容，并通过互联网、移动互联网和IPTV、移动电视等媒体终端进行传播，主要以内容收费、投放广告、开发衍生产品等方式实现盈利的一种动漫产品出版发布形式。

数字动漫出版的特点：（1）用户可以自主选择动漫产品的表现形式、阅读方式；（2）视觉效果佳，画面形象逼真，表现力强；（3）制作成本低，易于广泛传播；（4）产品衍生性强，周边衍生产品产值高。数字动漫出版的常见形式主要有网络动漫出版、手机动漫出版和以IPTV、移动电视为载体的动漫产品出版。

（二）数字动漫出版的发展历程与现状

早期数字动漫出版的线条简单，色彩简洁，Flash动画是这一时期的典型代表。随着网络技术的进步，数字动漫出版发布的制作更加精细、专业、时尚。智能手机的出现为数字动漫带来革命性的飞跃，推动了数字动漫产业的高速增长。但是在全球数字动漫出版交易市场中，美国、日本、韩国是三大主力，中国与之相比较为落后。总体上讲，我国数字动漫出版产业仍旧处于初级阶段，但是近年来增长较快，成长空间很大。到2013年，数字动漫出版产业产值达22亿元，占数字出版总产值的0.88%。

---

① 梁菲明. 网络游戏运营模式研究[D]. 武汉：华中师范大学，2008.

六、数字音乐出版

（一）数字音乐出版概述

数字音乐出版是数字技术在传统音乐出版产业中应用的产物，狭义的数字音乐出版是指通过数字方式进行生产、存储并通过有线或无线方式进行传播、消费的非物质形态的音乐出版产品。数字音乐出版有以下四个特征：一是数字音乐抛弃了实物载体。从早期的蜡盘唱片、黑胶唱片到后来的磁带、CD，传统的音乐总是附着在某种实物介质上供人们消费和欣赏。数字音乐的出现打破了这一传统，它以数字信号的方式被储存在数据库里，在网络空间中流动传输，根据人们的需要被下载和删除，它的传播不再倚仗于某种实物载体。[①]二是数字音乐出版的传输速度快。数字音乐以数字信号的方式在网络空间中传输，其速度不是以物流方式进行传播的传统音乐可比拟的。三是数字音乐出版的音质不会产生损耗。数字音乐因为没有实体形态，所以不存在磨损的情况，无论被下载、复制、播放多少遍，其品质都不会发生变化。四是数字音乐出版易于计算机处理。普通音乐爱好者只要花费不多的时间学习软件的使用，就能够使用个人电脑出版制作属于自己的个性音乐，并将其放到网上交流。[②]这在实际上降低了音乐制作和传播的门槛。

数字音乐出版产业是传统音乐产业与新技术相结合的产物，与传统音乐产业相比，它拥有一些建立在新技术基础上的优势，这与以上提到的数字音乐出版的特点也是存在对应关系的：数字音乐出版发行环节成本低廉，销售方式高效便捷，商业反馈迅速准确，音乐产品库极为丰富。

（二）数字音乐出版的发展历程与现状

数字音乐出版大致产生于20世纪90年代中期，经历了自由下载阶段、免费在线下载平台阶段、便携式数字播放器阶段、付费下载阶段。在数字音乐出版发展的早期，下载音乐几乎是免费的，数字音乐出版难以实现产业化。2003年，苹果公司创立了iTunes在线音乐商店，创造了将播放器

---

① 张国圣. 数字艺术谱系研究[D]. 济南：山东师范大学，2011.
② 袁君. 中国移动音乐商业模式研究[D]. 南京：南京艺术学院，2011.

和正版音乐"捆绑"销售的数字音乐出版销售模式。这一模式充分保障了音乐版权所有者的利益，iTunes在线音乐商店迅速获得了商业上的成功。iPod+iTunes模式成为了数字音乐出版史上第一个成功的商业模式，它为数字音乐出版的收费下载提供了一个可操作的样板，让全世界的唱片公司、硬件生产商、网络服务商等看到通过网络销售正版音乐的可行性。接下来的几年里，这一模式在全世界被拷贝，数字音乐出版由此进入产业化发展的阶段。[①]我国数字音乐出版起步较晚，规模较小，在数字出版各产业门类中，数字音乐出版处于中下水平，仍有较大的增长空间。

七、网络广告出版

（一）网络广告出版概述

网络广告出版是指广告主通过付费的方式在互联网上出版发布文字、声音、图像、影像、动画等多媒体形式的商业信息，并以沟通和劝说为目的的一种广告传播形式。网络广告出版的特点：（1）形式多样，信息承载量大；（2）传播时空广泛，通过网络的时空覆盖可实现全球传播；（3）成本低，针对性强，较容易选中广告受众；（4）交互性强，操作灵活，但是广告的权威性有待提高。

（二）网络广告出版的发展历程与现状

网络广告出版经历了从1990年的萌芽阶段，到中间的受挫阶段，再到受众逐渐接受阶段，直至现在的不断成熟阶段。随着网络经济的兴起与互联网的普及，网络广告出版发布走上了快速发展的轨道，并有较为成熟的发展模式。我国的网络广告出版发布也在1998年前后初步兴起，但是增长速度起伏不定，发展尚不稳定。2013年网络广告出版发布产值达到1100亿元人民币，占数字出版产业总值的44%，未来发展空间较大。

---

① 张国圣. 数字艺术谱系研究[D]. 济南：山东师范大学，2011.

主要参考文献

1. 张立. 中国数字出版产业年度报告（2014-2015）[M]. 北京：中国书籍出版社，2015.

2. 国家新闻出版广电总局出版专业资格考试办公室编. 数字出版基础[M]. 北京：电子工业出版社，2015.

3. 张立，石昆. 电子书产业发展状况及趋势[J]. 现代出版，2010（5）.

4. 刘华初. 电子书的前世今生[J]. 编辑学刊，2011（2）.

5. 高峰. 关于电子书的概念及其发展[J]. 沧桑，2006（5）.

6. 舒刚. 数字出版时代的选题策划创新[J]. 出版科学，2013（21-1）.

7. 岑红. 网络游戏：网络出版中不容忽视的新生产业[J]. 编辑之友，2003（6）.

第四章
数字出版的主要运行模式

"模式"一词的定义是事物的标准样式，就是解决某一类问题的方法论，并总结归纳到理论高度。数字出版包含了很多分支，每个分支的发展模式既有相似的地方也各有其特点。本书将分别从生产模式、传播模式、盈利模式、管理模式四个方面来剖析数字出版的运行模式。

第一节　数字出版的生产模式

生产模式是指企业体制、经营、管理、生产组织和技术系统的形态和运作方式，不同时期的生产模式是不同的，技术水平不同，生产模式也会发生相应的变化。

一、电子图书的生产模式

无论是传统图书还是电子图书产业，都是一种内容产业，必须要坚持"内容为王"。结合数字出版以及电子图书的定义，我们可以将电子图书的内容生产界定为内容生产者借助数字技术将文字、图片、声音、影像等信息内容进行组织和加工，最终转化为适合网络传播和终端阅读的数字内容产品的过程。然而内容生产必须从满足用户个性化需求的角度出发，这也正是研究电子图书内容生产模式的目的。当然，如果能够超越读者需求，为读者提供超乎意料的内容产品，则更加值得期待。[①]

---

① 孙东健. 电子图书内容生产模式研究[D]. 北京：北京印刷学院，2011：159.

如今是一个信息碎片化的时代，碎片化的时间造就了碎片化的生活和社会，在阅读领域也出现了"碎片化阅读"现象，人们几乎没有整段的时间进行"完整的"阅读。电视、电影的流行，以及网络的广泛应用，又深入刺激了人们对休闲娱乐的需求。在碎片化阅读趋势下，电子图书的生产模式也应运而生。其指导原则就是根据读者需求对读者群体进行细分，那么在这一原则下，为了更好地服务于读者的个性化需求和碎片化时间，出版社就需要打碎原有内容资源的结构体系，并按照读者需求进行重新拼接组合。这是一个"碎片化"和"去碎片化"互相交织的过程，实现了原则、目标和活动的统一。

首先，在内容创作主体上新增加了许多草根阶层的内容创作者。之前的内容创作主体基本上是各行各业的专家和精英，碎片化时代的内容创作主体开始平民化、网络化，其创作时间和内容具有碎片化的特征。虽然策划者、作者、翻译者和审校者等内容创作主体依然存在，但其人员结构、创作形式和创作内容发生了很大的变化；其次，在编辑加工上，增加了网络编辑和音视频编辑，同时，由于信息量较大，校订工作繁重，相当一部分出版实体弱化了校对者的作用，其推送的内容差错率相当高；此外，和传统图书不一样的是，电子图书的出版还需要软件工程师、数据库开发和维护人员、数据挖掘人员、系统架构师、应用开发工程师、网络工程师等一系列技术人员，这是规模最大的生产主体。同时，由于技术的进步，排版工作一般由内容创作主体直接完成，因此传统的排版人员趋于被淘汰。[①]

二、数字期刊的生产模式

随着互联网的逐渐普及，网络传播已经成为信息交流的重要渠道，期刊网络化已经成为一种必然的趋势。[②]但是我国的数字期刊大多是以纸质期刊为基础，在内容不变的情况下制作成数字期刊，真正的纯网络化期刊还没有在国内发展起来。不同于传统期刊，数字期刊有其自身的生产模式。

首先，投稿、审稿、编辑出版、发行等一系列流程都在网络平台上完

---

① 孙东健. 电子图书内容生产模式研究[D]. 北京：北京印刷学院，2011：17.

② 丁玉薇，钱俊龙. 纯网络科技期刊构建中多种模式的探索[J]. 中国科技期刊研究，2012（5）：747–751.

成，各个环节都由电子数据连接，并具有检索、下载等功能。作者投稿、专家审稿、编辑人员的修改校对等都可以通过网络进行，期刊发布只需将信息存储在网络服务器中即可，省去了传统期刊出版的印刷、流通所需的时间，节省了期刊印刷和流通成本。其次，网络期刊提供了方便、快捷的检索方式。传统期刊一般只能通过题目作者进行检索，而网络期刊具有动态的数据库功能，可通过搜索引擎或查询系统进行方便快捷的检索。它具有多样化的检索入口，如题名、关键词、作者、刊名等，一般支持截词检索和运算符检索等，大多可检索全文。[①]

信息获取方式的转变要求科技期刊数字化，然而自办电子期刊网站或数字出版平台网站需要资金与技术人才作支撑，这对于中小型科技期刊社来说难以实现。所以，多数科技期刊出版社与专门网站签订合作协议，将期刊的内容以不同形式在网站上提交给公众付费阅读，所收取的费用在网站、期刊社和作者之间分配。

三、数字报纸的生产模式

目前，国内外数字报纸的形态不外乎四种：一是如2012年12月15日刚刚关闭的由新闻集团创办的 *The Daily*，为iPad专属报纸；二是将现有的平面媒体内容平移到网络，诸如大多数报纸的电子版；三是精选报纸内容，诸如《南方都市报》在苹果、安卓等系统上开发的客户端；四是24小时不间断更新，即时发布信息，诸如《钱江晚报》的移动客户端"浙江24小时"。[②]不论是哪种形态，数字报纸提供给受众的是阅读的盛宴，故在生产环节中，数字报纸的内容价值就越显重要。

数字报纸的核心价值在于内容，而内容的核心在于两点：原创与高质量。

目前，由于互联网传播公司没有新闻采访权，门户网站上呈现的内容基本上是对传统媒体原创内容的粘贴。[③]想要呈现高质量的内容，不仅需要内容原创，还需要内容的深度、专业性和评论性。原创内容的高质量也不仅体现为内容的原创，观点的多元化和知识的增量与高度都是质量评价的

---

① 郭丹. 基于内容管理的学术期刊数字出版模式研究[D]. 北京：北京印刷学院，2009：18.

② 李南. 我国数字报纸收费模式探寻[J]. 传媒，2013（3）：36-37.

③ 王静. 数字报纸的价值构成和收费策略[J]. 青年记者，2013（17）：94-95.

标准。内容的深度体现为对新近发生事件的深度追踪报道，是精选内容，如专栏作家文章等。专业内容则区别于深度内容的广泛社会性，集中深耕于某一专业领域，例如金融、证券、行业信息或者家庭婚恋、母婴保健等。内容的评论性则体现为事实性信息基础上的意见性信息，是人们认识国内外大事、判断社会形势和感受公众舆论、形成自己观点的重要材料。[①] 显然，粘贴重组的内容是不符合高质量的标准的，但在社会效应方面，由于互联网传播的技术优势，这些内容却比传统媒体的内容要更吸引眼球——在内容整合和内容衍生价值发掘方面，网络媒体已经积累了一定的经验，取得了相对的优势；与此同时，以内容起家的报纸网站反而相形见绌。报纸网站应该向门户网站学习，通过对原创内容以及转载内容进行深度加工，根据大数据分析用户喜好，实现内容的增值。[②]

在数字报纸的形式上，也应给用户提供多样化的产品。可提供不同排版和样式的数字版本，不同的数字版本可通过不同的终端提供给用户，并呈现出不同的样式；数字出版物不再受油墨、纸张表现力的限制，不再受出版物制造、储运和销售成本的制约，制作黑白版本和彩色版本成本相同，可出版多种尺寸的出版物，可为不同读者群提供符合他们个性的出版物，如不同的排版和设计、不同的互动界面、不同的内容。还应充分开发和利用互联网，为用户提供信息整合和互动服务，开发基于社交网站的服务，并充分挖掘信息的价值，实现向整合营销领域的扩展。[③]

四、网络游戏的生产模式

（一）网络游戏产业链

网络游戏这个产业发展到今天，基本上已经形成了由开发商、运营商和渠道销售商组成的三元化产业链的结构。[④]

开发商是游戏产品开发的主导者，掌握着游戏的核心技术，是游戏知

---

① 王静. 数字报纸的价值构成和收费策略[J]. 青年记者，2013（17）：94–95.

② 王静. 数字报纸的价值构成和收费策略[J]. 青年记者，2013（17）：94–95.

③ 赵立新，谢慧铃. 数字时代报纸的用户需求与前景分析[J]. 编辑之友，2013（5）：77–79.

④ 岑红. 网络游戏：网络出版中不容忽视的新生产业. 中国编辑学会第八届年会论文集[C]. 中国编辑学会，2003：13.

识产权的拥有者。在某种程度上，开发商决定了这个行业的方向性及规模。①在我国网络游戏产业发展初期，市面上流行的网络游戏虽然是由国内各网络游戏运营商进行代理的，但是最终核心技术都掌握在外国开发商手中，尤其是日韩网络游戏，一度统治整个中国网络游戏市场。所以在初期，对技术掌握不够成熟的时候，通过代理以韩国游戏为主的国外网络游戏对我国网络游戏产业培养市场、摸索运营、推广经验是非常有帮助的。但是后期随着网络游戏市场的发展，中国网络游戏产业逐渐转向了国内自主开发游戏。游戏审批时间短、版本升级快、无需支付高额代理费与分成费，成为了开发国产网络游戏最具吸引力的地方。目前，国内的游戏开发商在出版商中居于相对优势的地位，并占据着产业利润相对较大的一块，这与它们的付出并不成正比。随着市场的进一步规范化以及受资本市场的追捧，开发商会逐步由卖方市场转为买方市场，质量战将决定游戏的生存发展，一些投机倒把及实力较弱的厂商将消失在这场变革中。②

在产业链中，运营商所处的位置无疑是最为重要的。所谓游戏运营商，是指通过自主开发或取得其他游戏开发企业授权运营网络游戏，以出售游戏时间、游戏道具或相关服务为用户提供增值服务和游戏内置广告获得收入的网络游戏公司。运营商创造的是一种文化或者说是生活方式，提供的是服务。而要实现为玩家提供优质的服务，不单单是简单的游戏升级、BUG的解决，更多的是从技术角度提供个性化的服务。这种实现需要开发商的配合完成。③

渠道的核心竞争力也在于这两点，任何涉及渠道的变革，都是围绕着这两点核心竞争力展开的。④渠道也是最具发展潜力的一环。在未来的发展中，渠道可能具有更多的发展潜力及业务体系、类型等的发展空间。开发、运营、渠道，三者相辅相成，缺一不可。在这种结构下，三者间的利益分配将呈枣核状，开发与渠道占据两端，而运营将占有核心的大部分，这也与各方的收益、风险以及投入成正比。⑤

---

① 梁菲明. 网络游戏运营模式研究[D]. 武汉：华中师范大学，2008：13.

② 岑红. 网络游戏:网络出版中不容忽视的新生产业[J]. 编辑之友，2003（6）：4-7.

③ 岑红. 网络游戏:网络出版中不容忽视的新生产业[J]. 编辑之友，2003（6）：4-7.

④ 岑红. 网络游戏:网络出版中不容忽视的新生产业[J]. 编辑之友，2003（6）：4-7.

⑤ 郭纹廷. 解析中国网络游戏业的组织变革[J]. 高科技与产业化，2004（10）：33-34.

（二）网络游戏的开发模式

网络游戏的开发主要通过引进和自主研发两种方式进行。2003年前后，国外网络游戏基本占领了中国网络游戏市场。一款游戏由国外开发商开发完成，再由国内运营商购买代理权并进行游戏的推广运营工作。在游戏运营期间，游戏运营商仍需要向游戏开发商按月或季度缴纳一定比例的收益，对于成功运营的网络游戏产品而言，这是一笔相当庞大的支出。代理模式最大的缺点就是受游戏开发商的制约严重——在产品维护、版本升级以及各类利益关系中，受制于开发商，并很难达成充分协调。同时受到销售渠道、市场宣传、代理费用的层层阻碍，造成了代理模式的实际利润率要打折扣。而在游戏版本升级过程中，还要处理相关的审批出版等问题，严重影响到代理运营商的经济利益。同时，代理运营商因为依靠代理运营游戏开发商的产品，没有相关的知识产权。无自主产权，就无法拓展由游戏衍生的周边市场，无法建立完善的社区服务，对客户群的凝聚力便会下降，无法充分创造增值服务价值。但是代理运营模式也有自身的优势，例如周期短、回报高，能够快速投放市场，直接投入运营，具有短平快的特点，在高风险的同时能够获得较高的回报。随着代理网络游戏运营业务的不断做大，我国自主研发的网络游戏也在逐年增长[①]。

五、数字动漫的生产模式

动漫产业链由制作、发行和衍生产品开发、制作与销售三个环节连结而成。在纵向组合的模式下，处于产业链上各环节的企业应紧密合作、互相监督，根据自己的经验与专业技能对项目的前景与市场价值作出评估，对作品的质量层层把关，大大降低投资风险，从而构建成利益高度相关、风险共同分担的整体。若只关注于单独的某一环节，会导致企业具有极强的利润短视性。制作方把制作好的作品卖出去就不管后面的环节了，只要卖个较好的价钱就心满意足；而发行方为了尽快收回投资、实现利润也只是拼命拓宽发行渠道；衍生品开发商为了实现利润也可能会把品牌做滥，这些都深深伤害着动漫产业的健康发展。因此要努力衔接动漫产业链的上

---

① 梁菲明. 网络游戏运营模式研究[D]. 武汉：华中师范大学，2008：19.

下游企业，使他们除了关心自己的利润外，也对其他企业的状况给予一定程度的关注，使动漫产业的发展形成一种良性循环。①

六、数字音乐的生产模式

数字技术和数字媒体广泛运用于音乐的生产、制作与传播，由此产生了现代音乐的形式——数字音乐。数字音乐大大拓展了音乐生产与传播的能力和效率，降低了音乐产业的各种成本，使音乐的规模化生产成为可能。由于声音是音乐的物理介质，数字技术能够将声音以数字的形式进行制作、储存和传播，从而为数字音乐的生产提供了可靠的技术支撑。因此，数字音乐是以数字技术手段进行创作、制作和传播的音乐作品及其音乐表现形式。②

相比传统音乐产业链，数字音乐产业链的构成要复杂得多。它由内容生产商、电信运营商、服务提供商、终端设备制造商、技术提供商及终端用户组成。在这一产业链里，内容生产商包括能向产业链下游提供音乐内容产品的唱片公司及个人；音乐产品生产商这一角色因为数字音乐的非实体性传播方式已经退出了产业链；电信运营商和服务提供商共同对应于传统音乐产业链里的发行公司，电信运营商主要提供音乐产品流通的网络渠道，服务提供商则从事内容的集成和销售终端的建设；技术提供商是新增的一环，它为产业链各环节的正常运转提供必需的技术支撑；终端设备制造商相当于传统产业链里的播放器材生产商，但是其在产业链里发挥的作用却远比后者积极和重要；"用户"取代"消费者"，因为购买数字音乐得到的更多的是无形的"服务"而非有形的产品，"用户"一词更能体现数字音乐的特征。③

---

① 谢文. 新媒体动漫的品牌建设研究[D]. 北京：北京印刷学院，2012：23.

② 朱乐. 浅谈数字音乐版权保护问题[J]. 艺术科技，2013（1）：45–53.

③ 李明颖. 中国数字音乐产业运营研究[D]. 成都：四川大学，2007：19.

第二节　数字出版的传播模式

20世纪后期，人类的传播形态发生了重要的变化，传统的传播形态理论中，把媒介传播分成人际传播和大众传播，这种理论结构受到了前所未有的新媒介的挑战。网络传播时代是建立在诸多媒体相互叠加并且高度融合上的多维传播时代，是一个可能将人际传播、组织传播和大众传播相互重叠、有机结合而成的新型传播阶段。新媒体在技术的拥趸下，有着传统媒体所无法比拟的优势：海量的存储信息、立体化的呈现、个性化的服务等。而最大的区别在于，传播形态的根本性改变——由一点对多点变为多点对多点。换言之，它使信息传播实现了前所未有的互动性。美国传播学著名学者桑德拉·鲍尔·洛基奇及其合作者认为，根据信息流通的方式，大众传播是独白式的传播形态，[①] 人际传播是对话式的传播形态，而以信息传播新技术为手段的传播，则是电子对话式的传播形态。

个人电脑、手机、kindle、iPad等各种数字终端的出现，使得受众在任何时间、任何地点都享有通过自己偏好的终端获取信息服务的能力。单一传播渠道下的服务模式将不再能满足受众，对信息服务的差异化和个性化需求将逐渐加强，受众将倾向于更为主动地获得信息服务内容。数字化时代，人们接收和传递信息的方式发生了巨大变化，碎片化的数字传播像空气和水一样存在于在人们的生活中，与人们的生产活动紧密相连。

一、电子图书的传播模式

麦克卢汉认为，我们总是透过"后视镜"来看现在的一切，我们是倒着走向未来的。因此如果能够对旧有媒介的特性加以掌握，将有助于我们面对层出不穷的新媒介。因此，在我们认识电子图书的传播模式之前，先来了解传统图书的传播模式。从人类传播体系来看，传播可分为社会传播

---

① 李勇. 网络新闻评论的效果研究[D]. 太原：山西大学，2007.

和非社会传播。非社会传播主要是指人类个体的自我传播，而社会传播则可分为人际传播、组织传播、大众传播。从出版物的创作、编辑、出版、发行和消费等环节来看，出版物具有自我传播和大众传播的特征。[①]

首先，在图书的创作和消费环节，图书信息的产生和接受表现出明显的自我传播特征。自我传播指的是人的内向传播，即发生在一个人体内的一种信息交流活动，是在主我（I）和他我（Me）之间的信息交流。[②]其次，从图书的传播本质来看，图书信息传播又具有大众传播的属性。大众传播是指职业传播者利用机械媒体广泛、迅速、连续不断地发出信息，目的是使人数众多的受众分享传播者要表达的含义，并试图以各种方式影响他们。[③]

在传统图书的传播模式中，作者创作出作品交给出版社，出版社出版该图书后，就通过新书书目、征订单、图书海报、报纸、杂志、宣传栏、广播、网络和图书实物等进行宣传，[④]发行商和零售商根据这些媒介的信息选择进货与否。然后图书被发到作为发行渠道中间人的批发商和零售商手中，他们也会同样地在这些媒体上进行宣传，对图书的主要内容进行介绍。最后图书的最终读者从这些媒体获得图书信息，产生购买愿望，进而完成购买行为，信息传播过程得以完成。[⑤]图书信息在到达最终读者之前，往往总是传递摘要的、综合性的、片面的信息；为了炒作，有时甚至传递虚假的、夸大的信息。只有当图书最后到达读者手中时，读者才能接触到全部的、真实的信息。由此可见，在传统图书传播模式中，从作者创作到读者阅读到图书有许多中间环节，每一个环节都是一个信息"把关人"，信息被层层过滤、单向流动。出版者与读者的信息处于不对称状态，读者的反馈迟延，出版者不能控制其反馈结果。因此，传统图书的传播模式是"以传者为中心"的直线模式。

网络出版集交互功能、多媒体功能、跨时空传播、信息检索功能及娱

① 黄洁芹. 电子图书传播特性研究[D]. 北京：北京印刷学院，2007：10.

② 刘武辉. 图书的信息传播特征[J]. 出版发行研究，2005（12）：22–25.

③ 刘彦君，王玲，高畅，陈清华. 北京地区科技传播类网站特点及发展现状[J]. 天津科技，2015（12）：67–70.

④ 刘武辉. 图书的信息传播特征[J]. 出版发行研究，2005（12）：22–25.

⑤ 刘武辉. 图书的信息传播特征[J]. 出版发行研究，2005（12）：22–25.

乐功能为一身，使出版实现了个性化、立体化、即时性和广泛性服务。[①]电子图书作为网络出版的主要形式，其传播模式与传统图书的传播模式相比出现了很大的不同。如由传统图书的以物流为主转为以信息流为主，由单向传播信息转为双向或多向传播信息，从以提供产品为重心转为产品和服务并重，从基于形式转为基于内容等。[②]在电子图书传播模式中，由于网络的交互性，出版者、作者、读者可实现对等交流。读者的反馈可以实时传达给出版者或作者，出版者和作者可以及时处理反馈结果。在图书的创作、编辑和发行过程中，出版者、作者、读者可以通过互联网共同参与。传统中的"把关人"概念在这种模式里已经弱化，读者可以跨越传统的中间环节，与作者或出版者直接对话，而且更多地发挥个人的主动性，利用网络提供的大量技术手段主动查找、选择信息，并参与到图书的出版过程中。电子图书的出版者也能够根据读者的需要为其专门制作个性化图书，真正实现"以读者为核心"的出版理念。因此，电子图书传播模式是一种"以受传者为中心"的双向互动模式。

二、数字期刊的传播模式

在传播模式上，数字期刊一是通过网络数据库，产生了联机数据库型期刊；二是通过建立网站或开辟网页的方式上网，形成了网站（页）型期刊。纯网络期刊则综合了以上两种方式。例如学术性较强的期刊通过建立专有网站，或者建立期刊网、期刊群网，为每一种期刊建立一个主页，如中国期刊网。期刊网站和期刊网页除了提供该刊的论文全文之外，还提供征稿启事、刊物简介等综合性辅助信息，提供网上投稿、介绍、咨询等业务。学术型期刊建立自己的网站或网页，在保留期刊自身特色和品牌定位的同时，可以更加灵活地拓展自己的服务功能，解决纸质期刊论文发表时滞性较长、内容受限、形式单一等缺点，充分发挥纯网络期刊的优势。联机数据库型期刊一般都是把印刷本期刊数字化和网络化，通过对印刷型期刊的信息进行整合与利用，形成一整套检索和浏览的规范化系统。国外著

---

① 王大鹏. 手机出版产业模式研究[D]. 济宁：曲阜师范大学，2013.

② 周玲艳. 个性化阅读的催化剂——网络出版[J]. 今日印刷，2014（1）：43–45.

名的数据库型期刊有 Spinger Verlag、Academic Press、Uncover。国内万方数据、中国知网和重庆维普三大数据库是我国历史最长、拥有期刊种类最多、用户群最为庞大的联机数据库服务商，①是目前网络期刊出版和服务的主要力量。

业内专家认为现在是一个合作的时代，科技期刊社应该充分利用大型期刊平台。而且图书馆对于期刊的采购一般都是对一个阅读平台的采购，绝不会购买一个期刊。因此，整合营销是当今科技期刊开发版权资源的重要手段。

三、数字报纸的传播模式

（一）创建报业互联网传播渠道

由于互联网的发展对当前报纸行业的数字化传播产生了深刻影响，传统纸媒受到了巨大的冲击，因此报业集团可以通过创建互联网站作为自己的传播媒介。还要借助自身优势找准定位，创建自身的特色和理念来迎接新的挑战。比如，《广州日报》创办的大洋网，主要推送人们比较感兴趣的人才招聘、美食、美容、旅游、房地产等具有特色的服务信息，显示了报纸自身的地方特色和运营理念。而南方网则集中了党报的优势，把发展电子党务和政务工作作为自身的特色，为党政部门提供方案起草以及日常栏目设置的工作提供了便利条件。除了要建立属于报业的互联网传播渠道外，还要努力研发属于自己的数字新闻，这也是拓展数字化运作模式的关键，它可以丰富新闻传播的渠道。例如《华盛顿邮报》在 2010 年推出的软件新闻产品 Trove，就是一个可以让读者自行选题，并且可以根据自身兴趣爱好创建新闻媒体的软件。这个免费的个人新闻产品运用个性化的页面，实现了读者阅读新闻和发挥个人兴趣的统一，它可以从上万篇新闻文章中筛选合适的文章，然后发到页面上。这个数字化载体既可以是 PC，也可是平板等终端设备，可以说这是未来新闻的发展导向，它满足了读者的人性化阅读需求。②

---

① 谢新洲，万猛，柯贤能. 网络期刊的发展及其评价研究[J]. 出版科学，2009（1）：22–28.
② 林余荫. 构建数字报纸传播运作新模式[J]. 中国报业，2014（4）：9.

（二）与新媒体合作

首先，由新媒体提供技术平台，将新闻事件整合成专题形式，让新闻变得更加个性化，更加具有连续性，这样不仅创新了新闻内容和形式，更重要的是能运用网络个性化的特点，对网络读者的需求进行深入研究。其次，增强技术投入，技术是数字传播渠道的生命，是否具备先进的数字化特征是报纸数字化传播渠道拓展的重要因素，寻找并创造性地运用最适合的技术才能实现基于受众数字化生活习惯的渠道设想。①

新闻内容的质量在数字传播渠道竞争中的重要性日益凸显。随着新媒体自身的成熟和传统媒体应对能力的增强，渠道变得越来越多，竞争也越来越激烈。渠道吸引力越来越需要优质新闻内容的支撑。而报纸在长期的发展过程中积累了丰富的内容资源优势，一般来说，报纸的每篇报道都有署名，记者的报道要经过编辑的层层把关；报纸有评论作为灵魂，好的评论不仅可以提出问题，还可以为读者指引解决问题的方向；相对于网络的情绪化，报纸更为冷静，有助于人们静心观察和认识世界。在这样的背景下，报纸拓展数字传播渠道更应该注重发挥自己的内容优势，加大成功的筹码。数字化传播渠道的差异化和碎片化特征，决定了只有内容足够庞大才能满足受众的个性化信息需要。数字技术的低成本性和通用性为数字传播实现规模经济提供了技术支持。

数字报纸在拓宽渠道时要明确市场定位，找准目标受众。需要在分析受众特点和兴趣点的基础上，结合自身优势，在对需求进行分析选择和改造的基础上，打造自己的高效渠道。只有拥有明确而差异化的市场定位，才能使报社资源得到有效整合，形成渠道的核心竞争力。②

四、网络游戏的传播模式

网络游戏的营销和其他任何商品一样，在游戏运营商从确定到开发或代理之前，要经历详细的市场及用户分析，安排各类宣传推广活动，直到最后确立销售渠道，产品进入市场，才能获得成功，成功的营销策略是网

---

① 林余荫. 构建数字报纸传播运作新模式[J]. 中国报业，2014（4）：10.
② 宁莉. 从渠道拓展看报纸网站的创新[J]. 新闻实践，2010（6）：66–67.

络游戏运营商制胜的法宝。[①]

网络游戏运营企业需要根据自身的资源和外部竞争情况，选择自己比较有优势或更具投资价值的子市场作为目标市场。一切的营销战略都必须从市场细分出发，锁定目标市场，在市场中找到自己的定位。有产品，有市场，自然需要商业推广活动。以网易为例，网络游戏的总体推广通常由游戏运营企业的市场部门与策划联手完成，市场部门依照策划部门提供的内容资料，成立相关游戏主页，进行游戏相关介绍、内部测试等。并由策划部门组织各类线上促销活动，为网络游戏产品的推出聚集大量人气。在游戏成功上市之后，策划部门需要安排与组织各类线上活动、奖励发放等，刺激游戏用户持续消费。[②]

五、数字动漫的传播模式

媒体融合的高互动性可以扩展动漫产品的发行渠道，打破单一由电视电影等传统媒体平台播放的局限。扩展媒体渠道，就是扩展动漫产品的消费群体，提高品牌影响力，激活动漫产业最为重要的环节，促进衍生产品的开发和市场推广。以阿狸、绿豆蛙为代表的新媒体动漫品牌首先是塑造动漫形象，再以手机、互联网为主要媒体渠道，通过SNS社区及一些即时聊天应用等跨媒体平台来传播动漫形象。主要传播的产品有漫画、表情、皮肤等等。这种媒体融合的传播模式效果要好于传统动漫的传播模式。[③]

传统漫画创作是基于给定的故事情节，而新媒体动漫主题形象与故事构建有可能是基于用户本身的数据。根据对用户的生活状态和性格分析，将用户的情感与动漫形象表达的情感融合在一起，这时获得用户对动漫形象的认可就成了重要的一步。因此，新媒体动漫形象丰富的"表情"能够与媒体平台快速融合发展。与传统的动画片相比，这些媒体平台的头像和表情符号制作周期快、成本低，更具时代特色。媒体融合传播策略是新媒体动漫品牌建设的必要方式。

提高动漫品牌影响力不仅需要把握传播的时机，扩展传播平台，还要

---

① 梁菲明. 网络游戏运营模式研究[D]. 武汉：华中师范大学，2008：35.

② 梁菲明. 网络游戏运营模式研究[D]. 武汉：华中师范大学，2008：35.

③ 谢文. 新媒体动漫的品牌建设研究[D]. 北京：北京印刷学院，2012：23.

把握好动漫品牌传播对受众群体的精准化定位。不同的动漫品牌有着不同的受众群体，而不同的受众群体又需要不同的传播策略。一个成功的品牌传播，必须接地气，所谓接地气，就是结合当地动漫市场情况以及当地的文化特征，根据动漫产品的内容、形象，对受众群体进行精准化传播。

动漫品牌精准化传播可以分为两个方面：一方面，是向受众群体传播动漫自身品牌架构的目标；另一方面，选择合适该动漫品牌的渠道进行传播。一个动漫品牌的受众群体是对动漫产品本身的一种认可，这种认可和动漫产品自身的品牌目标会有一定差异。如果这种差异过大就会影响动漫品牌的建立，因此，动漫品牌要根据市场的变化，通过媒体融合的传播方式对受众群体进行及时的引导，减小这种差异，目的是让受众群体的认可与动漫品牌的目标相同，最终实现良好的经济效益。[①]

六、数字音乐的传播模式

数字技术以其优越的特性，在媒体制作与网络传播中得到了广泛运用，产生了以网络为主体的数字媒体。数字音乐的出现与发展，运用了现代技术的成果，并与新媒体深度融合，已经超越了传统音乐发展与变革的模式。它不仅仅局限于音乐艺术本身，还带来了人类生活方式的转变，即音乐不再只是被看作是艺术品，而是渗透于社会生活各个方面的文化消费品和生活元素。同时，音乐与新媒体的融合直接推动了音乐产业的形成。从某种意义上可以说，数字音乐艺术首先是新媒体的艺术。因为数字音乐不仅仅是利用数字技术手段进行音乐的生产与制作，更重要的是由于数字技术直接催生了新媒体，大大拓展了音乐的应用领域和音乐作品的消费市场，使音乐作品通过网络下载和数字化复制的方式得以便捷地使用，消解了传统音乐版权的界限。[②]

---

① 谢文. 新媒体动漫的品牌建设研究[D]. 北京：北京印刷学院，2012：24.

② 朱乐. 浅谈数字音乐版权保护问题[J]. 艺术科技，2013（1）：45–53.

第三节　数字出版的盈利模式

一、电子图书的盈利模式

近年来，电子书阅读器的火爆让电子图书行业的发展不断壮大。然而，iPad等各种智能终端的问世和普及，使得主要靠卖终端赚取收益的电子图书企业深受重创。[①]原新闻出版总署科技司司长张毅君称，全球大约有80余家企业正在生产或计划开发具有自主知识产权的电子书阅读器。所以各商家越来越意识到内容的重要性，电子图书盈利模式的关键还是做好内容。

亚马逊有个很好的经营理念：内容+终端。亚马逊是全球网上零售业的巨头，内容提供和优质服务，是其准确的盈利定位点。以"内容为王"的盈利模式，重点放在内容资源和优质服务方面，通过内容和服务来吸引消费者，获取内容的剩余价值和服务的附加值。[②]亚马逊深知，单纯靠终端已不能有效掌控市场，所以以终端为辅，以内容为主，引领电子图书行业的发展。此外，亚马逊注重加强版权合作，丰富内容库，以吸引读者。另外，以亚马逊为例，Kindle用户可以通过Wi-Fi或3G网络购买图书，下载过程一般在一分钟内完成。这种方式是比较便利的。Kindle的3G和4G网络提供商是Sprint，亚马逊统一跟Sprint结算，用户无需向Sprint支付任何费用。靠内容收费来盈利，从长远来说是有效的一种模式。不过内容收费的盈利模式在国内还不能完全实施。首先，付费模式需要一个良好的环境，国内的盗版较为严重，不利于电子书付费模式的拓展。其次，国内的数字版权分散，很多出版机构出版的纸质书籍并不拥有其电子版权，需要和出版社、作者商谈购买。这些问题都需要在电子图书的发展和相关政策的引导下慢慢解决。

目前，国内的电子图书市场还没有形成一个良性的阅读环境。不同的读者群，受生活环境、教育程度等影响，对电子图书的需求是不一样的。

---

① 刘一鸣，黄细英，罗雪英. 我国电子书盈利模式研究[J]. 科技与出版，2013（8）：18–22.
② 刘一鸣，黄细英，罗雪英. 我国电子书盈利模式研究[J]. 科技与出版. 2013（8）：19.

因此，应对电子图书市场进行细分，针对不同的需求人群制定不同的价格。对于以娱乐阅读、休闲阅读为主的读者群，倡导付费阅读；对于以实用阅读、兴趣阅读为主的读者群，则应大力推广付费阅读，创建一个有利于版权保护的阅读环境，从而逐渐扩大读者群。[①]

但是电子图书阅读存在一个普遍现象：免费书籍，读者即使不需要也会去下载阅读；反之，付费书籍，读者会考虑到成本而放弃自身的需求。同一本书，免费和付费时下载的数量相差甚大。免费的电子图书已经不再是一个单一的产品，而是一种介质、一种渠道。目前，很多商家已经通过这种介质和渠道植入广告，利用附加值来获得收益。主要方式有三种：第一，不同种类电子图书投放不同广告。如在旅游书籍中投放景点的介绍，在养生书籍中投放医药广告，提高广告的关联性，促使读者查看与学习更多的关联内容，达到预期效果。[②]第二，同一个广告投放到多个电子书中。这种方式既节约了商家的广告制作成本，又得到了广告展示量的积累。第三，同一电子图书，有无广告是其唯一区别，任读者去挑选。无广告的版本需要付费，通过收费来盈利；有广告的版本免费，通过广告来赚取利润。消费者具有自主选择的权利，同时有助于满足其心理需求。

二、数字期刊的盈利模式

在盈利模式上，数字期刊在注重社会效益的同时也要注重其经济效益，这样才能使数字期刊可持续发展。首先要充分利用数字期刊缩小成本的优势，在减少成本的同时增加其收益，积极拓宽收入渠道，如采取收取广告费、作者付费等方式。传统期刊主要依靠销售期刊获得收入，纯网络期刊可以允许用户按年、期或篇来订阅期刊，甚至对过刊也可以重新整合利用，允许用户订阅。

广告收入是数字期刊的主要经济来源，国外大多数期刊其发行收入只占很小的比重，主要依靠广告收入和运营收入，而我国传统期刊大多都是靠发行量挣钱，广告收入只占很小的比重。借鉴国外的盈利模式，这也是

① 刘一鸣，黄细英，罗雪英. 我国电子书盈利模式研究[J]. 科技与出版，2013（8）：20.

② 刘一鸣，黄细英，罗雪英. 我国电子书盈利模式研究[J]. 科技与出版，2013（8）：18-22.

未来数字期刊实现盈利的一个突破口。重视广告工作，以广告经营来带动期刊的运作，要广辟广告来源，多登广告，通过收取广告费来降低成本，创造最大的经济效益。[①]

自开始向论文作者收取发表费以来，发表费已成为我国期刊重要的经济收入和办刊经费来源，国外期刊业同样重视作者付费收入。20世纪90年代开始的开放存取的出版模式，研究者需要付费投稿或发表论文，其内容对读者免费。这种全新的出版模式对科学技术的交流和出版格局产生了巨大而深远的影响。在这种出版模式下，主要依靠同行评审来保证期刊质量；它通过向读者提供免费阅读和下载，从而迅速扩大期刊影响；而期刊在国际上的知名度和影响力的扩大，读者数量的增加，可以吸引到更多的广告，从而获取额外的经济收入。

但是为了保护作者的利益，只收取作者版面费而对读者免费确非长久之计，按篇计费阅读也是可以尝试的方法。按篇计费就是以作者的最小单位进行计费，在今天数字化发展的时代，只有按这种方式才能对著作权人的价值和权利进行最大的维护，因为数字化的发展，每一次阅读、在哪个地方阅读都是可以被量化和计算的。按篇付费、透明计算是对著作权人利益最大化的机制。"在数字化发展的时代，只有按照这个方式，才能对著作权人的价值和权利进行最大的维护。通过技术手段和认证机制确保著作权人的利益不受侵犯，因为网络发行的最大特点就是所有的发行行为和阅读量、销售额都可以进行实时的计算和监控。"[②]

随着学术期刊自身数字化技术能力的增强，数字化转型步伐的加快，一些知名度高、学术水平高的学术期刊自主运用转化版权经营模式，建立自己的电子学术期刊订阅，其利润除去自身网站的维护费用与支付作者的稿费外，完全为期刊杂志社所有。期刊自行定价，集成商收取一定比例的佣金。用户可以选择是否参与打包销售、单篇论文按次销售、单篇论文按单位销售等。只是由于单个期刊的信息量比较薄弱，目前这种盈利的数额不大，很多期刊折中采取的是期刊订阅＋数据库合作模式。但是，这已经是期刊自主电子盈利尝试的开端。[③]

---

① 丁玉薇，钱俊龙. 纯网络科技期刊构建中的多种模式的探索[J]. 中国科技期刊研究，2012，23（5）：749.

② 纪秀明，张春斌. 学术期刊数字版权盈利与分成模式探析[J]. 东北财经大学学报，2012（4）：77.

③ 纪秀明，张春斌. 学术期刊数字版权盈利与分成模式探析[J]. 东北财经大学学报，2012（4）：77–80.

三、数字报纸的盈利模式

目前，门户网站对报纸内容免费转载、无偿使用的事件仍时有发生，在我国建立健全完善的知识产权保护体系仍有待时日。门户网站倚仗读者阅读方式的变化举起"渠道为王"的大旗，以对抗"内容为王"的观念。在这样的背景下，数字报业应超越"内容为王"和"渠道为王"，在"价值为王"的理念下，完成从"广告中心"到"用户中心"的战略转型，寻找适宜的盈利模式，制定可行的收费策略。[①]

（一）销售盈利

销售盈利其实就是与手机运营商合作以扩大报纸纵深产业链的盈利方式，其核心是将报纸制作成付费的手机应用程序，从而吸引习惯通过手机获取信息的受众。其售卖的是由受众"深加工"后的信息内容，对用户来说，这将比单纯的某份报纸的App更具吸引力，因为用户付费订阅的是自己精挑细选后的各类报纸的信息整合资源。首先，数字报纸要充分依托报纸原有的影响力，发挥品牌效应。一份发行时间越长、美誉度越高的报纸越具有长久的影响力。长期以来，这种影响力使报纸拥有了大量的忠实读者。作为纸质报纸的延伸和替代，这些忠实受众势必移情于数字报纸，在同样付费的情况下更愿意购买自己所熟悉的报纸品牌提供的数字阅读产品。其次，数字报纸所提供的新闻产品要值得受众购买阅读。数字报纸收费阅读的内容必须是权威的、专业的、精选的、有特色的，而不是同质化的、毫无价值的。最后，数字报纸要为受众提供多渠道的个性化服务。数字报纸通过固定网络以及智能手机等移动终端为订阅用户提供细致周到的个性化服务势在必行，应当力求满足所有订阅用户正当的个性化的需要。[②]

销售盈利主要有以下三种模式：

一是完全收费模式。也就是完全借鉴《华尔街日报》和《纽约时报》的模式，以月或年为单位计费，对所有报纸内容全部收费。当然，这种收费模式比较适用于少数掌握了许多稀缺的新闻资源，以刊载高质量原创内

① 王静. 数字报纸的价值构成和收费策略[J]. 青年记者，2013（17）：94–95.

② 李南. 我国数字报纸收费模式探寻[J]. 传媒，2013（3）：36–37.

容为主，在新闻产品的内容资源上拥有核心竞争力的报刊。例如一些大型综合类的、善做深度报道的报纸和在某一领域具有权威性的报纸。[①]

二是Freemium即VIP用户收费模式。这一模式其实并不陌生，互联网在提供绝大多数免费资源的同时，仍有些内容和服务是需要付费使用的。数字报纸完全可以借鉴这一收费模式，即从满足受众不同需求层次的角度出发，对于受众泛泛浏览的"快餐式"阅读和行业中的"同质性资源"提供免费服务，而如果受众想要进行深度或者大量阅读时，就要进行付费。[②]

三是提供有特色的功能性服务收费。数字报纸可以建立一个便捷的支付体系，为受众提供周到的有偿服务。既可以将报纸内容化整为零，为受众提供单个新闻付费下载阅读以满足其个性化需求，也可以提供"旧闻"信息查询以及问卷调查、问题讨论等有特色的服务。[③]

在网络环境下，"内容"与"受众的注意力"依旧是报纸盈利的本钱，只不过当"报纸"成为"数字报纸"后，寻找到更加符合互联网价值规律的售卖手段成为数字报纸盈利模式形成的关键。付费墙模式一经提出便饱受争议，支持者认为，它可以降低报纸的经营成本，是未来发展的方向，可以拯救日渐衰退的报纸行业。反对者则认为，人们早已习惯了免费的午餐，这种收费做法不但于事无补，还会降低报纸的影响力，从而加速报纸的灭亡。[④]

高质量内容是数字报纸收费的重要基础。一边是精挑细选的高质量内容，一边是重视有价值的信息，愿意为高质量内容付费的读者，二者相互寻找相互询价，最终能够满足特定市场需求的高质量内容会被那些有支付能力的人选中，[⑤]从而给数字报纸带来可观的利润。

（二）广告盈利

尹鸿教授认为，现在大家苦于的是找不到在新媒体领域上的盈利方式。实际上中国最有可能实现的，可能不是通过向用户收费的方式来盈利，而

---

① 李南. 我国数字报纸收费模式探寻[J]. 传媒, 2013（3）: 37.

② 李南. 我国数字报纸收费模式探寻[J]. 传媒, 2013（3）: 36-37.

③ 李南. 我国数字报纸收费模式探寻[J]. 传媒, 2013（3）: 37.

④ 李南. 我国数字报纸收费模式探寻[J]. 传媒, 2013（3）: 36-37.

⑤ 王静. 数字报纸的价值构成和收费策略[J]. 青年记者, 2013（17）: 94-95.

是通过广告。这种看法有一定的道理。广告不但是报纸最主要的收入来源，也是报纸信息的重要组成部分。相对于其他传统媒体，报纸广告的特点可概括如下：版面容量大，传递信息丰富；灵活性高，可根据客户的各种需求灵活安排；相对于广播、电视，报纸可反复阅读，方便传阅和保存；以静态页面呈现，其表现力不如广播电视，而印刷效果不如杂志；覆盖面广，但受众缺乏针对性，不利于细分市场；报纸对读者文化水平要求高，对于低端市场覆盖率有限；报纸以地方性报纸为主，覆盖市场具有地域性；报纸广告的到达率高，每个读者都会成为广告的到达用户。①这些特点，值得广告人和新闻人认真研究，找到盈利共赢点。

（三）平台盈利

平台盈利其实是将盈利模式从传统的B2C转变为B2B-B2C的过程，即由将受众的"二次注意力"直接售卖给广告商转变为先售卖给其他网站，再转而卖给广告商的过程。《华盛顿邮报》的执行总编James Brady认为，社交网站能够吸引年轻受众是因为它允许用户和志同道合的人（like-minded）聚集并分享信息。数字报纸可利用其平台与微博、知名论坛等其他网站合作，从中找寻自己的盈利点。②

四、网络游戏的盈利模式

目前网络游戏运营商的盈利模式通常由五大部分组成，分别是与电信和ISP分成、网络广告、游戏点卡、虚拟物品与增值服务、举办网络竞赛。③

（一）与电信和ISP分成

ISP（Internet Service Provider）是Internet服务提供商，主要是指Internet接入服务，即通过电话线将用户的计算机或其他终端设备连入Internet，通常ISP服务由各地的电信、网通、铁通等网络运营商提供给当地互联网用户。网络游戏运营商所提供的网络游戏，实际上是一种广义的

---

① 赵立新，谢慧铃. 数字时代报纸的用户需求与前景分析[J]. 编辑之友，2013（5）：77-79.

② 王璇. 报业联合网：数字报纸盈利模式新探[J]. 新闻世界，2012（5）：151-153.

③ 梁菲明. 网络游戏运营模式研究[D]. 武汉：华中师范大学，2008：26.

ICP（Internet Content Provider，为互联网内容提供商，即向广大用户综合提供互联网信息业务和增值业务的电信运营商）内容服务，网络游戏运营商与电信和ISP分成实际上是一种ISP/ICP的合作模式，即ICP凭借其丰富的网上内容为ISP带来大量的网络接入用户和时长，同时ISP向ICP提供一定报酬，ISP用户的接入资源又为ICP带来多方面的收益。

随着中国互联网的快速发展，众多的ISP运营商参与到向普通用户提供接入服务的行列中，竞争日趋激烈。网络游戏所具有的交流和互动等特点，可以长时间吸引消费者停留在网上，这些用户所占用的上网时间是电信和ISP所希望的，这样庞大的收入无疑是吸引人的。[①]

（二）网络广告

随着网络游戏用户的不断增加和网络游戏本身的不断进化，其互动性、平台性等一系列特质受到各类广告主的注意。网络游戏从此不再是单纯的娱乐手段，而扩展延伸至互动营销的领域。广告业的加入，不但带给网络游戏运营商丰厚的利润，也带动了整个网络游戏市场的发展。网页广告和平台类广告类似，都是以文字、图片或Flash动画的形式，通过游戏网站、论坛或者游戏平台进行广告宣传。无论网络游戏平台、论坛还是游戏主力网站，都有着数以万计的玩家，他们长时间停留，从而产生了巨大访问量，使网络游戏成为了一个24（小时）×7（天）的不间断运作的大众媒体平台，也就带来了巨额的广告价值。目前，网络广告占据着网络游戏产业利润的很大比重，以后也会继续增加。[②]

（三）点卡模式

网络游戏的点卡模式是在网络游戏发展初期建立起来的，是按照玩家进入游戏的时间向玩家收取费用，其中一种是按时计费（按小时、分钟甚至秒），另外一种是包时卡，如包月卡和包年卡等。点卡模式是网络游戏运营商最经典的收费和盈利模式，仍然具有强大的生命力。点卡模式的优势就在于，网络游戏运营商长期建立起来的销售网点随处可见，全国各地众

---

① 梁菲明. 网络游戏运营模式研究[D]. 武汉：华中师范大学，2008：27.
② 梁菲明. 网络游戏运营模式研究[D]. 武汉：华中师范大学，2008：27.

多书店、报刊亭、软件连锁店、网吧都能迅速买到所需游戏点卡，同时点卡模式已经成为网络游戏用户的消费习惯，更容易为广大网络游戏用户所接受。但是随着时代的发展，点卡模式将会慢慢被淘汰。[①]

（四）虚拟物品与增值服务

虚拟物品的交易在2001年《传奇世界》开始风行的时候就已经出现了，并逐渐发展出众多形式，已经成为电子商务活动中一种独特的经济现象。对于虚拟物品的交易，一般来说，绝大多数公司会采取默认的态度，有极少数厂商会将这部分交易的利润纳入自己的口袋，也会有人积极遏制这种交易。[②]

虚拟物品的交易，能够带给游戏运营商高额利润，但随着交易的不断增加，虚拟物品本身的价值将会不断缩水，影响网络游戏内部的经济环境，给众多网络游戏用户带来负面影响，有可能最终结束某款网络游戏的生命。[③]

（五）举办网络竞赛

举办网络竞赛的网络游戏，多为平台型电子竞技类游戏。我国从2000年开始，网络竞技游戏就逐渐迈向职业化道路，许多网络公司开始培养自己的网络游戏队伍，参与一系列的网络游戏比赛。国内的许多游戏经营者都会举办不同类型的网络游戏大赛，CIG（China Internet Gaming，中国电子竞技大会）是由信息产业部发起、各大部委及中国各大通信运营商支持，信息产业部人民邮电报社（集团）和中国互联网协会组织的以网络游戏比赛、展览、论坛、峰会、调查为内容的综合性活动，[④]是我国主办的最大规模电子竞技大赛，各类广告、赞助也逐步规模化。

游戏公司通过举办网络游戏大赛不但能够提升自身品牌知名度，并能够获得相当可观的现实收入，已经发展成为一种比较成熟的运作模式。[⑤]

[①] 梁菲明. 网络游戏运营模式研究[D]. 武汉：华中师范大学，2008：28.

[②] 梁菲明. 网络游戏运营模式研究[D]. 武汉：华中师范大学，2008：29.

[③] 梁菲明. 网络游戏运营模式研究[D]. 武汉：华中师范大学，2008：29.

[④] 梁菲明. 网络游戏运营模式研究[D]. 武汉：华中师范大学，2008：30.

[⑤] 梁菲明. 网络游戏运营模式研究[D]. 武汉：华中师范大学，2008：30.

五、数字动漫的盈利模式

虽然我国现有的动漫市场空间很大，但是盈利模式模糊不清，这已经成为中国动漫产业和从业人员的困境。有人认为中国动漫产业链有断层，这是致使中国动漫很难盈利的主要原因。如果盲目地构建一个产业链条或者凭空建立一个产业模式是不符合市场规律的，这种不科学的产业链是不能带来经济价值的。我们也不能盲目地学习美国、日本的产业链模式，靠模仿国外的产业链模式，最终还是会被市场淘汰。

国内动漫产业没有形成一个典型的盈利模式。做漫画的通过把漫画直接卖给读者来获得利润，但盗版的猖獗使其只能勉强存活；制作动漫产品的只能通过把手上的动漫产品卖出去而获取利润，无奈电视台等渠道的收购价太低；衍生品生产商只能通过购买部分的动漫形象，开发衍生品，继而通过消费者的购买获取利润。总结起来就是，环环断裂，做产品的在卖产品，做贴牌的在卖贴牌。专家也指出，中国动漫产业链亟待完整化和规范化。

动漫市场可分为如下几个层次：第一个层次是动画的播映市场。在这个层次，靠播映权既可以收回动画制作成本，又能达到一个动漫品牌的广告效应；第二个层次是音像制品和动漫出版的发行市场。这个层次在低幼年龄段有着广阔的市场；第三个层次是动漫衍生产品市场。在这个层次中消费市场巨大，包括玩具产品、品牌服装、儿童食品等。这三个层次的回报是递增的，而重头戏在衍生产品的开发上。动漫衍生产品是动漫产业盈利模式中的主要部分，它可以延长动漫产业的优势产业链，实现出版机构、动漫公司、动漫创作者、投资商、衍生品生产商、游戏软件开发商、动漫教育学院、旅游项目发展商之间的品牌合作、产品授权、产品开发，从而拉动上下游业务，培育动漫原创，推动动漫制作，带动整个产业链兴盛。[1]

六、数字音乐的盈利模式

我国的数字音乐产业的盈利模式主要有用户下载付费模式、音乐社交

---

① 李跃波. 拉长国产动漫产业链[N]. 安徽日报，2007–11–23（A01）.

盈利模式、电子唱片广告模式以及相关的增值服务模式等。①

　　付费模式中用户可以在音乐商店中选择自己想要听的音乐进行付费下载，这方面最成功的案例是美国的iTunes在线音乐商店，它将iPod播放器和正版音乐捆绑销售，每下载一首歌曲收取99美分的费用，这种创新的商业模式使人们看到了通过网络销售正版音乐的可行性。在国内众多的音乐软件中，仍然坚持用户下载付费模式的就属QQ音乐了。它最为突出的便是"免费+绿钻模式"，绿钻用户能够较一般用户下载到较为高品质的音乐，从而保证了视听效果。由于国内版权保护的薄弱，猖獗的数字盗版仍然制约着数字音乐产业的发展，打击盗版仍是国际唱片工业协会（IFPI）及其遍布全世界的音乐产业工作的重中之重。②

　　传统的用户下载付费模式在短时间内由于版权保护问题难以突破，许多企业开始寻求新的突破口，比如YY音乐和唱吧。YY音乐主打在线音乐表演的直播平台，为草根歌手、名人及专业演出人员提供了实时演出的舞台。唱吧通过吸引用户可以购买虚拟礼物并送给喜欢的表演者，以及吸引用户成为VIP会员获取收入。唱吧在推出半年后用户数量就已突破千万。此后，唱吧又推出"充值购买唱吧金币"的增值服务功能。唱吧为每个用户每天提供3朵免费虚拟鲜花，送给自己喜欢的歌手，送完免费的鲜花之后，就需要以每朵19个金币的方式来购买。③

　　最具有典型性的要属酷狗音乐，它以独特的模式——以广告为核心的模式独占鳌头。酷狗音乐主要通过在客户端上加载广告来盈利。在其客户端有专门用于添加广告的专属区域，为广告户主提供了一个很好的推广及宣传平台。具体广告投放的时间段、时间长短价格不等。④有调查数据显示，2010年酷狗音乐的年收入中广告收入竟然占总收入的70%。

　　增值服务模式简单地说是指对特定客户在基本服务的基础上提供定制化

① 龙帅，邹薇. 中国数字音乐产业盈利模式的变革与发展[J]. 全国商情（经济理论研究），2015（3）：71–72.

② 龙帅，邹薇. 中国数字音乐产业盈利模式的变革与发展[J]. 全国商情（经济理论研究），2015（3）：71–72.

③ 陈杰. 数字音乐四大盈利模式谁是赢家[N]. 北京商报，2013–05–28（2）.

④ 龙帅，邹薇. 中国数字音乐产业盈利模式的变革与发展[J]. 全国商情（经济理论研究），2015（3）：71–72.

服务，根据客户需求进行延伸性的活动。如多米音乐中较有特色的"歌单模式"，用户通过本地歌曲和收藏家创建歌单并加以标记，在界面下方可看到热门音乐和最新歌单，打开之后便可收听、评论、分享该歌单，从而为用户提供了较为人性化的服务。歌单是数字音乐移动化的体现，具备极强的社交属性，上架试运营半年之后已经有7000名预发版用户创建了超过10万个歌单。①

第四节　数字出版的管理模式

一、电子图书的管理模式

网络环境是电子图书发展的前提，而电子图书出版是网络的衍生物。网络给电子图书提供了一个平台，是电子图书的主要传播渠道。电子图书必须在网络覆盖的地方才能下载。失去了网络，电子图书阅读器就变成了毫无内容的媒介外壳。但是凡事有利有弊，网络的普及使网络秩序得不到保证，电子图书内容极易被窜改，版权因此经常被侵害。传统图书由正规出版社出版发行，出版过程经过了层层把关，内容质量得到有力的保障。而对于电子图书的出版，特别是采用网络发行的电子图书，由于网络是一个相对自由传播的平台，网络上"把关人"的弱化或缺失、传播的巨大覆盖率和即时性给图书内容的监管带来了很大困难，这不仅需要有强大的科技实力做后盾，同时还需要法律层面的支持。总而言之，网络的安全状况以及网络的普及程度等因素都影响和制约着电子图书的发展，所以要加强对电子图书的网络监管。

由于电子图书的特性，复制传播十分容易，这造成了电子图书的盗版现象十分严重。目前，电子图书的知识产权保护仍很不成熟，知识产权保护问题困扰着我国方兴未艾的电子图书出版业。出版社害怕网上的电子图书文档丢失、被删改或被盗版，不敢轻易涉足。大多数出版社总要等纸质图书卖得差不多了，才敢出电子版或网络版的图书。而作者由于对网上普

① 陈杰. 数字音乐四大盈利模式谁是赢家[N]. 北京商报，2013–05–28（3）.

遍存在的抄袭、盗版现象存有顾虑，也不大愿意签电子版版权的转让合同，这使得喜欢电子图书的读者不能在第一时间看到电子版的新书。在电子图书网站中，原创网站仅占不到5%，大量的转载网站没有经过作者或出版社的授权。而对这些网站采用法律措施不仅取证困难、过程慢、复杂而艰辛，而且很多时候是得不偿失的。这些网站规模小，但是数量众多，分流了数量众多的电子图书用户，严重地制约着整个电子图书市场的健康发展。由于没有具体的网站可以起诉、查封，法律武器面对这类盗版往往无能为力，知识产权保护问题成为一个很难解决的问题。传统出版社掌握大量的版权图书，但是由于各种原因没有能力或不愿将它们转变成电子图书；而众多的电子图书服务提供商没有版权，只能去做不存在版权问题的旧书，这就大大降低了电子图书对读者的吸引力。

虽说电子图书是以内容为主，但是电子图书的内容必须依赖附加的阅读器才能显示出来。目前，电子图书的阅读载体主要有专用手持式阅读终端、电脑和手机等。现在多数电子图书阅读器远不像纸质那样独立和方便。而且，阅读电子图书的人以推动视窗卷轴的方式浏览书籍容易使眼睛快速疲惫，并经常容易跳行阅读，阅读时眼睛的舒适度不如阅读传统书籍。现在市面上的阅读设备价格昂贵，格式不通用，分辨率低，这些因素都制约了它的普及。所以我们也要注重以硬件技术和软件技术为主的生产技术。硬件技术方面，电子图书的核心部件是电子纸显示屏，其占据了大部分成本，目前国内尚未拥有这个核心技术的自主知识产权，此技术主要由美国和中国台湾掌握，这也反映了电子图书所面临的以显示屏为代表的技术瓶颈。核心技术不解决，电子图书价格受制于人，电子图书产业发展就会受制于人。要鼓励企业研发具有自主知识产权的电子图书生产技术，扶持国内的企业研发新技术、开发新产品。软件技术方面，目前各电子图书的阅读软件水平参差不齐，需要考虑的因素主要是软件的可靠性和平台的兼容性，而且DRM，兼容的文本、图片和音频格式，数字内容获取，电源管理等诸方面问题也都需要考虑。软件技术的突破或许能够促进电子图书的发展。[①]

电子图书是精神文化产品，它的内容与其他出版物一样，对社会文化、

---

① 张立，石昆. 电子书产业发展状况及趋势[J]. 现代出版，2010（5）：40–44.

意识形态等具有重要的影响，因此对电子图书的内容制作、内容质量（差错率）、内容导向、出版过程等环节的管理需要加强。为电子图书提供内容的，无论是硬件生产商，还是数字内容提供商，都应该配备符合资质的编辑人员，对预装和提供下载的电子图书进行加工。新闻出版行政管理部门应该把电子图书及阅读器纳入管理范围，对预装内容的电子图书，按照出版物质量标准实行检查，确保内容质量。对从海外进口的、预装内容的电子图书，也要按照进口出版物的管理办法管理，防止未经审查的出版物入境。①

二、数字期刊的管理模式

随着互联网的普及和数字出版的兴起，许多网站未征得许可擅自将期刊全文上传供下载浏览以提高其知名度和点击率的现象不断出现，这严重侵犯了期刊和作者的权利。这些网站或公司"利"字当头，以获取授权成本过高或者无法取得授权为由，不履行付费义务，侵权使用他人作品。数字期刊特别是科技期刊的版权保护对于繁荣学术，净化和营造公平与和谐的学术环境，推动科技期刊出版社的发展具有重要的意义。然而，科技期刊的版权保护还有许多问题，存在各种侵权现象。

《关于审理涉及计算机网络著作权纠纷案件适用法律若干问题的解释》第三条具体解释道："已在报刊上刊登或者网络上传播的作品，除著作权人声明或者上载该作品的网络服务提供者受著作权人的委托声明不得转载摘编以外，网站予以转载摘编并按有关规定支付报酬注明出处的，不构成侵权。"②所以，期刊社一方面在与作者签订协议时应明确向作者提出对其作品的复制权、发行权、汇编权以及网络传播权拥有许可使用权，而且杂志社可以转让给第三方使用。另一方面，期刊社应该履行支付稿酬义务。目前多数科技期刊出版社都在开发数字产品，最普遍的做法是与网络运营商或者数字出版商合作建立回溯期刊库或者现刊库，通过网络传播内容。而期刊社获取的传统版权也即纸版版权并不等同于数字版权，但是许多出版社

---

① 张立，石昆. 电子书产业发展状况及趋势[J]. 现代出版，2010（5）：40-44.

② 张新娟. 电子商务中的著作权法律问题研究[D]. 上海：华东政法学院，2004.

对此并不知晓，导致出现侵犯作者"网络信息传播权"的现象。[①]

　　云计算的兴起与云服务的发展，为数字期刊实现以稿件为中心的一体化管理服务提供了技术与平台的可行性支持。云服务是在云计算基础之上发展起来的信息服务模式。数字期刊传统的稿件管理方式是通过期刊自身或传统媒介进行约稿，作者通过邮局投稿，专家或栏目编辑获取稿件后进行审阅，并将审阅后的稿件及修改意见通过传统渠道反馈给作者，这一过程还有可能多次重复，然后将定稿交付排版、校对，最后以纸质形式通过邮局进行派送。云服务模式与传统管理方式的最大差异，在于稿件的云服务系统是以稿件为中心，而不再是以业务流程为中心，这是本质上的改变，是服务观念的转变。在这种模式下，期刊社得到的是一套完整的为稿件处理服务的一体化信息服务，所有的工作都是围绕稿件在"期刊云"上进行，在线约稿、在线投稿、在线审稿、在线排版、在线校对、在线发布。云服务改变了人们对计算机及软件系统的传统认识，简化与降低了期刊社对信息化建设所投入的人力、物力与财力。而基于云模式的期刊管理系统，则将稿件从约稿到发布的全过程都通过云服务的方式在线提供，期刊社完全不用再去考虑令人头痛的硬件与网络问题，可集中精力考虑业务流程的优化，然后购买或是租用服务商提供的期刊管理云服务，获取满足科技期刊业务流程所需要的服务。[②]

　　在期刊社自身管理上，首先要调整工作内容，提高期刊质量，将编辑工作的重点转移到发现和协助作者完成高水平论文这两个方面上来。数字期刊的交互性使编辑能够更方便地与作者、评审人和读者交流信息。其次要加大硬件投入，扩大编辑范围，全面提升编辑工作的能力和水平。未来数字期刊发表的科技论文将能更全面、直观地展现科学研究的过程、现象和结果，使科技论文的内容更加丰富生动，结论更加真实可信。[③]

　　独家承揽版权是期刊集团与期刊编辑部合作的一种形式。一般来说，目前的期刊编辑部都会和多家期刊数据库网站签订《网络电子版合作协议书》，电子版权被授权给多家期刊数据库使用。但是，由于数字技术的应用

---

① 周莉. 云计算中科技期刊的版权保护研究[J]. 长江大学学报（社科版），2014（8）：193–219.

② 魏常友，罗维. 基于云服务的科技期刊管理与发布模式[J]. 编辑学报，2013（4）：374.

③ 何学锋. 论网络期刊对学术期刊办刊模式的影响[J]. 长沙铁道学院学报（社会科学版），2002（02）：124–126.

打破了传统格局，形成了海量使用者以各种方式使用海量作品的新格局。如果海量作品要完成在网络上的传播都必须事先获得类似传统版权的一对一授权，这几乎不可能实现。因此，随着数据库网站的垄断意识增强，同时，也为了应对这种海量使用与单一授权间的巨大矛盾，期刊集团与期刊编辑部合作形式的衍生和升级——独家承揽版权应运而生。"这种独家合作的创新模式，使得电子数据库的版权矛盾迎刃而解。电子数据库从资源源头上保证了权利的完整性。既明确了著作权人、期刊出版单位以及信息服务商三方转让权利，又解决了三方重复海量授权的矛盾。"①

三、数字报纸的管理模式

数字报纸需要在自身产品和服务方面加强创新，这主要集中在两大方面。一方面是创新体现自身核心价值的新闻资讯产品与服务。数字报纸既要保持、发展传统内容生产优势，又要积极适应媒介形态、新闻呈现方式的演化与变革，除了拥抱微博、微信等社交媒体之外，另一个重要的自媒体平台——App被寄予厚望。App是移动互联网时代媒介传播、营销和品牌维护的重要阵地，在这一平台上新老媒体几乎同时起步，纷纷为App注入大量的预算。可以说，以App为代表的"内容、技术、平台"三位一体、合作共赢的数字化项目建设已远远超出了传统数字报纸的概念范畴，这也正是数字报纸脱胎重生、再获关注的重要契机。另一方面，随着社交媒介、电商的强势兴起，报业往往遭受着"被跨界""被整合""被平台"的窘迫处境。如何发挥报媒传统强势资源，联合第三方优质资源，打造与用户更广泛、更密切、更深层次的双向接触沟通机会和互动体验平台成为数字报纸发展的重大任务。②

在以往的报业中，线性的业务模式与产业链占主导地位，平台战略就是要打破这种单向的、线性的产业价值链，平台商业模式的精髓，在于打造一个完善的、成长潜能强大的"生态圈"。如今，在互联网公司的引领和带动下，新老媒介纷纷在数字技术、互联网技术的基础上积极构建融技术、

① 陈凤兰. 数字环境下科技期刊的版权保护与版权运营模式研究[J]. 科技与出版，2014（1）：43.
② 迟强. 我国数字报业商业模式的构建与探索[J]. 编辑之友，2015（12）：49.

业务、用户和合作伙伴为一体的平台生态圈。以上海报业集团为代表的传统报媒则打破固有思维模式，不破不立，积极打造新的数字产品，并广纳优质合作伙伴，共同打造新媒体数字平台。

四、网络游戏的管理模式

（一）网络游戏发展存在的问题

由于知识产权保护意识的淡薄和经济利益的诱惑，再加上我国在立法和制度上保护力度的不足而形成的"盗版文化"的影响，我国网络游戏领域里的侵权行为也愈演愈烈。我国网络游戏侵权主体呈现多元化特征，如玩家、开发商、运营商等，同时侵权客体与对象相对复杂，导致网络游戏的被侵权人数量日益扩大，但是侵权后果大多是由被侵权人自行承担。[①]

市场不规范导致网络游戏出版产业发展陷入困境。由于网络游戏市场还缺乏有效的法律规范，市场监管难以及时到位，"私服"和"外挂"等非法出版经营行为严重，已经成为网络游戏出版产业健康发展的毒瘤。"私服"是相对于"官服"而言未经版权拥有者授权，以不正当手段获得游戏服务器端安装程序之后设立的网络服务器，它属于网络盗版的一种，是侵害著作权的行为。从危害来说，"私服"分流了大量的游戏玩家，对游戏企业的利润有影响，但其更大的害处，在于它们搞乱了中国正在发展的网络游戏市场规则。"外挂"是指位于网络游戏主程序以外，直接作用于网络游戏主程序，而达到改变、限制、增加游戏功能的小程序。"外挂"的危害主要是作为一种游戏的附加程序，它破坏了网络游戏正常运行和游戏平衡，也可能危害其他用户对游戏的正常使用或者损害游戏的公平。"外挂"在中国的状况尤为严重，已经形成了上游开发、中游运营、下游分销的相对完善的体系，并已经渗透到我国整个网络游戏产业中。[②]这些情况都需要治理和规范。

---

① 高翩翩. 网络游戏侵权行为的若干法律问题研究[D]. 贵阳：贵州师范大学，2008.
② 王茵. 网络虚拟财产的法律保护问题研究[D]. 北京：首都经济贸易大学，2013.

（二）网络游戏管理对策

为了游戏运作和行业的健康发展，搭建一个绿色平台，充分发挥桥梁运营商的作用，游戏开发商和广大忠实用户须贯彻执行版权保护政策和精神。在小游戏开发者的版权保护意识提升的关键时期，积极推进己方的知识产权申报，这样可以提高网络游戏开发商，尤其是小游戏开发商的版权意识和维权意识，有效减少和防止侵权行为的发生。规范游戏版权审核，在专业管理和优化网络游戏运营平台的发展中起着重要的作用，可以达到商业利益和合法权益的双赢。将PC端游戏运营平台的便捷通道向投诉权利人开放，并接受和检查所有的游戏运营平台侵权或涉嫌侵权的情况，由专门人员进行管理，积极和政府部门保持良好的沟通，及时传递和落实国家相关政策，在网络游戏运营商中发挥主导作用。总之，构建一个绿色平台的游戏操作，对于促进网络游戏版权保护，实现各方利益共赢有着重要的作用。

网络游戏出版业是一个新兴的文化产业，正处于成长期。国内大多数网络游戏企业在资金、技术、运营经验等方面面临困难，迫切需要国家支持网络游戏出版业的发展，营造良好的政策环境。在这方面，首先需要制定出台整体或专项配套政策，包括土地政策、税收政策等相关优惠政策；其次，设立专项扶持资金和奖励政策。网络游戏出版产业的快速发展，除了政策支持，还需要一个良好的服务环境，需要政府部门提供公共服务的一个很好的平台，[①]如中小企业技术和公共信息服务平台，从而加快生产速度；此外，制定出版行业发展规划和产业投资规划，对于网络游戏的发展也具有指导意义。

加强我国网络游戏产业的管理，促进产业快速、健康发展，首先是要依靠政府的支持以及完善的法律规范体系。加强网络游戏产业管理首先要建立完整的管理组织构架，建议政府成立专门的职能部门或机构，授权对网络游戏产业进行规划和管理。其次，要充分、健康地发展网络游戏产业必须清楚地认识网络游戏产业的内涵、外延与发展趋势，才能制定产业政策，引导产业发展。建议政府相关部门及网络游戏产业联盟组织成立专项基金，组织各院校或研究机构借鉴国外经验，从产业经济、产业链关系、

---

① 王晶超. 我国网络游戏出版产业发展研究[J]. 特区经济，2006（5）：208-210.

产业政策等方面立项对网络游戏产业进行研究，建立完整的网络游戏发展与管理理论。此外，网络游戏的发展不仅要发展产业本身，更要规范和优化网络游戏发展环境。政府应一方面加大对国产网络游戏开发工作的支持力度，包括加强相关专业技术人才培养、专项解决网络游戏自主研发的技术难点、对优秀企业进行资金及政策支持等；另一方面应运用各种宣传、教育手段努力提高玩家素质，建立良好的网络游戏文化。网络游戏产业发展中的许多问题需要通过立法予以解决和规范。政府应尽快将目前的一些相关管理文件和规章制度提升到法律高度，建立完整的法律规范体系，对网络游戏进行分级管理，限制不同年龄层次玩家对网络游戏的访问权，对非法"外挂"及"私服"进行打击，保护虚拟财产①。

五、数字动漫的管理模式

数字动漫伴随新媒体技术而生，在形式上虽没有摆脱动漫的美术造型，却丰富了动漫的形式与内容，呈现出集成化的趋势，如动漫网页、动画特技、动画广告、动画示意图、动漫表情与流媒体、Flash、文字、声音、文学作品、科学作品、美术作品、影视作品常常杂糅于一体，②形成了"超文本"内容。这种超文本究竟属于美术作品还是录像作品，在现行著作权法中难以找到解释。

网络技术与4G时代丰富并改变了传统意义上的动漫形态，剥离了传输渠道，使动画视频、动漫图片、动漫游戏、动漫表情、动漫形象等数字素材能够在网络、手机间多渠道传播，增强了数字素材的聚合与存储能力，素材的多重应用价值凸显，这使得数字动漫素材成为版权资源开发与版权创造的核心。③

因此要完善动漫产业在著作权法律保护中的地位，就是要清晰定位动漫数字素材的构成要件和网络信息传播权的构成要件。数字动漫包含的形式比较丰富，但是大致可以分为静态的动漫作品和动态的动漫作品两大类。对于静态的动漫作品通常按照《著作权法》美术作品的构成要件分类即可，

① 孙靖. 网络游戏产业的发展与管理研究[J]. 同济大学学报（社会科学版），2007（2）.

② 刘燕. 动漫产业数字版权监管中的政府角色[J]. 消费导刊，2010（5）：101–102.

③ 刘燕. 动漫产业数字版权监管中的政府角色[J]. 消费导刊，2010（5）：101–102.

而动态的动漫作品，由于存在单帧和连续的动态作品，且形式比较复杂，因此在分类上需要重新归类。有专家指出可以通过两种方式来归类：一是对美术作品做扩大解释，使美术作品的概念不仅包括静态的作品，还包括动态的作品。为区别于传统的美术作品概念，动画作品可称为"动态美术作品"。二是利用《著作权法》第三条的兜底项，直接将动画作品规定为一类独立的作品。但是第一种做法仍然会存在数字动漫构成要件不清晰的情况，而第二种方式则比较简单，不过仍需要考虑技术的发展可能会带来的数字动漫表现形式的变化，有必要突出数字动漫的数字技术制作工艺和制作手段以及"画面"本身构成"美术"作品的特点。这样在数字动漫的版权登记管理上、标准分类上及侵权认定上就会扫除法律障碍。[①]

作为数字动漫产业链上重要的一环，政府必须及时采取有效的措施从数字技术提供商的源头上保护数字版权的安全性，以高科技反高科技盗版，从技术上防止数字内容在中游产业链中的非法复制，使最终用户必须在得到授权后才能使用数字内容。[②]目前，解决数字内容在移动网络和互联网络中版权管理的关键技术是DRM，尽管DRM技术能够实现数字侵权盗版的跟踪和权限限制，但是在产业链各个环节上，DRM技术的应用并没有得到普及，尤其是中下游网站开发商、技术提供商、电信和移动运营商，往往为了增加点击率和自身利益，对侵权盗版行为视而不见，甚至联合成为不法盗版商的帮凶，所以在数字技术提供商中推广DRM技术势在必行。DRM技术的主要特点是首先能保证数字动漫不能被随便拷贝、不能被非授权复制；同时能保证数字动漫不能被窜改；更重要的是能保证数字动漫出版物的交易可以计数，有可信的计数机制；此外，还能使数字动漫出版物的二次传播可控。DRM技术还可用于视频、音频等。近年来，DRM技术不断升级，通过预先将重要的认证信息不规则地嵌入图像、视频、音频及文本等数字多媒体文件中形成GOP结构，DRM技术不仅可以遏制对各种数字作品的窜改和盗版，阻止非合法授权的团体或个人对产品的复制和滥用，同时还可以跟踪和保护多媒体产权，对版权进行认证和证明，以保持产品的完整性。"时间戳"、移动Agent技术、SafeNet DRM Mobile等科技含量较高的反盗版

---

① 刘燕. 动漫产业数字版权监管中的政府角色[J]. 消费导刊，2010（5）：101–102.

② 刘燕. 动漫产业数字版权监管中的政府角色[J]. 消费导刊，2010（5）：102.

技术对于解决移动数据增值、内容提供商提供的大量数字动漫下载类业务及MMS等信息类业务传播的动漫音视频和Flash软件、动漫游戏等数字内容的版权保护都力所能及。①

政府应当牵头建立由动漫作者、动漫产品开发商、出版社、游戏开发商、移动接收终端提供商、网络服务商和移动网络运营商以行业公约和协定的方式共同组建反盗版联盟，联盟各方除自律外，在与下游网络运营商的合作中要发挥监管的功能和责任，举产业之合力严防链条出口的侵权行为。对数以万计终端用户的侵权盗版行为，政府应当积极引进第三方监管技术平台，推进我国数字版权鉴定和保护技术市场的繁荣。②目前，国际上许多大型公司如Google、Myspace、AudibleMagic、Vobile、AC尼尔森公司以及众多的互联网接入商正在积极地研究数字版权鉴定技术。通过该技术，网络运营商可以识别用户上传或使用的数字动漫视频内容是否盗版，如果是盗版，是否带有广告片段，或是没有广告的纯盗版，并针对性地进行过滤，根据网站授权，阻止内容上传到网上，最大限度地保障权利人的权益。③

人才是动漫产业的重要组成部分，在日本，久保带人的《死神》系列很受欢迎，还有尾田荣一郎的《海贼王》系列在国内外拥有广大的爱好者。现在这些大师们都有自己的工作室，凭借自己的好创意继续创作。而这些大师都是从工作室的学徒中成长起来的。日本有很多此类的工作室，在开发优秀作品的同时，也促进了人才的培养。另外，不管技术发展到何种地步，创意等最关键的部分还是得由人脑想出来，所以人才的培养及成长显得尤其重要。

六、数字音乐的管理模式

数字音乐主要包括在线网络音乐和无线音乐。数字音乐产品形式有歌曲、乐曲以及伴随画面的MV和Flash等。如何把握数字音乐的发展趋势，合理地保护好音乐版权，维护音乐著作权人的合法权益，同时进一步促进

① 刘燕. 动漫产业数字版权监管中的政府角色[J]. 消费导刊，2010（5）：101–102.

② 刘燕. 动漫产业数字版权监管中的政府角色[J]. 消费导刊，2010（5）：101–102.

③ 刘燕. 动漫产业数字版权监管中的政府角色[J]. 消费导刊，2010（5）：103.

音乐作品的传播和产业化进程，平衡好数字音乐版权与音乐消费者之间的关系，是当今数字音乐发展的重要课题。[①]

音乐的版权包括词曲版权和制作版权，我国的《著作权法》对此是分开界定的。从我国数字音乐的现状来看，应把这二者作为一个整体的概念来使用。在传统的音乐消费中，音乐版权主要是通过向唱片公司和媒体出售，唱片公司把音乐制作成唱片等产品，媒体则通过插播广告等方式向公众间接销售音乐，由此构成了完整的音乐产业链。[②]

但是，在网络传播时代，公众可以不需要通过购买音乐制品，或通过传统的电波媒体来使用音乐，导致音乐版权所有人无法向音乐使用人申张和实现自己的版权权益。因为目前我国大多数发布音乐作品的网站都没有向音乐版权所有人支付版权费用，它们向公众提供的音乐下载和收听也是免费的，而网站则通过插入广告或音乐植入式广告等方式来获得经济收益，从而造成了对音乐版权所有人权益的实际侵害，肢解了传统的音乐产业链模式。这在很大程度上是由我国尚没有明确的保护数字音乐的法律法规所造成的。数字音乐版权法律保护的缺位，造成了无法可依、无章可循的局面，从而给数字音乐版权保护带来了很大的困扰。数字音乐市场并没有给音乐产业带来巨额利润，版权方在数字音乐中获得的收益非常低，反而造成音乐产业的不断萎缩。在当前形势下，音乐的版权保护工作面临着前所未有的挑战。[③]

现行版权管理制度授权通道窄、交易成本高的弊端告诉我们，传统的音乐版权交易模式和规则已不适应当今网络社会的需求，数字化的传播方式要求我们建立新的版权管理制度，在传统授权协议之外开辟一个低成本、高效率的授权模式，实现海量音乐作品的快速授权。

因此，我们应该加强数字音乐版权集体管理组织的建设。版权集体管理是指版权集体管理组织在获得版权所有人授权的基础上，以自己的名义向作品的使用者收取版权收益。主要包括向使用者发放作品的使用许可并收取作品使用费，将使用费分配给权利人，对侵权者提出法律诉讼等。版权集体管理制度可以体现一个国家知识产权保护制度的完善程度。采用版

① 朱乐. 浅谈数字音乐版权保护问题[J]. 艺术科技，2013（1）：45.

② 朱乐. 浅谈数字音乐版权保护问题[J]. 艺术科技，2013（1）：45–53.

③ 郭倩颖. 浅谈我国数字音乐版权问题[J]. 音乐时空，2015（14）：96–97.

权集体管理有两个显著作用：一是能使音乐生产者的合法权益得到充分有效的保护；二是可以大大简化合法使用的授权程序，降低使用成本，让社会和公众能够最大限度地享受丰富多样的音乐作品。缺乏正版消费习惯是中国音乐市场的顽疾。数字传播技术使对音乐版权的侵犯变得更加容易，这是对数字音乐产业的一大考验。

加强立法建设，这是数字音乐版权保护的前提，因此，立法机关应当认真分析相关的法律、法规和数字音乐相关行业的法规研究，尽快制定一个适用于中国实际的数字音乐的法律规定。另外，要完善现有的法律法规，明确《著作权法》和明确"信息网络传播权"的合理使用与例外规定；细化网络服务提供者的侵权免责条款，使之更具体，从司法实践的层面尽快完善"数字音乐侵权"管辖权；增加赔偿的法定最低数量，建立适当的补偿模式；提高实际损失和侵权的认定标准；优化行政保护制度。无论是在实体唱片时代，还是在基于Web的数字音乐时代，关键是要建立版权保护规范体系，只有这样，音乐产业才能得到健康有序的发展。只有尊重版权和规范数字音乐的商业模式，才能激发数字音乐产业的创作动力；与搜索引擎制造商、服务提供商、数字音乐运营商的合作，也要基于版权保护，以实现数字音乐行业的良好发展，这是实现共赢的必然路径。

数字版权保护的根本目的在于通过对数字音乐版权的保护，使音乐著作权人的权益得以维护，从而鼓励更多的音乐创作者创作出更多高质量的音乐作品，进而达到促进中国特色社会主义文化艺术健康发展的最终目标。而保护音乐版权拥有者利益最有效、最直接的办法就是保证其可以获得相应的经济利益。因而，版权保护的重点不应该只是关注并赋了著作权人禁止或排除其他人使用数字音乐作品的权利，而是应该积极地在双方之间建立起一个科学合理且高效的数字音乐付费使用机制。这样不仅可以帮助音乐著作权人取得其合法的经济效益，同时也可以让网络消费者快捷且安全地对音乐作品的使用进行付费，从而创造一个双方合作共赢的良好局面。[1]

---

① 郭倩颖．浅谈我国数字音乐版权问题[J]．音乐论坛，2015（17）：97．

主要参考文献

1. 王璇. 报业联合网：数字报纸盈利模式新探[J]. 新闻世界, 2012（5）.

2. 丁玉薇, 钱俊龙. 纯网络科技期刊构建中的多种模式的探索[J]. 中国科技期刊研究, 2012（5）.

3. 王育霖. 大众化数字音乐版权问题浅析[J]. 中国出版, 2015（15）.

4. 刘燕. 动漫产业数字版权监管中的政府角色[J]. 消费导刊, 2010（5）.

5. 林余荫. 构建数字报纸传播运作新模式[J]. 中国报业, 2014（4）.

6. 魏常友, 罗维. 基于云服务的科技期刊管理与发布模式[J]. 编辑学报, 2013（4）.

7. 朱乐. 浅谈数字音乐版权保护问题[J]. 艺术科技, 2013（1）.

8. 王静. 数字报纸的价值构成和收费策略[J]. 报业观察, 2013（7）.

9. 陈凤兰. 数字环境下科技期刊的版权保护与版权运营模式研究[J]. 科技与出版, 2014（1）.

10. 梁徐静. 数字期刊的发展性与编辑转型研究[J]. 新闻知识, 2015（6）.

11. 赵立新, 谢慧玲. 数字时代报纸的用户需求与前景分析[J]. 编辑之友, 2013（5）.

12. 蔡茅. 网络环境下我国数字音乐版权保护困境及解决策略[J]. 临沂大学学报, 2014（6）.

13. 熊伟红. 网络游戏版权侵权问题探析[J]. 商界论坛, 2015（2）.

14. 孙靖. 网络游戏产业的发展与管理研究[J]. 同济大学学报（社会科学版）, 2007（2）.

15. 刘一鸣, 黄细英, 罗雪英. 我国电子书盈利模式研究[J]. 科技与出版, 2013（8）.

16. 迟强. 我国数字报业商业模式的构建与探索[J]. 编辑之友, 2015（12）.

17. 李南. 我国数字报纸收费模式探寻[J]. 报业观察, 2013（3）.

18. 王晶超. 我国网络游戏出版产业发展研究[J]. 特区经济, 2006（5）.

19. 纪秀明, 张春斌. 学术期刊数字版权盈利与分成模式探析[J]. 东北财经大学学报, 2012（4）.

20. 龙帅, 邹薇. 中国数字音乐产业盈利模式的变革与发展[J]. 全国商情, 2015（3）.

21. 孙东健. 电子图书内容生产模式研究 [D]. 北京：北京印刷学院，2011.

22. 郭丹. 基于内容管理的学术期刊数字出版模式研究 [D]. 北京：北京印刷学院，2009.

23. 梁菲明. 网络游戏运营模式研究 [D]. 武汉：华中师范大学，2008.

24. 谢文. 新媒体动漫的品牌建设研究 [D]. 北京：北京印刷学院，2012.

25. 李明颖. 中国数字音乐产业运营研究 [D]. 成都：四川大学，2007.

26. 黄洁芹. 电子图书传播特性研究 [D]. 北京印刷学院，2007.

27. 陈杰. 数字音乐四大盈利模式谁是赢家 [N]. 北京商报，2013-05-28.

28. 郭倩颖. 浅谈我国数字音乐版权问题 [J]. 音乐论坛，2015（7）.

第五章
现行数字出版运行模式存在的主要问题和瓶颈

　　数字出版是一个新生事物，学术界对数字出版的研究才刚刚起步，无论是整体的研究还是某些专项的研究都还比较薄弱，关注数字出版的运作模式和发展趋势的研究更为稀少。在发展数字出版的情况下，从理论到实践，研究和澄清一些根本性的问题并着手加以解决，显得尤为重要。事实上，很少有人讨论关于中国数字出版运营模式的问题。我们应将操作模型的理论研究作为数字出版实践的指南，没有它的数字出版运行就像"没有头的苍蝇"。

　　面对数字出版浪潮，我们必须与时俱进，对它的运作模式进行认真细致的设计，对数字生产、数字传播和数字商务这三个部分进行整合。在《数字出版运作模式研究》一文中，葛存山等人也提出数字出版的运作应该由数字内容管理、数字沟通和数字交易三个部分组成。抛开表述方式的不同，数字出版的运作涵盖了跨媒体出版、数字传播和电子商务等众多领域。[①]上海世纪出版集团总裁陈昕在考察了美国的数字出版后，认为数字出版最基本的特点有三个：第一个就是具有数字记录、储存、呈现、检索、传播、交易的特点；第二个是在网络上运营，能够实现即时的互动以及在线检索功能，具有创造、合作、分享的特点；第三个特点就是要能够满足大规模定制这个个性化服务的需要。[②]我们在进行数字出版运作模式理论研究的同时，也需要将传播理论、出版学、数字理论、工商管理理论等学科进行整合，进行交叉学科领域的研究。

---

① 葛存山，张志林，黄孝章. 数字出版运作模式研究[C]. 中国编辑研究（2009）. 2010：51–55.

② 陈昕. 一样的斜坡，一样的跋涉——纵观美国数字出版[J]. 出版参考，2007（36）：19.

第一节　目前我国数字出版运作的
体制背景与运作主体

我国传统出版单位在进行数字化发展的同时，也进行着转企改制。经过近几年的攻坚战，经营性新闻出版单位转企改制成效明显。据2011年1月国家新闻出版总署公布的数据显示，全国经营性出版社已全部转企，成为市场主体。出版企业发展面临的任务就是建立符合现代市场经济要求的现代企业制度，提升参与统一开放、竞争有序的大市场的竞争能力。传统的管理和发展模式出现瓶颈，迫切需要生产和销售紧密围绕市场需求来组织建立，促进出版市场经济的繁荣与健康发展，实施文化大发展大繁荣战略。[①]

一、目前我国数字出版运作的体制背景

事实也证明，出版单位步入企业管理轨道以后，增强了运行活力，部分出版企业通过市场融资完善了自身发展，到2012年全国已有49家新闻出版企业在境内外上市，传媒板块成为证券市场的重要板块。实现了跨地区合作的出版企业，到2012年全国已有120多个。新闻出版总署出台了专门的指导意见，以适应集团化改革和发展的需求，意见鼓励出版传媒集团对业务相近、资源相通的中央和地方出版企业进行兼并重组，实现跨地区发展；鼓励跨行业兼并重组，各新闻出版单位可自愿加入各类出版传媒集团。[②]

继经营性出版单位体制改革后，2011年全国启动非时政类报刊转企改制改革，截至2012年上半年，1600多家非时政类报刊出版单位登记或转

---

① 肖洋. 我国数字出版产业发展战略研究[D]. 南京：南京大学，2013.

② 国家新闻出版广电总局. 关于加快出版传媒集团改革发展的指导意见[EB/OL].（2012–02–27）[2016–6–20]. http://www.gapp.gov.cn.

制为企业，省级党报发行机构已全部完成转企改制，进行区域报刊发行资源的整合。2012年7月30日，新闻出版总署制定《关于报刊编辑部体制改革的实施办法》，通过改革实现解放和发展报刊生产力，破解报刊业"小、故、滥"的结构性弊端，实现报刊业转型和升级，逐步建立退出机制，科学配置报刊资源，推动报刊业规模化、集约化发展，增强报刊出版传播能力。出版单位在转企改制的体制背景下成为独立的市场主体，从根本上建立了自主经营、自我管理、自负盈亏的企业理念，传统出版企业受到鼓励，进一步投入到数字化发展中，推动了数字出版产业的快速发展。[①]

二、数字出版运作主体

数字出版产业由内容、技术和资本三个部分构成。出版业的激励内核是创造者与传播者利用技术手段创新内容，将实用价值以各种形式的出版物或作品变为可交换价值，通过市场机制实现其价值，并通过资本运作进行再创造和产业链复制。[②]在这个链条中，传统出版单位将成为数字出版产业的主体，技术提供商是产业链的重要组成部分；技术壁垒对出版产业融合发展的阻碍是暂时的，谁拥有更强的扩展内容资源的能力，谁能提供更好的个性化服务，谁能有真正的核心竞争力，谁才能把握市场，在竞争中取得主动地位。

而且，从国外的数字出版产业主体的角度来看，目前仍然是传统出版占主导，这些传统出版单位充分发挥其内容和技术有效结合的优势，顺利地实现了转型。但基于现代信息和网络技术在数字出版中的重要地位，技术提供商凭借其技术优势，也将在未来的产业链中占有一席之地。

国外一些出版商能成功转型，或是技术供应商为他们研究和开发平台，或是他们直接收购技术供应商，以巩固自己的竞争优势。

作为产业微观的数字出版企业，我们可以通过对数字出版企业的界定来反观整个数字出版产业的状况。目前比较有代表性的界定方式有三种：

第一种是2013年3月上海市出台的《数字出版产业发展意见》中对于

---

① 葛存山，张志林，黄孝章. 数字出版运作模式研究[C]. 中国编辑研究（2009）. 2010：51–55.
② 葛存山，张志林，黄孝章. 数字出版运作模式研究[C]. 中国编辑研究（2009）. 2010：52.

数字出版企业的界定。该意见明确提出上海市促进发展的数字出版企业主要有七个类别，包括数字内容制作、存储、销售、数字出版技术咨询与服务等在内的经营业务的主体均被列入数字出版企业的范畴。该定义既包括数字内容的直接生产企业，也包括数字出版物传播与流通的企业，还包括与阅读相关的软、硬件制造与销售企业。

第二种是按照2011年7月发布的《华中国家数字出版基地数字出版企业认证办法》的标准来界定。数字出版范围如下：数字艺术典藏、数字报刊、数字音乐、网络游戏及动漫、电子图书、按需出版与数字印刷、数字互动教育、手机出版、数字图像和数字会展等。

第三种是按照黄孝章等著的《数字出版产业发展模式研究》（2012）中关于数字出版企业的分类来界定。从数字出版产业链的角度分类，数字出版企业可以分为数字内容加工复制企业、数字内容推送和传播企业、数字内容出版企业、综合型数字出版企业四种类型。

综合来看，第一种界定方式主要基于经营业务范围的差异，是从主行业选择的角度确定企业从事的经营范围，便于企业进入市场时进行合理的工商登记。由于社会行业的发展，该行业呈现了交叉数字出版的态势，企业经营活动常有突破行业界限的时候，因此也给工商登记带来挑战。第二种界定方式将数字艺术典藏、数字图像和数字会展添加进来，涉及的企业更加具体化，但企业间的关系没有得到体现，甚至会有企业类型被遗漏。第三种界定方式可以说比较全面，充分考虑了既独立又相互联系的企业间通过产业链而形成的关系纽带，以此来划分数字出版企业类型。它一方面列举了类别丰富的内容出版企业，凸显了位于数字出版产业链上游的内容提供商的重要地位；另一方面既将产业链中游的内容服务商、广告商、终端制造商、设备制造商、通信运营商、软件技术提供商等划入数字内容加工企业、数字内容发行企业，又将业务结构复杂的企业归入综合型数字出版企业，如虚拟现实的数字会展、数字艺术典藏等。

第二节　数字出版生产模式中存在的主要问题

技术创新是把科学技术转化为现实生产力的重要途径。出版业的兴起和发展的历史表明，出版业是一个高度技术性的产业。随着现代电子信息技术的飞速发展，我国的出版业正经历着从传统出版向数字出版的全面转型。在数字出版产业的快速发展中，还存在着产业链整合、版权保护、人才建设和集群创新等一系列问题。

一、技术理念的创新问题

传统出版向数字出版转型面临着理念创新问题。中国的数字出版是由技术驱动的，传统出版企业对新技术掌握的匮乏，导致初始的竞争力处于劣势。传统出版从业者不太注重编辑出版数字技术，在人力风险和高投资的经营风险下，许多传统出版企业对数字出版持观望态度。在数字化的硬性需求面前，他们宁可选择等待。手机阅读的内容需与电信运营商分羹，电子图书业务中又牵涉到硬件、软件、支付系统等技术问题，受自由阅读方式的影响，传统出版的产业转型其实迫在眉睫。一些数字出版企业专注于技术创新，却遭遇了创新瓶颈。

核心技术创新不足，导致数字出版行业呈现跟风现象严重的趋势。当网络游戏流行时，大量的企业参与游戏代理业务；当电子书阅读器热销时，各大厂商纷纷定制阅读器，一时间各色品牌琳琅满目。而内容质量却伴随着跟风现象整体下滑，价格战一个又一个，严重损害了行业的整体利益和出版企业的业务经营。

此外被动的技术创新也给产业发展带来消极影响。所谓被动，就是最先进的技术并未应用到数字出版领域里来。如在智能语音领域，创立于1999年，占据国内智能语音市场六成以上份额的科大讯飞，2010年才布局移动互联网发布智能语音云。又如德州仪器（TI, Texas Instruments）中国区公司未来不再将OMAP（Open Multimedia Application Platform，开放式多媒体应用平台）处理器以及无线连接解决方案投资在智能手机等移动产品应用上。[①]毫无疑问，被动的技术创新必然影响数字出版产业增长的空间和机会。

（一）我国数字出版产业技术创新的现状

1. 产业发展进入成长期，传统出版开始向数字出版转型

近年来，随着社会经济的快速发展和科技出版体制的改革，中国的数字出版业发展迅速，已成为新闻出版业战略性新兴产业主要的发展方向。2015年，中国的数字出版总收入达到4403.85亿元，比2014年增长30%。[②]中国的数字出版产业在继续保持快速增长的同时，在用户数量、产品类型、经营渠道、产业环境等方面都有了新的变化。从产业规模和现状来说，中国的数字出版产业已经进入成长期。虽然中国传统出版企业数字化转型起步较晚，但传统的出版社作为数字内容提供商，在数字出版产业链的健康运行中有着重要的意义。伴随着中国数字出版产业规模的逐步扩大，大多数传统出版社根据自身的实际情况和发展目标，开始向数字出版转型。[③]在这个过程中，数字出版与传统出版业融合发展，迎来了数字发展的新浪潮。融合发展的结果就是导致了一个又一个新的科技成果的诞生，比如上海世纪出版集团推出了"辞海悦读"，比如外语教学与研究出版社基于个性化教育服务领域建立了教学服务平台。

2. 版权保护机制逐步完善，技术创新保障体系初步形成

与传统出版业相比，数字出版产业规模大，版权问题复杂，版权侵犯的有害程度是传统出版产业无法想象的，这已经严重威胁到中国数字出版业的生存和发展。在数字出版产业的发展过程中，各级政府根据数字出版产业发展的实际情况，采取了一系列促进新产业和技术创新的有效发展措施，充分发挥引导和促进的重要作用，完善生产要素市场，促进数字出版企业和金融机构合作等，进一步加强技术创新保障体系的构建，同时大力

---

① 龚丹，张慧娟，等. 启发创新灵感的盛宴——2012 EDN China 创新大会实录[EB/OL].（20l2-12-05）[2015-12-09]. http://www.edndiina.com/ART_fi8005（W814J5_20034_TA_d8b3c0d0.htm.

② 王志艳. 2015年我国数字出版年收入增长30%.（2016-07-21）[2016-12-15]. http://news.xinhuanet.com/book/2016-07/21/c_129165478.htm.

③ 张立伟，衣保中. 促进我国数字出版产业技术创新的对策研究[J]. 求是学刊，2015（1）.

推进版权保护机制和体制建设，以促进数字出版产业的健康发展。

3. 数字出版向规模化迈进，集群创新态势初现端倪

在经济全球化的大背景下，集群发展已成为产业发展的必然路径，是促进产业技术创新的重要途径。目前，中国的数字出版业正处于转型发展的关键时期，产业集群的发展已初具规模，各类数字出版产业基地已经建立了。2013年福建海峡国家数字出版产业基地和北京国家数字出版产业基地已获批准，我国的国家数字出版产业基地的数量已经达到12个（其他10个是上海张江国家数字出版基地、西安国家数字出版基地、杭州国家数字出版基地、重庆北部新区国家数字出版基地、华中国家数字出版基地、中南国家数字出版基地、天津国家数字出版基地、广东国家数字出版基地、安徽国家数字出版基地、江苏国家数字出版基地）。

除此之外，各地区还根据自身发展的实际情况建立了一些省级、地市级的数字出版产业基地，发展态势良好。目前，我国已初步形成了以东部沿海为先导，以长三角流域为核心，以华北、中南、西北、西南为纵深的综合布局，提前完成了新闻出版业"十二五"发展规划中作出的国家数字出版基地的规划布局，我国数字出版产业的集群创新态势初现端倪。

4. 数字出版新技术不断涌现，发展重心开始向互联网转移

随着经济和社会的发展，生活节奏逐渐加快。人们获取信息的方式也不再单一，而呈现多元化的融合态势。单一的媒体已经无法满足人们的信息需求，媒体公司在这种情况下开始积极开发数字出版的新技术。随着微博、微信等走进人们的生活，通过微博、微信等，读者可直接发表对出版内容的真实感受，出版商也可通过大数据分析，获得准确的市场信息和动态。随着微博、微信等影响力的逐渐扩大，其潜在的营销价值也凸显，"粉丝经济"成为了营销专家的宠儿。时代出版传媒股份有限公司充分利用微博、微信等新载体，成为较早利用微博、微信等进行产品服务推广和品牌推广和营销的出版集团。现在微博、微信技术一日千里，很多出版机构开始运用这些数字技术进行产品开发和营销推广，并取得良好效果。

3G和4G技术的日益成熟促使手机终端出现了传统的报纸、出版和广播行业的内容，手机和iPad等移动终端迅速崛起，数字出版发展中心开始转移到移动互联网。近年来，小米科技、百度、360、阿里巴巴等知名企业纷纷加入移动终端生产行列，其中智能手机互联网公司的发展尤为迅猛。中

国数字出版的发展开始转向互联网和移动端。

（二）我国数字出版产业技术创新的制约因素分析

1. 自主创新能力不足，人才匮乏状况凸显

当前，随着信息技术的飞速发展，全球出版业正经历着一场数字化的深刻变革。在这个过程中，中国的出版业将转变点更多地转向新技术和新设备，而出版单位的自主研发能力严重不足，仍然处于数字出版产业链的弱势地位，技术创新的参与度低。目前，中国的数字出版基本上是由技术提供商主导，除了少数实力强大、资金雄厚的数字出版集团发展较为顺利外，许多中小企业在数字出版和高端数码产品创新上发展困难。数字出版的核心竞争力是数字技术创新能力和管理能力，而提高这些能力的关键是需要是具有复合知识结构的高层次数字出版人才。与传统出版相比，数字出版要求从业者具有更高的业务水平。目前，国内数字出版专业人才的培养严重不足，影响了数字出版产业的可持续发展。如何构建新的数字出版人才培养模式，培养数字出版人才，已成为中国的出版人才培养迫切需要解决的新问题。

2. 产业链条尚不健全，行业标准严重滞后

在中国数字出版产业的发展问题上，在产业链上缺乏有效的沟通和合作是数字出版发展的主要障碍。一个良好的产业链，每一个环节都应该进行详细的专业分工，并通过有效的沟通与合作，形成产业链发展的整体优势。近年来，中国的数字出版产业发展迅速，但标准体系尚未完全建立，在生产、交换、分配和版权保护等方面都缺乏统一的标准，严重制约了数字出版产业的创新发展。目前，中国的数字出版技术标准仍不统一，有万方数据、PDF、PDG超星、中国期刊、中国知网在线 OEB 等等，这非常不利于产业的整合。[①]由于缺乏一个统一的行业技术标准，不仅使数字出版的兼容性和便利性大大降低，而且也制约了行业的健康发展。目前，中国的数字出版企业大多规模小，竞争力相对较弱，在全球数字出版产业链中仍处于低端状态。[②]

---

① 张立伟，衣保中. 促进我国数字出版产业技术创新的对策研究[J]. 求是学刊，2015（1）.

② 张立伟，衣保中. 促进我国数字出版产业技术创新的对策研究[J]. 求是学刊，2015（1）.

3. 版权困局亟须破解，监管机制有待进一步完善

在整个数字出版的技术创新过程中，版权保护问题尤为关键。目前，我国还未出台专门的数字版权保护法。虽然2001年修订的《著作权法》及2006年颁布的《信息网络传播权保护条例》明确界定了网络著作权的法律定义，但对侵权的内涵和外延规定得不够明确细致。现行的《最高人民法院关于审理涉及计算机网络著作权纠纷案件适用法律若干问题的解释》《互联网著作权行政保护办法》《互联网出版管理暂行规定》等法律法规也已明显不适应数字出版条件下的版权保护要求，其中涉及诸如权利主体的确定、证据效力的认证、授权方式及范围、利益的分配和责任的分配等问题都需要进一步的法律上的明确。由于数字出版的版权保护力度较弱，导致数字出版主体的合法权益，尤其是经济权益难以得到有效维护。和数字出版相关的（如数字期刊、原创文学、电子图书等）诸多出版业务都面临版权问题，数字出版侵权案件由于著作权主体数量巨大、种类繁多，时常面临取证困难、认定困难、维权成本高等一系列问题。

目前，信息技术日新月异，数字出版快速发展，公众参与度高，监督和管理难度明显增大。与传统出版相比，数字出版管理对象具有很强的特殊性。此外，中国的数字出版还存在多头管理的现象，申请行政执法，必须涉及文化、新闻出版、工商、公安等多个部门。而这些监督管理部门，仍主要依赖行政许可的监督手段，缺乏更有效的动态监管机制。不完善的监管机制已成为制约数字出版产业创新发展的主要瓶颈。

4. 集群创新水平不高，有效的盈利模式还未真正形成

研发能力是数字产业集群发展的动力源。虽然我们已建立了一定数量的数字出版基地，但集群创新水平仍然不高，有效的盈利模式尚未真正形成。因此，中国的数字出版产业的技术创新与产业集群发展机制需要进一步完善，以便形成有效的盈利模式，创造更大的市场份额。

数字出版盈利模式的本质就是出版机构为客户和用户提供内容、技术和服务，从而实现盈利。虽然数字出版产业已具有一定的规模，但中国的数字出版产业尚未形成一个统一的、稳定的盈利模式。目前，中国的数字出版业主要有三种盈利模式：免费模式、自由盈利模式和硬件捆绑销售盈利模式三种。在这三种盈利模式中，自由盈利模式占据了主要地位。免费

模式主要依靠广告收入来获得收入。①数字产品的消费者消费意愿不高，很难发展有偿消费，很难形成真正的盈利模式，这是数字出版产业发展面临的最大挑战。

二、内容生产的问题

目前，中国的传统出版机构在数字出版产业中仍处弱势地位。在新的数字出版产业链中，领先的互联网技术巨头占强势的主导地位，传统的出版社沦为配角。技术创新和资本投资的短板是大多数传统出版机构的瓶颈，而传统出版机构在数字出版的发展过程中却是最重要的内容提供商，"技术为王"和"资本为王"严重威胁着"内容为王"的贯彻落实。

（一）内容居劣势，上游传统出版机构式微

在国外数字出版产业链中，传统出版机构充分发挥其内容优势，加上其有效的技术组合，主导地位更加凸显。而中国的传统出版机构在数字出版产业链中的弱势地位却日益明显。

数字出版内容的生产令人担忧。从近年来数字出版产业的构成不难看出，以电子图书、数字报纸和互联网期刊为代表的数字阅读内容业务总收入不足产业链总收入的5%。数字出版产业，目前整体上是被碎片化阅读支撑起来的，这显然有悖出版行业文化引领的初衷。一方面，碎片化阅读的泛滥引发国民深度阅读的惰性危机，理性思维和逻辑思维受到压制，在这种情况下，必须重视引导和开发深度阅读的数字内容。传统出版企业对技术和终端的不敏感也是这种浅阅读现象的助推器。受纸媒阅读惯性思维的影响，传统媒体优质内容的数字市场转化也受到了限制，开发出的内容产品总是雷声大雨点小，市场反响平平。另一方面，与技术平台合作时，传统出版机构的弱势地位伤害了传统出版企业提供优质内容的积极性，传统内容出版以"清高书生"的形象体会着"高处不胜寒"的滋味。②

出版是一份凝结着知识劳动者的大量智慧心血而又脚踏实地的行业。

---

① 张立伟，衣保中. 促进我国数字出版产业技术创新的对策研究[J]. 求是学刊，2015（1）.

② 邓佳佳. 产业链视角下的数字出版产业发展[J]. 南昌大学学报（人文社会科学版），2014（6）: 73–76.

相比于文化产业的宏伟蓝图，出版只不过是巨大蛋糕的一角。图书终究是一本一本卖出来的，作者、编辑、设计公司、出版社、印刷、装订、物流、发行商、零售商，为数众多的环节共享着单本书积累起来的薄利空间，都说出版业是"微利行业"，此言不虚。

（二）技术主导，利益分配极不均衡

中国数字出版业的迅速发展，与新技术的应用密切相关。技术服务提供商正逐渐参与到内容资源的生产和供应当中。凭借技术优势，在内容的供应和销售方面，技术领先的数字出版产品主导着市场的分布和走向。例如，亚马逊已经主导Kindle电子书的定价，大多数内容提供商即使心有怨言也必须接受。中国移动、中国联通等电信服务提供商的控制技术和分销平台，也占据着利益分配的主导地位，造成利益分配不均。在发达国家，如欧洲和美国，技术平台运营商在收入分配中一般占30%左右，而中国的技术平台运营商却占了60%以上的收益。新技术企业以技术的优势，试图控制整个产业链，"跑马圈地，占山为王"，不仅降低了整个产业的效率，而且导致了出版生态的破坏。主要的技术公司攫取大部分的行业利润，将使整个产业链丧失活力，不利于行业的长远发展。

（三）数字出版的生产标准化问题

1. 生产环节中的版权问题

我国目前的法律法规中涉及数字出版产业方面的内容明显滞后，数字版权问题突出，它直接影响到数字内容质量的提升和保护。没有规范的版权授权，著作权人的合法利益难以得到保障，内容创作的积极性大幅度降低，数字出版企业就会丧失竞争力。

著作权保护制度的现代意义及立法的目的是为了调整作品的创作者、传播者和使用者的利益格局。著作权保护制度有利于激发作者创作的积极性，有利于促进人类智力成果健康有序地交流和分享。然而，数字出版的版权权利面临许多新的挑战，传统版权保护的利益平衡机制被打破，出现了许多新问题需要解决。

数字版权一般涉及两个方面的内容：一是指版权拥有者是否将作品的信息网络传播权授予出版单位。数字出版出现之前，传统出版单位仅从作者那里获得纸质出版物的版权，而数字版权的获得成为新的业务内容；二是指对已获得数字版权的作品进行有效监管和保护，打击侵权盗版行为。但是数字出版产业迅速发展，与其相关的出版法律法规建设相对落后，数字版权保护技术不够健全，严重侵害了出版单位和作者的合法权益。[①]

2006年最高人民法院对《信息网络传播保护条例》的司法解释进行第二次修改，不再保留将著作权法报刊转载的规定适用于网络环境条件下的纠纷案件中。[②]2009年6月，国家版权局修订并颁布了《著作权行政处罚实施办法》，针对网络环境下的侵犯著作权问题，特别是行政执法中反映比较突出的管辖范围、调查取证、时效等问题做了更加详细合理的规定。

2009年，以重庆市高级人民法院为代表的地方法院建立了"三级联动、三审合一、三位一体"的知识产权审判管理模式，将知识产权民事、行政、刑事案件，跨庭组成合议庭进行合一审判。珠海市高新区成立全国首个知识产权法庭。截至目前，多家人民法院开展了创新知识产权审判模式的试点工作。

一方面，知识产权民事案件数量保持高发势头。对于互联网侵权案，法院要综合考虑知识产权保护、网络技术发展和用户获得信息权利三方面的问题审理裁决。[③]

但另一方面，网络著作权侵权纠纷案件平均判赔额不高，而且调撤比例较高。个案的最高赔偿额仅为32.8万元，最低仅有230元，平均判赔额只有2.07万元，不仅没有出现专利、商标侵权纠纷常见的数百万元甚至上千万元的赔偿请求和判赔额，而且平均判赔额也大大低于同期的知识产权案件。[④]

对于传统出版的数字化转型，当务之急是加强对传统纸质出版物的网络版权的保护，在提高著作权人维权意识的同时，明确司法审理的证据审查和事实认定原则，规范网络著作权侵权纠纷案件法律适用的条件。近年来，传统出版物著作权利人的维权意识逐步提高，尽管对法院的判额预期较低，但

---

① 肖爱生. 出版转型与编辑工作创新研究[M]. 兰州：甘肃民族出版社，2011：31.

② 蔡元臻. 新媒体时代著作权法定许可制度的完善——以"今日头条"事件为切入点[J]. 法律科学，2015，33（4）：43–51.

③ 最高院回应百度文库侵权案　将起草网络著作权司法解释[N]，新京报，2011–04–15（20）.

④ 浙江省高级人民法院课题组. 关于网络著作权侵权纠纷案件法律适用的调研[J]，法律适用，2009（12）.

仍出现集体联合诉讼、诉讼对象国际化、诉讼内容多样化等特点。

2. 生产标准化问题

数字出版格式的复杂性和多样性，使数字出版标准化的问题被推到风口浪尖，它直接关系到数字出版的生产成本和读者的消费成本，关系到数字出版的生产是否可以做大做强。数字出版的内容加工渠道纷繁，多股数据流的汇入在丰富内容的同时带来了相互不兼容的问题。数据实现标准化的统一是资源共享和降低资金和时间成本支出的重要前提，只有这样，数字出版才能真正实现内容资源的优化利用和价值增值，保障数字出版产业的健康发展。目前比较突出的问题是，电子图书的格式混乱和互联网报刊格式的不统一。由于各技术提供商出于技术保护或限制等因素考虑，企业经常推出专有的文本格式要求，试图以格式和标准上的不可替代性来保护内容资源，或是形成垄断市场，如方正的 CEB、超星的 PDG、书生的 SEP、Adobe 的 PDF、知网的 CAJ。由于非兼容的特征，多元标准这把双刃剑伤害的并不只是其他企业，也包括读者和企业自身，逼迫企业陷入闭门造车的境遇。因格式和标准直接关系到阅读器硬件的使用，读者在购买阅读器时期待更高的兼容性，一套设备能阅读多种格式是最经济的选择，否则硬件成本提升，读者市场被迫分散，也不利于数字出版机构开发通用格式的数字化出版物，阻碍了行业内容的交换与整合。

3. 人才问题

人才培养问题关系到数字出版生产的核心竞争力。从数字出版技术提供商转型而来的企业虽然具有技术优势，但其内容的依赖决定了其数字出版是不严谨和不专业的数字出版；传统出版企业虽然也知道数字出版的发展趋势，但在数字出版技术和资本管理人才短缺的情况下，其观望情绪影响着数字出版的发展进程。高校作为培养数字出版内容创新人才和高技术人才的摇篮，肩负着新编辑培养和教育的重任。编辑出版学学科创新建设后劲不足以及出版人才培养模式、课程体系建设的不确定性，严重阻碍了数字出版人才的培养质量。与数字出版人才需求的呼声高涨形成鲜明对比的是数字出版专业的高等教育发展出现滞后的情况。

三、产业链的问题

按照产业链理论，一个成熟的产业链的各个环节应该分工明确、相互协作、实现共赢。但我国数字出版产业链中的技术企业为了抢占市场份额，常常跨界经营，技术商凭借其技术及资本优势，极力向上下游扩张，向上游涉足至内容创作加工，向下游延伸至产品销售，出现了"技术为王"的发展趋势，不利于产业健康发展。

（一）数字出版产业链结构

1985年，美国哈佛商学院教授迈克尔·波特（Michael E. Porter）在其著作《竞争优势》（*Competitive Advantage*）中首先提出了价值链（Value Chain）理论，这一理论基于单个企业的管理思想，倡导从企业活动的每个环节寻找价值增值点，进而获取并维持竞争优势。在此之后，价值链理论研究不断深入，范围扩大到与同一产品关联的整体产业当中。约翰·沙恩克（John Shank）和菲·哥芬达拉加（V. Govindarajan）认为：波特理论中的基本价值与其供应商、渠道和卖方的各种活动连接起来构成同一价值系统，企业是价值生产过程中整个系列的一部分。[①]价值链被分为企业价值链和产业价值链（Industry chain），后者就是我们通常所说的产业链，旨在描述产业内部分工合作基础上实现产品和服务连续增值的过程。[②]

1. 产业链上游——内容提供商

内容是数字出版生存和发展的源泉，企业的生产内容为整个行业提供了源头活水，它们会在一定程度上引领行业未来的发展方向。数字出版的内容提供商包括传统的出版社及期刊、报纸和唱片公司，同时还包括移动内容和服务提供商（CP/SP）和游戏开发机构。

2. 产业链中游——服务提供商和平台运营商

服务提供商和平台运营商是数字出版产业链的中游。对于电子图书、网络报刊和网络音乐的数字出版业务，服务提供商是数字出版物与客户之间的沟通桥梁。这样的服务商一般都是依靠传统出版单位所生产的内容，

---

① GOVINDARAJAN V. Management control systems[M]. Boston：McGraw-Hill/Irwin，2004.

② 尚莹莹. 数字出版盈利模式研究[D]. 北京：中国人民大学，2008.

将其集成到自己的数字分类平台上，而数据库的重点则是将大量的数据信息提供给客户。与传统出版单位相比，数字平台服务提供商并没有改变数字出版的信息内容，但对用户所起的作用则完全不同。特别是集成服务提供商所专注的数据库，更是极大地满足了用户的多方面需要，既能搜索相关信息，又方便阅读。相比之下，数据库更利于识别内容的相关性，搜索也很便捷，在数字和信息技术条件下，有更大的发展空间。

目前，以传统出版物整合作为主要业务的服务供应商在电子书领域的主要有方正Apabi、超星、书生、中文在线等四家公司；在期刊领域主要有万方数据、维普资讯、龙源期刊等；在音乐领域，比较有名的是Sina"音乐"、"音乐在线"等，这12530个彩铃音乐数据库的大部分内容来自唱片公司，只有少量的原创音乐。音乐创作服务平台资源丰富，主要以在线音乐形式存在。

平台运营商是数字出版产业链的又一重要组成部分。相比之下，服务提供商和平台运营商是"内部"和"外部"的角色分工，前者的任务是内部资源的聚集和建设，后者的任务是外部资源的发布和运行。电子书出版商、网络出版公司、网上图书和音乐频道都是基于互联网的。新浪、搜狐、网易等本身是互联网公司，其读书频道、在线音乐库是通过网络平台的优势开始出来的。在无线数字出版领域，如移动电话、手机游戏、音乐下载铃声、彩信、无线搜索业务，它们必须通过基础电信运营商如中国移动、中国联通等电信网络接入手机终端和网络游戏。因此，基础电信运营商是网络游戏平台和无线数字出版业务的主要支撑，网络游戏的电信业务收费或手机游戏的无线增值服务费收入都是平台运营商的重要收入来源。在中国，电信运营商都是大型国有企业，其在产业链的中游占据明显的优势地位。

3. 产业链下游——销售商

产业链终止于接触终端消费者的企业，它们是产品的分销渠道，也就是销售商。数字出版也不例外，但由于其发展时间不长，分销渠道并没有理顺，大多数企业还处于自产自销阶段。目前业内的销售情况大致有以下几种：（1）在线销售平台；（2）分销商系统；（3）零售商。正是这些处于产业链下游的各类销售商，才使得数字出版的产业循环和再生产得以最终完成。销售商是数字出版产业利润的最终实现者。

（二）数字出版产业链的发展趋势

数字出版在中国正处于快速成长期，但作为一个产业，"还远未形成经济规模，而是仅形成了产品内容规模"①，突出表现在数字出版"产业链尚未理顺"。现有的基本产业格局中，上游掌控内容的传统出版单位数字观念不强，部分有志发展数字出版的单位也由于技术和收益等原因心存忧虑；中游提供技术平台的内容服务商数据整理相似度较高，存在重复建设问题；下游本来属于销售商，但是目前状况是内容服务商自产自销，少数如电子图书、游戏等由无线运营商销售，基本没有形成稳定的下游企业，行业缺乏非常明确的专业分工。而且，现有数字出版产业结构也只是雏形，整体格局正在不断变动，产业链结构尚未最终确定。

目前看来，处于上游、提供内容的传统出版单位正在积极寻求开发自有数字平台，向下延伸直接销售；而处于中游的服务提供商也企图绕开出版单位直接接触作者，希望把内容控制在自己手中，数字出版产业链出现交叉延伸的趋势。

1. 传统出版单位从内容提供商转向全方位数字出版商

在出版社方面，高等教育出版社、电子工业出版社、上海世纪出版集团是数字出版的先行者。高教社在2003年就斥资2000万元打造ERP（企业资源计划）系统②，对出版流程实行系统化的数字再造；复旦大学出版社、中国建筑工业出版社等一大批出版社发展了电子图书出版业务；上海世纪出版集团走得更远些，旗下易文网集出版物介绍、在线销售等出版社网站的传统功能和网络出版、电子图书阅读、在线学习等数字出版平台功能于一身。教育类、专业类出版社对数字出版态度也很积极。高等教育出版社2007年高调申明向"内容服务商"转变，强调在数字时代，要了解学习者的需求，在知识库中进行高效的数据挖掘和智能搜索，主动向读者传送不断推陈出新的内容，使学习者能够按需选取，并强调这是教育类出版社的必然选择。还将其发展定为数字化、专业化、集成化、平台化、个性化、主动化——结构化四步战略，逐渐向个性化内容服务主动提供者和内容结

---

① 郝振省，辛广伟，张立. 2005–2006年中国数字出版产业年度报告［M］. 北京：中国书籍出版社，2007：36.

② 吴琳琳. 试水ERP，高教社尽显英雄本色［J］. 电子商务，2003（11）.

构化关联的集成者发展。①国外教育类出版社在数字化方面进行了更多的探索，培生、麦格劳—希尔等教育出版集团大多深入在线教育领域，业务形态主要有六类：一是在线课程，使用视频、音频的多媒体技术，为学生提供在线教育课程；二是家庭作业管理；三是在线测试，利用开放软件系统对学生的学习效果进行测试；四是电子图书，提供在线阅读和下载服务，有的电子书还二次加工，加入了视频内容，令在线阅读可以享受到更生动、更有趣的体验；五是在线课外辅导；六是在线虚拟体验。②

专业出版社则把按需印刷作为数字转型的突破口，如知识产权出版社开始从以编辑加工、印刷出版专利文献为主的传统专业社，转变为以数据内容加工、专利信息服务为核心业务的数字内容提供商，并在人员构成、机构设置、收入利润等方面完成了向数字出版机构的转变。③中国标准出版社也已建立起较为成熟的按需印刷网络出版发行系统，信息服务成为出版社发展数字出版的主要方式。对于专业出版社来说，根据数字出版的特点重新组织资源，建立新的销售服务模式，实现从图书产品生产向专业化信息服务转化是今后发展的主要方向。④

唱片业领域，唱片公司也希望通过整合网络渠道走上数字发展道路。太合麦田唱片公司发起的数字发行联盟就是这方面的尝试。此联盟是由太合麦田牵头，集技术平台、销售、盗版阻截功能为一体的数字音乐发行组织。具体由太合麦田提供音乐内容、太乐网作为互联网平台提供数字版权认证，TOM、搜狐、腾讯等提供销售服务，百度提供盗版阻截和营销支持，微软负责全面的技术解决方案。

总而言之，内容是数字出版的核心资源，而广大传统出版单位也意识到自己的优势，开始不甘心只做一个内容提供者，为他人作嫁衣裳，纷纷发展独立的数字平台，意图在新出版格局中争得更大的利益。而集中和整合图书内容的数字出版商已具有一定的规模优势，现在的产业格局短期内还不会有大的突破。

① 任殿顺. 八大趋势引领数字出版［N］. 中国图书商报，2007-07-20.

② 任殿顺. 2007数字出版年度报告［N］. 中国图书商报，2008-01-04.

③ 李鹏. 基于读者行为分析的数字时代专业出版商业模式研究[D]. 北京：北京印刷学院，2015：12.

④ 姚柏年. 数字出版商业模式研究[D]. 上海：华东师范大学，2012：20

2. 服务商着意打造原创内容

受传统出版单位另起门户的威胁，加之读者需求越来越多样化，服务商必须要发掘新的内容作为储备，大量网络原创作品成为另一内容来源。为了掌控和整合这些网络原创作品，大多数服务提供商选择了建立或收购原创文学网站，顺势向上游内容领域挺进。另外，他们在有条件时会绕过出版单位，直接与作者签约。中文在线声称与国内50%以上的畅销书作家签署了独家协议，巴金、冰心、海岩、郭敬明等都是其签约作家。他们如果再版或出新书，电子版权自动属中文在线所有。如此，服务商就控制了出版社的上游命脉，保障了电子书库内容的同步更新。

（三）产业链分工不明，条块分割严重

围绕着数字出版的运作模式，数字出版产业链如下所示：内容源、内容创建、内容管理、内容发布、应用集成（技术服务、系统集成商）、多种运营接入（电信、网络服务）用户。在数字出版产业链中，除了出版业之外，电信业、系统集成商、应用开发商、软件开发商、网上银行等通过提供各种服务也都加入了产业链，形成了出版传媒业、通信业和广电业共同参与的局面。

一个良好的产业生态，应该是在企业群落内形成一个合理的分工链条，这个链条上的每个环节都有自己专注的领域，合起来才能形成整体优势。从技术上分析，出版传媒业、通信业和广电业相互渗透形成新的产业形态并不存在技术障碍。媒体间的相互融合已成为一种趋势，报纸、期刊、广播、影视在互联网上都分别以文字、图片、音频和视频的方式来集中展现。出版传媒业、通信业和广电业的融合为数字出版的运作提供了一个广阔的平台。[①]

利益链的形成是多方利益的综合作用。传统出版企业掌握着优秀的内容资源，但其技术开发、资本运营理念则远远落后于平台运营商或技术服务商，导致内容资源的利润率普遍下降。平台运营商或技术服务商适时推出内容增值服务，抓住市场机遇，以数字化的消费体验和用户资源开发为契机，以主导者的身份操控着数字出版产业，以致业内产生了"技术为王"的说法。而出版企业和作者由于缺乏主动权，在产业利益分配和价格制度

---

① 葛存山，张志林，黄孝章. 数字出版运作模式研究[J]. 中国编辑研究（2009），2010：51-55.

方面缺乏本该获得的优势地位，被逐渐边缘化，仅依靠内容合作获取微薄的产业收入来源。数字出版利益链的失衡，产业链角色的利益分配不公是当前阻碍数字出版产业稳健发展和影响业务积极性提升的关键要素。

第三节　数字出版传播模式中存在的主要问题

数字版权保护机制尚不成熟和数字内容质量监管困难是目前数字出版传播模式中存在的主要问题。

一、数字版权保护机制尚不成熟

我国目前数字版权保护机制尚不够成熟，主要存在如下比较突出的问题：

（一）文字作品网络侵权案件缺乏判决标准

2009年中国文字著作权协会的谷歌侵权门事件、2011年盛大文学起诉百度公司侵权案件、贾平凹小说《古炉》陷入"一女二嫁"版权风波等等，不仅数字出版平台、出版商、运营商之间纠纷不断，连势单力薄、"不清楚怎么回事"的作者也牵涉其中，严重阻碍了数字出版产业的健康发展。中国文字著作权协会总干事张洪波将数字版权纠纷归纳为以下几种表现形式：一是合同的不明确，虽然作者和出版社签订了合同，但该合同仍然带有较强的传统出版思维，对以电子化形态存在的内容较难把握边界，导致数字版权约束力不够。二是出版商与著作方对数字版权所有权的理解有偏差，导致作者与出版社出现双重权利交叉的行为。三是授权的时间期限问题。四是产业链各方的合作问题，数字出版商在版权使用环节缺乏应有的严谨，未经授权经常贸然使用内容资源。①

近年来，在各级政府的大力支持下，数字版权保护工作稳步推进。《新闻出版数字资源唯一标识符PDRI》《动漫出版标准体系》《手机出版内容数

① 马晓静. 我国数字出版版权问题探析[J]. 中国出版，2014（15）:22–23.

据格式》《手机出版物质量规范》《中国标准名称标识符 ISNI》《手机出版标准体系表》《中国标准乐谱出版物号 ISMN》等标准的相继发布，为数字出版的版权保护奠定了坚实的基础。同时，《版权保护标准体系表》《数字版权标识符》（DCI）、《数字版权保护平台基本技术要求》等标准涵盖了版权保护标准体系框架建设、数字版权作品身份标识、数字版权保护平台和技术等诸多领域，这些标准的制定为数字版权作品的识别、登记、交易、结算、取证，以及数字版权保护平台的搭建与数字版权保护技术研发工程的有序进行提供了规范与引导，[①] 我国数字版权保护的多元化发展已步入正轨，数字出版技术创新体系也具备了一定规模。

（二）文字作品网络侵权案件处罚力度偏小

较为典型的是谷歌（Google）数字图书馆和百度文库的诉讼案件。法院未有判罚结果，而是以侵权方公开道歉、停止侵权行为告终。

2004年美国谷歌宣布启动数字图书馆项目，通过与图书馆和出版社合作，扫描纸质书籍，制作电子图书，开展按需印刷、浏览下载、数据库销售等经营行为。2005年美国作家协会与美国出版商协会就谷歌未经授权开展图书数字化业务提起集团诉讼，此事于2008年10月达成和解协议。2009年10月至12月，中国文字著作权协会（下简称"文著协"）就谷歌数字图书馆侵权事件与谷歌进行了三次正式谈判，最终谷歌正式公开向中国作家道歉，并向文著协提交扫描收录的21万种中国图书清单。2010年1月12日，双方本应举行的第四轮谈判被谷歌单方面无限期推迟。

2010年，谷歌侵权案件尚未平息，百度文库被指侵权。百度文库以"让每个人平等地提升自我"为宗旨，是百度为网友提供的信息存储空间，是供网友在线分享文档的开放平台。

2011年的消费者权益日，中国音像协会唱片工作委员会和包括贾平凹、慕容雪村、韩寒、郭敬明等在内的50多位作家分别发表了公开信和维权书，声讨百度损害音乐著作人权益和作家知识产权的行为。在舆论压力下，百度承诺3天内彻底删除百度文库内未获授权的作品，对伤害作家感情表示歉意，并随机推出版权合作平台。2011年至2013年的3年间，百度文库一方面急速

---

① 张立伟，衣保中. 促进我国数字出版产业技术创新的对策研究[J]. 求是学刊，2015（1）.

增加文档数量，截至2013年4月，百度文库文档直逼6500万份；另一方面先后遭遇盛大文学、当当网、互动百科、磨铁图书的维权行动和法律诉讼，但百度坚称百度文库适用《信息网络传播权保护条例》第22条和23条中的"避风港"原则，没有审核的义务，不承担侵权责任。总体上看，对于文字作品网络侵权案件的处罚力度偏小，震慑性不大。[1]

（三）音像作品网络侵权行为界定难

网络著作权侵权纠纷案件几乎涵盖了从文字作品、图片作品到音乐作品、影视作品的所有作品类型。基于我国此方面的司法实践处于起步阶段，各地法官水平参差不齐，法院审判此类案件的结果不尽相同，使得音像作品网络侵权问题始终未能够得到统一、明确的解决。[2]例如对于被控侵权行为究竟是对技术的侵权行为还是中立运用，网站经营者或网络用户在不转移作品有形复制件的情况下向用户传送作品是侵犯了复制权还是信息网络传播权，或者是侵犯了发行权。又如报纸杂志的电子化是否侵犯信息网络传播权，提供链接和搜索服务的侵权认定等问题，法律、法规和司法解释都没有明确规定。

2005年9月26日，环球唱片有限公司、华纳唱片有限公司、金牌娱乐事业有限公司、EMIGROUP香港公司、索尼BMG、新艺宝和正东唱片一共七家公司向北京市第一中级人民法院提出诉讼，控诉百度MP3侵犯其著作版权。七大公司要求百度公司停止侵权行径，在百度官方网站和《法制日报》公开赔礼道歉，并且赔偿损失共计167万人民币，百度公司败诉。2008年1月17日，中国音乐著作权协会向北京市海淀区人民法院提起诉讼，就百度MP3未经版权许可使用《爱我中华》等共计50首歌曲，索赔106万人民币，2010年音乐著作权协会胜诉。2008年6月10日，数字音乐网站娱乐基地向美国联邦南纽约地区法院提出诉讼，控诉百度MP3未经著作权人授权使用其作品，这是百度公司面临的一次海外法律事件。2010年初，国际唱片协会诉讼百度音乐（MP3）侵权案经北京市第一中级人民法院宣判败诉，法院判定百度音乐合法。2011年1月20日，川子、马条、山人乐队、

---

① 张洪波. 2010年以来网络著作权4大纠纷案评析[N]. 中国图书商报，2011-03-22.
② 郑承抬. 网络音乐侵权及"搭便车"现象的法律分析[J]. 前沿，2012（18）.

周云蓬、李志、秋野、洛兵、沈庆、吴梦奇等27个艺人连同十三月唱片公司向百度公司发出律师函，指出百度音乐未经版权许可使用了其137首原创歌曲，要求百度公司赔偿其作品损失费用共计685万人民币。[①]2011年4月7日，谷建芬、高晓松、小柯、小虫等领导的华语音乐词曲作者维权联盟向百度公司发出公开信，提出与百度公司谈判解决百度音乐侵权问题，谈判条件为"下线、道歉、赔偿、共谋发展"[②]。自2010年以后，百度音乐再未有败诉案件，面对类似的音乐作品网络著作权诉讼更加得心应手。

尽管2010年安徽省版权局查处"骑士音乐网"侵犯著作权案件，3名嫌疑人均获刑事判罚，为此类案件的判罚和量刑树立了新的判例，但侵犯音乐作品网络著作权的现象仍屡禁不止。

另一家大型网络服务商腾讯于2012年卷入音乐作品网络侵权案件中，并最终败诉。中国音乐著作权协会（下简称"音著协"）接到会员的投诉，称腾讯网多年来一直无视国家法律的明文规定，未经作者或该协会的许可，即在其网站上以"QQ""搜搜"等多种栏目形式大量侵权提供歌曲在线播放、下载服务，并向其规模巨大的QQ用户提供绑定在线音乐服务，涉嫌侵权规模巨大，侵权方式多种多样，主观故意明显，给著作权人造成了重大损失。为此音著协多次与腾讯网联系交涉，但均遭到拒绝。音著协遂在腾讯网的相关栏目中随机选取了涉案歌曲进行取证，之后向腾讯网所在地法院提起诉讼，要求腾讯网停止侵犯音乐著作权人合法权益的行为，并赔偿涉案歌曲的著作权使用费。腾讯网辩称"已经删除涉案歌曲"，然而在此后的庭审勘验中，涉案音乐作品还在其网上堂而皇之地传播。法院经审理认为，腾讯网的行为侵犯了著作权人依法享有的复制权及信息网络传播权，音著协的维权主张于法有据，判决腾讯网停止侵权，赔偿涉案5首歌曲的经济损失及维权开支共15000元。[③]音像作品网络侵权行为之所以诉讼艰难，主要原因还是对这类行为的界定比较困难。

① 罗辑. 四川省数字音乐版权保护的案例研究[D]. 成都：电子科技大学，2013.

② 参见维基百科"百度音乐侵权事件"词条。

③ 腾讯音乐侵权赔偿15000元[N]. 北京日报，2012–12–20.

二、内容质量监管困难

数字内容监管问题是技术催生的难题，它是数字出版物在流通层面表现出的个性化、便捷化及阅读器、阅读方式多样化所带来的。随着数字印刷技术的进步，印刷生产的灵活程度逐步提升，在时间和成本上占据优势的为短版印刷和小众出版。多年来传统出版社积累的管理经验在数字出版面前捉襟见肘。如果说生产环节的版权问题主要是授权，而流通领域存在的版权问题则是盗版。比如在网络原创文学领域，网站和网站之间未经许可而大肆转发和盗用，搜索引擎未经网站许可无偿链接，或通过"贴吧"形式转载。网络编辑和网络读者缺乏足够的法律意识，数字版权认识淡薄，他们积极参与内容的传播反而给内容监管造成更大困难。[①]

2014年8月7日，网信办发布了《即时通信工具公众信息服务发展管理暂行规定》（以下简称《规定》），对通过即时通信工具（IM）从事公众信息服务活动提出了明确管理要求。

据了解，《规定》共十条，对即时通信工具服务提供者、使用者的服务和使用行为进行了规范，包括限定公众账号的边界，特别是自媒体公众账号的边界；以及明确平台方，比如微信平台的责任等。一位不愿具名的分析人士表示："在新的技术环境里，特别是自媒体个人化、社交化的趋势下，如何监管媒体，让有价值的信息沉淀下来，让良币驱逐劣币是监管机构面临的新问题，《规定》出台正是这方面的新探索。"上述《规定》表明，新闻单位、新闻网站开设的公众账号可以发布、转载时政类新闻；取得互联网新闻信息服务资质的非新闻单位开设的公众账号可以转载时政类新闻；其他公众账号未经批准不得发布、转载时政类新闻。

时政新闻在整个新闻资源消费中占比最大，排在其后的是娱乐、体育新闻，随后才是财经、科技新闻。在超过580多万的自媒体号以及每天增加的超过2万的自媒体号中，与时政相关的自媒体号占了相当大的比例。

《规定》显示，即时通信工具提供者应当落实安全管理责任，保护用户信息及公民个人隐私；为从事公众信息服务活动开设公众账号，应当经即时通信工具服务提供者审核，由即时通信工具服务提供者向互联网信息内

---

① 李广才. 我国数字出版产业现状及问题分析[J]. 现代出版. 2011（1）：9—13.

容主管部门分类备案。

据此规定，监管的重担落到了平台方，比如微信自媒体由腾讯负责。腾讯表示，他们提供了包括技术识别系统、举报人工处理系统、辟谣工具等在内的三大系统来帮助落实《规范》。

在日常运营中，腾讯有一支专业的队伍负责处理用户的举报内容。根据用户的举报，查证后一旦确认存在涉及侵权、泄密、造谣、骚扰、广告及垃圾信息等违反国家法律法规、政策及公序良俗、社会公德等，微信团队会视情况严重程度对相关账号予以处罚。腾讯方面透露，第一阶段，微信公众平台对恶意传播谣言行为予以了严厉打击，删除文章近5000篇，封停账号上百个。为了构建这样的监管能力，腾讯必须有相应的投入。以新浪微博为参照，新浪微博用于内容审核的员工超过1300人，腾讯差不多也需要同样规模的人员配置。[①]

对于如何监管自己平台上的自媒体，腾讯也是煞费苦心。腾讯方面表示："目前平台上存在少部分谣言、诈骗等现象，对平台和用户造成了一定的影响。腾讯对此高度关注，绝对不允许这种现象肆意扩张。"腾讯认为《规定》的出台有利于保护用户更好地使用公众信息服务。在《规定》出台之前，微信就已经建立起对有害和不良信息的处理机制。首先是用户举报，腾讯称这是发现问题的重要来源；其次是安排一支专业的运营团队对用户的举报进行核实，对举报属实的信息进行有效快速的处理，只要举报得当，7天之内都会得到相应的处理；三是专项的"雷霆行动"。

"雷霆行动"半年以来，腾讯累计封停假货公众账号3万个；每日封停欺诈广告1000万条；QQ和微信针对有风险的网站链接每天给用户提供29万次提示；上半年配合警方打掉网络黑色产业链团伙10余个，抓获约80名嫌疑人，涉案金额约2500万元。此外，实名制为监管提供了方便。实名制要求上传手持身份证的照片、绑定手机号、绑定银行卡，三项标准符合一种即可。微信公众平台其实已经采取了实名制：运营者必须提交如身份证等有效身份证件，同时上传本人手持证件的清晰照片。上述不愿具名的人士表示："自媒体个人化时代，贪婪必须得到约束。此前，在没有监管的情

---

① 侯继勇. 自媒体新规发布：腾讯监管实验任重道远.（2011–10–12）[2016–11–12]. http://it.southcn.com/9/2014–08/08/content_106118292.htm.

况下，可能为利益发虚假广告，也可以为了获得粉丝造谣，这必须进行遏制。"互联网分析人士洪波认为，《规定》出台之后，微信将越来越侧重服务号的发展，给予更多扶持，对于订阅号会给予越来越严厉的监管。事实上，这也是腾讯一直以来坚持的政策，此前对订阅号进行折叠处理就是出于这一目的。①

第四节　数字出版盈利模式中存在的主要问题

目前，数字出版缺乏成熟的盈利模式。数字出版从创作到制造、流通和消费都需要采用全新的商业模式，需要将计算机网络技术、电子商务技术相结合，构建出版生产、信息资源和要素公开交易的平台，降低交易成本，推动数字出版物的流通。数字出版需要建立知识资源共享和在线交易，但是目前亟待制定数字出版行业规则，为数字出版者和消费者提供快捷、方便、安全的交易服务。传统出版单位自身拥有的内容资源还不足以支撑数字出版业务的快速发展，因此，与其他出版社、IT企业合作开发并组建统一的数字化内容资源出版发行平台，将成为一种可行的盈利模式。面对海量的数字内容，未来的数字出版遵循的是1%定律，即1%的付费高端用户或获得特色内容的用户是企业的主要收入来源，其他99%的用户将获得免费内容服务，而每一个用户通过数字沟通都可以获得个性化服务，互联网则为这个数字交易提供一个广阔的平台。②

一、目前国内外数字出版主要商业模式案例分析

互联网时代是一个靠商业盈利模式取胜的时代，而数字出版作为基于互联网的新兴产业，其商业模式的重要性更是不言而喻。目前，国内数字出版产业的商业模式大致可分为以下五种类型：

---

① 侯继勇. 自媒体新规发布：腾讯监管实验任重道远.（2011–10–12）[2016–11–12]. http://it.southcn. com/9/2014–08/08/content_106118292.htm.

② 葛存山，张志林，黄孝章. 数字出版运作模式研究[C]. 中国编辑研究（2009），2010：51–55.

①以传统出版商为代表的商业模式：如商务印书馆、《人民日报》等；

②以技术提供商为代表的商业模式：如方正阿帕比、同方知网、汉王科技等；

③以互联网原创为代表的商业模式：如盛大网络文学、网络游戏等；

④以电信运营商为代表的商业模式：如中国移动、中国联通等；

⑤以互联网网站和搜索引擎为代表的商业模式：如新浪、百度等。

目前除了以互联网网站和搜索引擎为代表的商业模式相对比较清晰外，其他四种商业模式均处在不同程度的摸索当中，尤其是以传统出版商和技术提供商为代表的商业盈利模式。

据美国《纽约时报》的报道，亚马逊网上书店和谷歌（Google）都会采用各自方式来对印刷品进行革命性挑战。2007年10月，亚马逊网上书店推出了 Kindle 电子图书手持阅读器。这一产品可以通过无线方式连到亚马逊的网站，一经上市便备受追捧并屡次脱销，价格从原来的399美元一度涨到1500美元。作为数字时代的先锋，谷歌也会逐步将其数据库中的图书数字出版实行网上有偿阅读，价格将由出版商制定，利润则由出版商和谷歌共同分享。近年来，新兴的跨媒体出版单位开始在中国加速发展，势头十分迅猛。根据调研，在回答对运营商认同问题的389家出版社中，认知程度最高的是方正，其他为超星、中文在线、书生等，如图5-1所示。

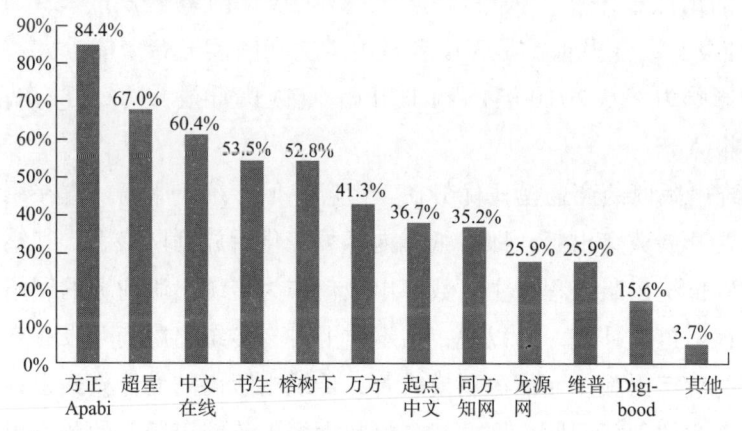

图5-1　出版社对运营商的认知度排名

目前，中国的数字出版是技术商主导市场，而传统出版商则缺乏动力与优势，在数字出版的第一线罕见传统出版商的身影。在欧美出版业发达的国家，教育、专业、大众三个出版领域有效地实现了资源整合，提高了产业集中度，并形成了较高的进入门槛，像培生、麦格劳—希尔等出版集团在某一领域有绝对话语权，因此在数字转型时仍占强势地位。近几年，国内的某些出版社也正致力于数字转型方面的探索。例如，商务印书馆和上海世纪出版集团都推出了工具书网络版；高等教育出版社建立起立体化教材资源库，每一个资源库都有与这个体系相配套的学科网站；知识产权出版社则将按需印刷作为数字转型的突破口。而这些出版社的成功，都有一个前提条件，那便是根据出版社自身的特点，寻找一条适合出版社发展的数字出版道路。①

（一）国内主要数字出版商业模式案例

1. 以传统出版商为代表的商业模式案例

商务印书馆成立于1897年，是中国最古老的现代出版机构，在数字出版浪潮的冲击下，商务印书馆提出不仅要做内容提供商，同时要为数字出版定位和把握主动权。它的商业模式主要是利用内容优势，以数字和在线销售自己的内容产品。目前，商务印书馆在数字出版方向的产品主要是网上工具书和按需印刷两种。

人民网从2006年开始涉足数字出版业，主要是通过技术提供商有关数字报的出版技术将《人民日报》的数字报在网络上公布。2010年前，《人民日报》数字报主要是为读者自由浏览和阅读，希望能扩大《人民日报》的影响力。从2010年1月1日开始，《人民日报》的官方网站开始发布数字报。

传统出版商的商业模式优势在于内容，但传统出版商一直在用传统出版的思路开展数字出版，即将纸质内容数字化后放到网络上，其整个出版流程仍以传统出版流程为主，数字出版仅作为传统出版业务的网络宣传和网络销售渠道的补充。可以说，从本质上讲，传统出版商并没有开展真正意义上的数字出版。而从盈利模式看，传统出版商的商业模式也并没有解决盈利模式的创新问题。据调查，目前大多数传统出版商的数字出版收入

---

① 梁静. 传统出版社：如何迈出数字出版的第一步[J]. 中国出版，2007（10）：16-19.

不足传统出版业务的1%，利润几乎可以忽略不计。①

2. 以技术提供商为代表的商业模式案例

方正阿帕比的定位是数字出版技术提供商和内容运营商。其商业模式主要是通过与传统图书、报纸、期刊出版商提供的数字出版技术及其内容渠道的销售推广和销售合作，开展线上和线下内容运营。自2001年以来，方正阿帕比与传统出版商开展销售业务合作。传统出版商授权方正阿帕比约500000种图书，此外，还有500报纸和由其他内容制作的电子书以及国内外数字报纸、政府图书馆、企业及其他组织和个人用户的网络用户。这使得方正阿帕比取得了自我盈利模式的初步成功。

但事实上，由于传统出版机构一直担心电子图书、电子报纸的销售会影响纸质图书和纸质报纸的销售和流通，所以很少提供最新的和最畅销的书籍内容，数字报纸发布的数据一般故意比纸质报纸稍晚。这直接导致了内容产品缺乏竞争力，因而其盈利能力也变得非常微弱。

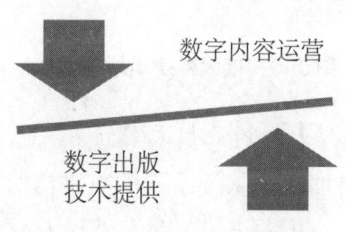

数字内容运营

数字出版
技术提供

图5-2　方正阿帕比商业模式

3. 以互联网原创为代表的商业模式案例

盛大模式主要分为盛大文学、盛大游戏和盛大在线三大核心业务。通过对国内优秀的网络文学的整合，盛大文学成为国内最大的网络文学平台，它的宗旨是构建读者和作者之间的互动交流，并依托原创故事，促进出版单位发展电影、电视、动画、游戏等相关文化产业。盛大游戏拥有自主知识产权的网络游戏产品线，包括大型多人在线角色扮演游戏、高级休闲游戏等多样化的网络游戏产品，满足了各类用户的普遍娱乐需求。盛大在线的目的是提供免费物流的文化和虚拟产品的数字出版平台，通过数据分发和支持系统的改进，销售数字产品和客户服务系统，提供网络用户访问数

---

① 冯晗. 中国数字出版产业发展模式研究[D]. 北京：北京邮电大学，2010.

字内容的消费渠道，同时也为用户定制其他互联网公司的专业服务系统。

根据盛大2009年公布的第三季度业绩，20250万美元是盛大2009第三季度净营收，其中18600万美元的游戏收入占总收入的92%，而盛大文学的收入占总收入的比例还较低。盛大通过网络游戏、网络文学等原创内容在原有基础上的版权运营获得利润，其商业模式的核心是原创，其主要优点是绕过传统出版商，从而节约内容成本和版权合作成本，通过把握互联网作者和版权资源，同时掌握客户资源，彰显强大的运营能力。可以说，目前其盈利模式是最清晰的，在数字出版行业是较为成功的（见图5-3）。

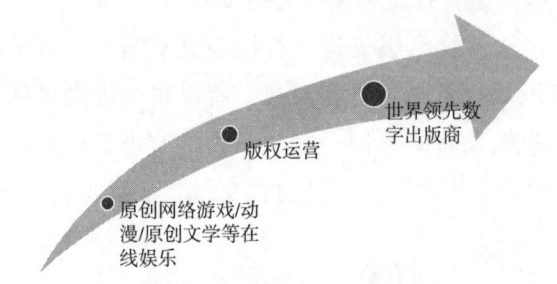

图5-3 盛大数字出版商业模式

4. 以电信运营商为代表的商业模式案例

3G和4G技术的推出加速了基于手机的数字出版。2009年9月23日，中国移动手机阅读论坛在杭州举行。在本次论坛上，中国作家出版集团、中国移动、湖北长江出版集团、中信出版社等传统出版社和新浪、盛大文学、中文在线等十个内容合作伙伴签约，推出了基于手机阅读的商业模式。中国移动的手机阅读业务模式主要以3G和4G手机及手持设备的TD技术的结合为载体，随着3G和4G移动网络渠道的拓展，通过对上游出版商和原网站内容资源的整合，打造出传统阅读的新渠道。这种商业模式的成熟有一个渐进的发展过程，其最终目标是建立一个移动数字出版系统（见图5-4）。

中国移动的商业模式的主要优势是3G和4G无线网络，但该商业模式还在初建阶段，如何通过该模式解决盈利问题仍是一个业内正在思考的问题。

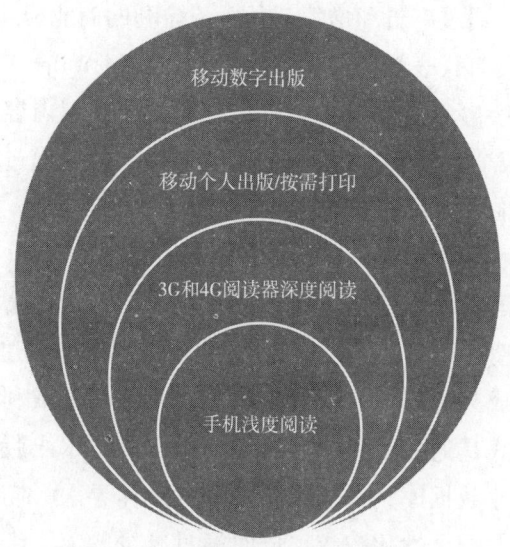

图5-4　中国移动数字出版商业模式

（二）以美国为代表的国外数字出版商业模式

1. 以出版商为代表的数字出版商业模式

美国的数字出版历史与中国的数字出版历史差不多都是经历了大约20年的时间。与中国不同的是，美国的数字出版商思考和实践较多，也取得了较好的成绩。在美国以出版商为代表的商业模式目前已经基本形成，这种模式可根据不同出版内容主体和客户需求进行数字出版[①]。

（1）大众出版商商业模式

大众出版以休闲和娱乐为主，读者的阅读和购买呈现或然性和随机性，其读者的需求遵循"或然需求模型"。而互联网作为休闲和娱乐的主要媒介，免费提供了大量的内容，这使得大众出版想靠内容收费的方式盈利变得尤为困难。目前美国的大众出版商的商业模式主要有以下两种。

①内容收费阅读商业模式

哈珀·柯林斯是美国最为领先的大众出版企业之一，其收费阅读销售收入不足总营收的1%，其商业模式的主要贡献是为传统纸质出版物开辟了网上销售通路。

---

① 陈昕. 美国数字出版考察报告[M]. 上海：上海人民出版社，2008.

②内容免费，通过广告和增值产品服务盈利的商业模式

这一模式中具有代表性的是约翰·威利（John Wiley）出版集团的商业模式。他们的数字出版主要基于旅游信息和旅游规划内容的旅游活动，包括旅游博客、旅游地图和GPS旅游服务创新等，然后通过酒店、旅行社的广告利益来弥补旅游信息内容出版的免费损失。

（2）专业出版商商业模式

专业出版商因其内容的专业化和独有化，读者阅读分为必然性和选择性两种。需求模型若为"必然模型"，在此种需求模型下建立以内容收费为主的商业模式则成为可能。其代表商业模式是约翰·威利出版集团的数字期刊模式，该模式是通过将科学、技术、医学和学术出版方面的内容结构化，建成大型专业数据库，打破纸质期刊的载体界限，满足高等院校、科研机构等细分人群的个性化需求。同时通过减少物流、纸张和印刷费用降低运营成本，以创造更高的利润空间。

（3）教育出版商商业模式

教育出版，其读者遵循"必然的需求模型"。但由于其强大的自主研发能力及教育机构的垄断特性，形成了独特的数字出版盈利模式。以美国教育出版集团为代表，10多年来，他们在数字出版实践领域获得成功，形成如在线课堂、在线作业、在线测试、在线辅导、虚拟体验等可持续的盈利模式，但仍无法找到专业出版的可持续盈利模式。

2. 以Google为代表的技术提供商数字出版商业模式

全球最大搜索引擎提供商Google的"图书搜索"已经与70多个国家和地区的2.5万家出版社合作上线了180万种图书，加上图书馆扫描的数字化图书，其图书总量已经超过700多万种。Google的图书搜索模式的核心是以图书搜索吸引读者的眼球，之后以"匹配性广告"（即左边出现搜索结果，右边出现相关厂商做的广告）获得收益，并与合作出版商或图书馆进行五五分成。[①]

这也是一种较为成功的数字出版的盈利模式。

---

① 冯晗. 中国数字出版产业发展模式研究[D]. 北京：北京邮电大学，2010.

二、目前盈利模式中存在的主要问题

基于上述分析，目前的盈利模式基本上是照搬传统的出版盈利模式，即内容的免费模式和内容的收费模式+收费广告模式。

对于内容收费模式，必须做到内容有足够的吸引力，让读者愿意付费。除了现有的商业模式无法很好地解决盈利能力的问题外，最大的问题是，数字出版商还没有建立一个商业模式创新机制。

而对于内容免费+广告收费模式，在传统出版中，出版商通过原有的发行网络可以达到非常高的发行量，这为广告收费模式奠定了基础。而在数字出版当中，传统出版商的网站流量远远不如搜狐、新浪等专业的互联网综合门户网站，所以其广告的盈利模式也就失去了发行量或访问量的基础，因此通过广告收入盈利的模式也很难成立。

此外还有受传统经营观念制约的问题。传统出版基于双边市场的商业模式在数字出版领域发生了深刻的改变。数字出版产业已成为传统出版业转型升级的方向，传统出版企业应联手技术提供商，或携手销售商，积极探索文化与科技融合背景下的数字化发展道路。人民出版社音像电子与网络出版部于2012年组织了一次对北京市开展数字出版业务的传统出版单位的专项调查，尽管调查报告没有说明抽样的原则，但70家出版单位的样本总量可以在一定程度上反映出传统出版单位数字化转型的现状。①

目前，数字出版收入的主要业务类型依次为手机出版、电子阅读器出版、数字图书馆出版和应用商店出版。主要的业务模式有自主开发、合作开发和委托开发，后两种业务模式是传统出版单位数字化转型的主流模式。出版社的数字图书馆和手机阅读等业务主要通过这两种模式进行，手机出版业务主要通过与中国移动、中国电信、中国联通三家电信运营商合作开展，而国内实力雄厚的技术提供商、电信运营商、电子商务网站在现有的商业模式中，占据了有利的位置。尤其是电信运营商，其利益分成通常达到六成以上。它们通过兼并、收购、重组等手段，整合相关领域的内容和渠道资源，进一步挤占了传统出版单位数字化转型的商业空间。目前，除

---

① 安达. 中国传统出版业数字化转型发展报告[R], 中国数字出版产业年度报告（2011-2012）[M]. 北京：中国书籍出版社，2012.

手机阅读、数字图书馆、网络游戏具备较为清晰的商业模式和盈利模式外，无论是传统出版单位数字化转型还是新兴的数字出版商都在盈利模式上面临着巨大的困难。特别是传统出版单位，绝大多数处于投入大大高于产出的摸索阶段，整体经营举步维艰。

以深圳为例。深圳数字出版业务已涉及电子图书、电子杂志、网络报、手机报、手机杂志、手机彩铃、网络视频、网络游戏、二维码、电子阅读器、网络书店、移动书城、数字印刷等产业链核心层、相关层、外围层的各个方面，形成了较为齐全的数字出版体系。拥有腾讯、A8音乐等数字音乐重点企业，有声读物MPR等自主数字出版核心技术和腾讯、中青宝等网络游戏骨干企业。2009年相关企业总数约600家，产值近70亿元，占广东省150亿元总产值的半壁江山。①

深圳具有创新意识强、信息产业发达、体制机制灵活、投融资体系健全、经济科技信息丰富的良好环境与优势，有条件在数字出版领域抢占先机和制高点，借助先进的技术优势与科学的战略规划实现出版业的飞跃式发展。自2010年起，深圳出版发行集团先后投入人员和资金建设动漫衍生品交易平台、全民阅读数字出版分众平台、火星城电子商务平台等多个数字出版平台项目，由集团下属书城电子出版社建设和运营，并得到深圳市文化产业资金的扶持。全民阅读数字出版分众平台项目进入2011年国家新闻出版改革发展项目库。

在"十二五"期间，深圳出版发行集团在保持传统图书出版稳定发展的基础上，探索畅销书打造、长销书经营、数字化出版、教育出版、电子商务、广告营销等商务模式集成运营的战略方案，整合资源，梳理环节，集中力量，在主业全媒体出版的基础上全力推进以海天出版社、书城电子、书城培训为主干的全媒体数字教育出版工程。集团将倾力打造"数字出版王国"，数字出版方面重点建设"1+3工程"（其中1为前海数字出版产业基地，3为1个全民阅读数字出版分众平台、1个出版云资源中心、1个全球华文数字出版中心），实现企业发展在数字化时代的弯道超车。2011年，深圳出版发行集团成立事业部数字出版中心，统筹集团的内容、技术、渠道等

---

① 深圳数字出版行业发展调研课题组. 深圳数字出版行业发展调研报告[R]. 深圳市文体旅游局，2010（10）.

数字出版资源，大力开展数字出版业务。在传统出版转型升级的关键时期，举集团之力，重点发展数字出版业务。2012年，深圳出版发行集团签订前海深港现代服务业合作区入区项目，投资18亿元，筹建前海国家级数字出版基地。

　　总的说来，盈利模式问题本身是个战略性问题，技术提供商与作者以及传统的出版企业之间没有形成共同的利益接口，业界也尚未形成普遍认同的数字出版盈利模式，数字出版只是在生产上形成了规模，在经营模式上远未成熟。这主要是因为产业链上游的内容提供商与中游的技术提供商存在博弈，技术提供商的产业认知与内容提供商存在巨大反差，而产业链上游和中游对下游的数字出版物的营销依赖性更大。产业链各角色因心存芥蒂无法实现积极有效的产业合作，使得数字出版产业的规范化运作和市场化运行还有很长的一段路要走。此外，技术壁垒问题和数字资源长期存储问题也是制约数字出版产业流通环节的直接与间接瓶颈。

　　虽然深圳出版发行集团已与腾讯、中南传媒、天朗科技、中国移动等多家企业签订战略合作协议，加大与数字出版产业链中下游企业的合作，打通数字内容制作、数字技术研发、数字软件和平台开发、数字分发渠道等产业链上各个环节，打造新型数字出版产业链，但目前数字出版产业发展仍严重依赖资本驱动，行业内尚未形成成熟的可供复制的盈利模式。

第五节　数字出版管理模式中存在的主要问题

一、宏观市场管理中的问题

　　宏观市场管理的问题，主要表现为宏观环境与产业机制面临挑战和市场体制与配套政策的壁垒两方面的问题。

（一）宏观环境与产业机制面临挑战

1. 传统出版产业的数字化挑战

作为文化产业领域最古老的一个分支，出版产业从560多年前德国人古腾堡印刷发行的第一本《圣经》问世以来，其经营模式没有发生根本的变化，正如美国兰登书屋前总编辑爱波斯坦所说，"图书出版产业本质上是一种家庭手工业（cottage industry）"①。这一描述包含了两层意思：一是指图书出版产业入行门槛低、利润薄，适合小型化、分散化经营；二是指从事出版行业需要有文化情怀和人文底蕴。因此，在出版行业萌发之初，很多出版商并不是抱着单纯赚钱的目的开办出版社的，这一点中外皆然。

然而，纵使有1450年古腾堡发明活版印刷技术创造现代出版业，及20世纪六七十年代以美国为首的大型传媒集团收购出版社等这类改变出版业传播方式和图书市场业态格局的历史标志性事件，它们都不能与数字技术的发明及其应用给出版产业带来的冲击相提并论。尽管爱波斯坦早就提出，跨国媒体集团的收购和兼并使出版产业集中度不断提高，一个利润微薄、文化厚重的"家庭手工业"无论如何也不可能健康地生存在一个以获取利润为目的的媒体帝国里，他甚至告诫自己的子女，在择业时千万不要选择出版业。但在传统出版产业面临数字化转型的今天，恐怕爱波斯坦也难以用只言片语判断传统出版业的根本走向。尤其是在文化与科技融合的背景下，科技究竟使大规模生产的文化趋于碎片化、庸俗化，还是给文化回归传统、融合创新提供了千载难逢的机会？人们很难给出一个确定的答案。

中国的图书出版业，从政府机构（国家新闻出版广电总局）和具有官方背景的研究机构（中国新闻出版研究院）公布的统计数据来看，其经济总量每年都呈大幅增长的态势，尽管这些数据没有将通货膨胀的变量作为考虑因素。到了2011年，全国出版、印刷和发行服务实现营业收入14568.6亿元（未含数字出版），较2010年增长17.7%；增加值4021.6亿元，增长14.8%，占同期国内生产总值（GDP）的0.9%；利润总额1128.0亿元。出版物进出口经营单位营收64.4亿元，全国共引进版权16639种，共输出版权7783种，版权输出品种与引进品种比例提高到1：2.1。

---

① 张玉国.《文化产业与政策导论》[M]，北京：高等教育出版社，2006：36.

表5-1　　中国出版产业营业收入与利润结构情况（2009-2011）　单位：亿元

年份	传统出版业						数字出版业	
	图书生产		印刷复制		出版物发行		营业收入	利润总额
	营业收入	利润总额	营业收入	利润总额	营业收入	利润总额		
2009	462.9	74.8	1127.76	76.75	1556.95	201.3	799.4	63.9
2010	537.9	77.2	7918.1	578.4	1923.9	206.8	1051.8	89.1
2011	664.4	94.2	9305.4	614.6	2162.9	185.1	1377.9	106.7

最近的统计数据显示，作为传统出版企业核心业务的图书生产，营业收入只占新闻出版业总量的4.4%，增加值占5.6%，总产出占4.5%，利润总额占8.4%，均位居第五。印刷复制、出版物发行和数字出版成为新闻出版业经济规模综合评价的前三甲，三者合计占全行业营业收入的88.2%、增加值的82.2%、总产出的88.2%和利润总额的80.4%，而传统出版产业中的印刷复制和出版物发行两个类别合计占全行业营业收入的78.7%、增加值的72.6%、总产出的79.0%和利润总额的70.9%。

如果说中国的传统出版产业的经济表现在行政保护和贸易壁垒的庇护下差强人意的话，那么面向开放市场的国际传统出版产业则面临着更加严峻的生存挑战。据美国出版商协会与美国图书产业集团联合公布的美国出版业年度数据，2011年美国图书总销售额为272亿美元，与2010年相比下滑2.5%，而全球最大的媒体研究公司尼尔森给出的数字是10.2%。2011年，美国第二大连锁书店鲍德斯破产，据称这将导致美国出版社的销售下降10%。2012年3月，拥有244年历史的大英百科全书公司宣布停止纸质印刷版，截至当年7月，英国的实体书店由2005年的4000家减少至2178家。[①]

2. 国际数字出版商进军中国

对中国数字出版市场最为敏感的首先是数字终端制造商。2012年，中国智能手机市场已超越美国成为全球智能手机出货量第一的市场。韩国三星公司在2013年1月14日宣布，该公司生产的GALAXY S系列智能手机全球销量已经达到1.06亿部，稳居全球首位。2012年中国智能手机前三季度销量已达1.1694亿部，而三星智能手机的销量则达到市场总量的

① 郝振省. 中国数字出版产业年度报告（2011-2012）[M]. 北京：中国书籍出版社，2012.

22.9%。

苹果首席执行官蒂姆·库克表示，"中国目前是我们第二大市场，但我相信中国将成为第一大市场。我十分相信这一点"。另外，他还表示，在未来几年，苹果将在华开设更多零售商店，并希望将来可以到中国首发苹果新产品。[①]此后的iphone6、iphone7更是一枝独秀。

数字阅读终端不断推陈出新。亚马逊公司2011年推出搭载云服务器的平板电脑Kindel Fire，市场反应良好，但由于它只支持从亚马逊在线书店购买的电子图书，并且依赖于AOC的无线网络，登陆中国市场尚需一轮改造升级和商业谈判。微软公司与英特尔于2012年6月19日向全球发布了Surface系列平板电脑，并向美国第一大书店巴诺公司注资3亿美元共同组建新的子公司，开发基于Windows8系统平台的阅读应用程序，并开拓大众消费领域和教育领域的市场，加速向数字阅读转变。

大型互联网公司介入数字出版业务。世界上最大的互联网搜索引擎谷歌（Google）于2004年便涉足数字出版业务，2010年12月，Google eBook Store正式上线，首批提供300万册电子图书，藏书1500万册，其中绝大部分是公版书并陆续供全世界用户免费使用。其电子图书将适用于任何带网页浏览器的电子设备，Google开发的电子图书商店应用程序适用于苹果iPhone、iPad和装有Android系统的手机。

销售商尝试内容生产。2009年以来，全球最大的网络图书销售商亚马逊（Amazon）成立了7个事业部，2011年10月，亚马逊宣布出版第一批122本图书，包含纸质图书和电子图书，涵盖儿童、经营管理、言情等多个大众图书类别。《纽约时报》惊呼，"亚马逊从书店抢走了读者，现在要从出版社那里拽走作者"。2012年12月13日，亚马逊中国在其网站上悄然推出"Kindle书店"类别，并推出免费的Kindle阅读软件及Kindle电子图书下载，其中提供免费下载的书籍达上千本，包括中外经典名著《三国演义》《红楼梦》及《傲慢与偏见》等。亚马逊中国Kindle书店已上线2万余本图书，其中相当一部分可免费下载。配合这一电子图书，Kindle书店同时推出了基于iPhone、iPad和Android的免费软件下载，读者只需要购买一次Kindle电子图书，就可在已经安装了Kindle阅读软件的所有设备上阅读。

①库克.中国将成为苹果第一大市场[N].新浪财经，2013-01-11.

尽管前微软总裁比尔·盖茨声称自己更喜欢纸质阅读，但无论市场需求还是经济表现，数字出版都成为出版产业不可逆转的历史趋势。面对政府"做大做强"的政治号召和数字出版新兴领域日进斗金的市场神话，传统出版产业更应当以理性的视角、系统的分析和科学的规划，实现向数字化平稳、高效、可持续的转型。

（二）市场体制与配套政策的壁垒

1. 文化科技行业壁垒急需打破

文化与科技融合的难题不仅存在于一个世纪以来人们的哲学思辨与学术论争当中，更存在于社会系统的市场运行规则与管理体制之中。我国目前的数字出版行政管理体系属于"多头多级"管理。横向上，具有直接的数字出版行业管理职能的部门有中宣部、文化部、科技部、新闻出版广电总局、工业和信息化部、公安部、国务院新闻办等部门，相关的管理部门有财政部、发展和改革委员会、人力资源与社会保障部、教育部、工商总局等。纵向上，采取中央统一领导下的分级管理，各省、市、自治区、直辖市又有相应的一套行政管理系统，且在管理职能上相互交叉，整体协调难度大。

2012年，深圳大学举办了一场文化科技创新论坛（CTIS2012），邀请文化产业管理部门、业界、学界的代表，在"文化科技融合助推产业升级"的主题下，共同研讨文化与科技融合的相关政策、有益经验、发展路径与理论支撑等相关议题。腾讯集团坚称自己是一家科技企业，尽管该公司已被认定为深圳市首批文化科技企业，但公司本身对"文化科技企业"的概念并不认同，而这在受邀的知名文化科技企业中极具代表性。诸如水晶石集团[①]、雅图文化科技集团[②]等具有行业影响力和社会知名度的企业均不同程度地存在相同的认知，这一方面反映出文化科技融合中科技的强大驱动力对企业自我认同的影响，另一方面表明大型文化科技企业普遍缺乏对文化创新的关注。

同样是在2012年，科技部、中宣部、财政部、文化部、原广电总局、原新闻出版总署等部委联合发布《国家文化科技创新工程纲要》，文化科技

[①] 2008年北京奥运会开（闭）幕式影像制作运营项目总承包商、伦敦2012年奥运会官方影像供应商和赞助商，亚洲最大规模的数字视觉展示企业。

[②] 中国投影行业最大的研发、制造公司，专业从事数字视像技术产品研发、生产与销售。

融合拥有了国家层面的执行指南，但这也从侧面反映出社会系统中文化、科技复杂且并行的管理体制。作为数字出版的直接业务领导部门，原国家新闻出版总署在2012年采取了数字出版基地建设、出版企业转型示范、内容投送平台建设指导、专业社团筹建等多项措施，加快推进传统出版转型升级，促进数字出版产业快速发展。"我国数字出版产业的市场主体主要包括正在转型中的传统出版企业及民营新媒体企业。其中，前者关乎传统出版业未来生存发展，更需要采取强有力措施加以推动引导"。①当年10月，原国家新闻出版总署正式授予新华文轩旗下四川文轩在线电子商务有限公司"数字出版转型示范企业"称号。

2012年，新华文轩出版传媒股份有限公司加快国际化发展步伐，先后与美国麦格劳—希尔教育出版集团和美国圣智学习出版集团签署战略合作协议。新华文轩将利用圣智学习的电子参考书平台——圣智盖尔电子图书馆，为海外用户提供反映当代中国经济、社会、文化发展的大批量权威电子图书，而圣智集团将借助新华文轩覆盖全国的网络渠道并在四川基础教育领域谋求业务发展。

尽管国家行政主管部门给予数字出版众多政策支持，如何将文化与科技融合从"国家话语"转换成"市场话语"和"市民话语"，激发市场活力和群众的创新能力，仍是目前数字出版产业中急需解决的问题。吉姆·麦奎根（Jim Mcguigan）在其《重新思考文化政策》一书中以批判的眼光考察新自由主义和文化政策的关系，将英国的文化政策分为三种：国家话语、市场话语和市民话语。②作者指出，国家话语从来就不是社会主义或资本主义专有的想象。

2. 数字出版产业布局尚不清晰

国家数字出版基地建设作为数字出版的产业聚集区和战略支点近年来风生水起，彰显出强大的政策推力与产业引力。2008年至2012年，国家新闻出版总署共批复9家国家数字出版基地，数字出版基地在全国的布局已基本完成。

上海张江国家数字出版基地2008年7月挂牌，是全国首家国家数字出

---

① 中华人民共和国新闻出版总署. 新闻出版总署多项措施提速数字出版产业[R].（2012–8–14）[2016–6–5]. http://www.gapp.gov.cn/cins/html/21/2975/201208/762366.html.

② 麦奎根. 重新思考文化政策[M]. 何道宽，译. 北京：中国人民大学出版社，2010：48–79.

版基地。

重庆北部新区国家数字出版基地，2009年8月获批，第二年4月挂牌。

浙江杭州国家数字出版基地，2010年4月获批并挂牌。

湖南中南国家数字出版基地，2010年7月获批，第二年11月挂牌。

湖北华中国家数字出版基地，2010年8月获批，以"打造产业生态"为特色。

天津空港国家数字出版基地，2010年12月获批，第二年6月挂牌，是全国首个"云数据与云计算中心"。

广东广州国家数字出版基地，2011年2月获批，当年5月挂牌，其数字出版技术领跑全国。

陕西西安国家数字出版基地，2011年5月获批，第二年6月揭牌，是西部最大的国家数字出版基地。

江苏南京国家数字出版基地，2011年6月获批，当年10月挂牌。

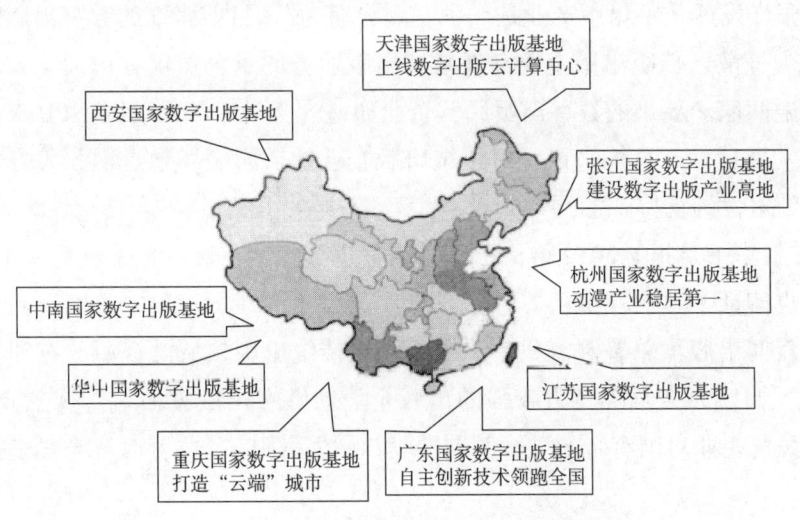

图5-5　国家数字出版基地分布图

数字出版基地在基础设施建设、制度政策设计、发展项目运作等方面惊人地相似，产业集聚优势不明显，一些国家数字出版基地建设的主体不明、主业不清，发展特色不突出，核心竞争力不足，优势产业重复建设。如湖南和广东均提出建设"数字湖南""数字广东"，重庆北部新区国家数字出版基地和天津空港国家数字出版基地都打出"云"字牌。①仔细分析上述问题，究其根本均是由于产业布局模糊导致的。

政府主管部门陆续批准国家数字出版基地建设持续了4年之久，缺乏横向的统一评定标准和准入门滥，更多的是考虑现有数字出版技术产业的经济表现和在全国行政区划地理分布方面的均衡发展问题。从批准时间和挂牌时间来看，众多基地都经历了半年以上的筹备期，有的甚至长达一年半。建设主体不明，政府多头管理，缺乏完整的建设规划是主要原因。

实际上，关于上述问题，各国家数字出版基地自身也有清晰的认识，并试图通过集中研讨等方式交换经验看法，通过创新运营管理模式探索基地建设的新思路。2011年7月6日召开的全国数字出版博览会，9家数字出版基地负责人齐聚一堂，共同探讨数字基地建设的现状进程、困惑难点与解决之道。上海张江集基地运营商、企业服务商、产业投资商三位一体的管理模式备受关注，然而上海张江数字出版产业发展有限公司总经理周克勇表示，公司的功能性和经营性定位存在矛盾，并由此带来入驻企业选择困难的问题。②

张江发展数字出版产业是一种"顺势而为"，目前张江的数字出版产业链较为分散，传统出版企业开展数字出版业务的子公司仅有华师东方和世纪创融两家。新兴的数字出版民营企业如盛大文学、河马动画、PPTV、沪江网发展较好。总体来说，对传统出版企业的入园、场地、税收等方面缺乏有针对性的支持。③

《新华书目报》2012年8月27日的报道《数字出版基地建设稳步推进》一文也印证了这一现实："产业发展过程中，（张江国家数字出版）基地希望（新闻出版）总署制定数字出版企业在传统出版领域的资源放宽和优惠政策。如盛大文学等实力较强的出版企业能够在出版方面给予优惠政策，尝试民营企业对国有企业进行改制参股，做大做强。"

二、数字出版产业经营管理中的问题

数字出版产业经营管理中的问题主要表现为出版产业经营机构数字化

---

① 莫远明. 国家数字出版基地的政策演进与发展态势分析[J]. 出版广角，2012（8）：12-15.

② 马盖. 六问数字出版基地建设"要害"[N]. 中国图书商报，2011-07-20.

③ 张晗. 文化科技融合背景下的中国出版产业数字化转型研究[D]. 武汉：武汉大学，2013.

发展问题和出版产业的人才资源紧缺两方面的问题。

（一）出版产业经营机构数字化发展问题

1. 出版社数字机构设置的情况调查①

在传统出版单位数字化转型的过程中，尽管众多传统出版单位纷纷开设了数字出版业务，但从业人员的思维经常会被传统生产实践经验所限制，管理层会发现诸多简单的决策均涉及数字出版部门这一新设部门在组织结构中的定位问题。

类似于深圳出版发行集团的数字出版中心，许多传统出版单位将其设置为隶属于事业拓展部的下属部门之一，与技术、营销、采购和物流中心相互独立，与人事、财务部门平级。这样的机构设置显然无法满足数字出版的文化与科技融合及业务全面需求。随着数字出版业务在传统出版单位发展战略中重要程度的日益提升，需要调动大量的人力、物力和财力，而目前传统出版单位收入的主要来源是纸质书的生产和发行，大量的资源长期持续地投入新的事业部门，投入和产出实现平衡甚至盈利需要相当长的周期，这对数字出版部门的业务发展必然造成无形的压力。

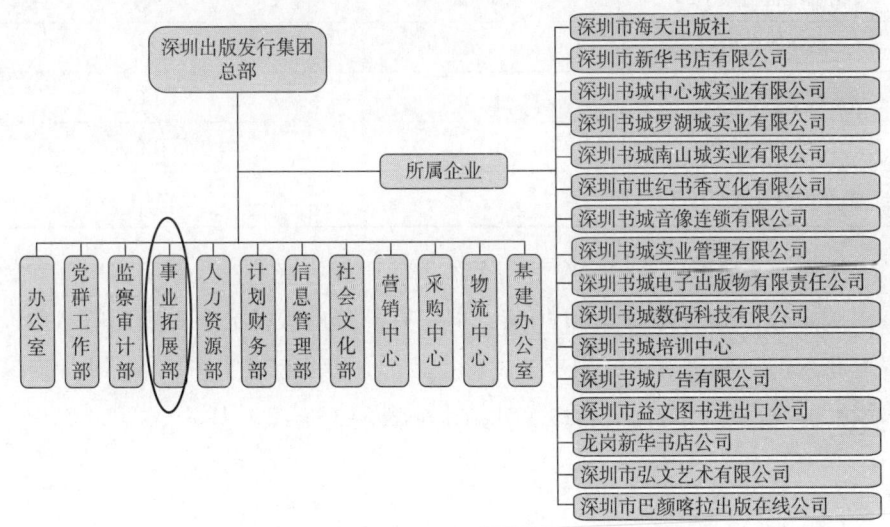

图5-6　深圳出版发行集团组织结构图

---

① 朱静雯，王涵，王一鸣. 我国出版企业数字出版发展战略现状及其问题分析——基于全国出版社的调查[J]. 信息资源管理学报，2015（1）：110–112.

2014年7-8月，通过对全国584家出版社官方网站所提供的资料进行搜集整理，发现有明确组织机构设置说明的共有256家，其中有102家出版社的一级机构（出版社下直接设置的机构称为一级机构）中设有数字出版部门，约占40%。[①]具体机构名称如表5-2所示。

表5-2　　　　　　　　102家出版社数字出版部门设置情况

部门名称	数量	比例（%）
数字出版部	45	44.1
数字出版中心	30	29.4
新媒体事业部	8	7.89
数字出版公司	3	2.9
电子出版中心	3	2.9
多媒体出版中心	2	2.0
数字音像部	2	2.0
数字网络部	2	2.0
信息工程与数字部	2	2.0
数字媒体中心	2	2.0
网络出版中心	1	1.0
数字市场部	1	1.0
数字内容管理制作部	1	1.0

从表5-2中可以看出，在部门名称上使用较为普遍的是数字出版部和数字出版中心，分别为45家和30家，但仍有部分出版社数字出版部门名称设置五花八门。经过对全样本（256家出版社）和设有数字出版部门的102家出版社的类型进行对比分析，统计结果如表5-3所示。[②]

---

① 朱静雯，王涵，王一鸣. 我国出版企业数字出版发展战略现状及其问题分析——基于全国出版社的调查[J]. 信息资源管理学报，2015（1）：110.

② 朱静雯，王涵，王一鸣. 我国出版企业数字出版发展战略现状及其问题分析——基于全国出版社的调查[J]. 信息资源管理学报，2015（1）：111.

表5-3　　　　　　　　　　　出版社类型对照表

类型＼数量	256家出版社	102家出版社	比例（％）
大学出版社	60	30	50
教育出版社	18	16	88
科学技术出版社	25	12	48

由表5-3可见大学出版社、教育出版社和科学技术出版社设立数字出版部门的比例均高于平均水平，其中大学出版社凭借其母体大学的特色学科、优势专业及前沿资讯，往往更注重在数字化、网络化环境下的教学应用和课程服务方面的探索。高等教育出版社的数字出版部门细分非常齐全，包括数字技术部、数字运营部、数字产品制作部和音像出版部。[①]根据调查分析，其发展趋势大致可总结为三点。

（1）近半数出版社设立数字机构，数字出版已成必须；

（2）机构名称不一，数字化转型粗放。

（3）教育类出版社和大学出版社数字化程度最高。

2. 出版社内部机构管理的问题

（1）管理理念落后，战略定位模糊。

（2）出版思维落后，产销环节错位。

对于上述两点，此处不再详加论述。

（二）出版产业的人才资源紧缺

1. 现有从业人员的知识结构不合理

目前传统出版单位从业人员的知识背景多集中在文史哲等人文学科方面，缺乏社会学、信息科学、经济学等学科的系统知识。近年来随着图书市场竞争的加剧，编辑的工作量普遍加重，接受在职学习和培训的机会不多，知识结构与社会变化存在差距，对数字技术的了解和掌握程度不高，在选题策划、组稿、营销等方面缺乏创新，或者自身有学习数字出版相关

---

① 朱静雯，王涵，王一鸣. 我国出版企业数字出版发展战略现状及其问题分析——基于全国出版社的调查[J]. 信息资源管理学报，2015（1）：112.

知识的愿望却找不到合适的入口和平台。①

另外，许多传统出版单位对在职人员的继续培训和培养跟不上数字出版行业发展的需要，加上企业内部数字化程度不高，数字出版工作流程尚未建立，在很大程度上造成传统图书编辑与数字技术之间的隔膜，编辑难以明确自身在数字出版业务中的角色定位。②

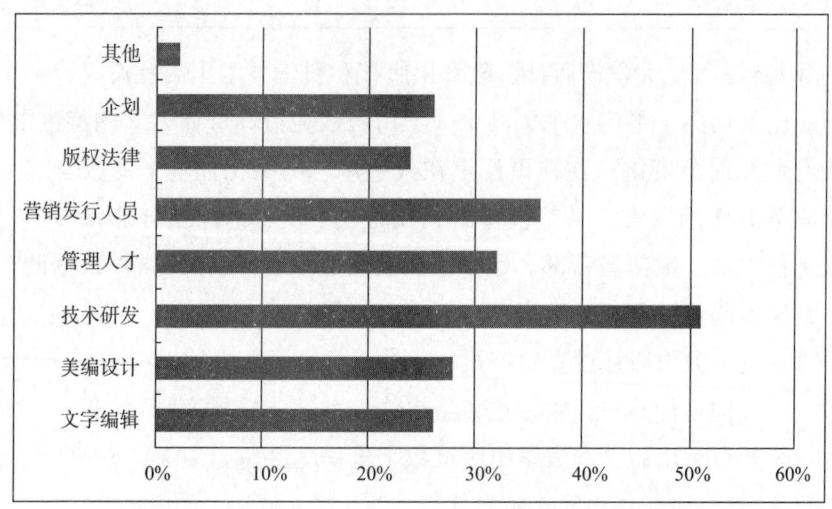

图5-7　图书出版社开展跨媒体出版对人才的需求③

中国出版科学研究院发布的《跨媒体出版调查与测试报告》显示，跨媒体出版对人才能力提出了更高的要求，既要精通跨媒体出版物内容所属的专业，熟识出版知识，又能掌握特定出版环节的技巧，熟悉出版流程中其他环节的运作。传统出版单位对技术研发型人才需求比较大，而这也是开展跨媒体出版业务所急需加强引进和培养的。

2. 高校数字出版人才培养与科学研究落后于社会需求

在高等教育发展历史上，由于新兴科技推动产业发展，促使学科转型的例子屡见不鲜。原新闻出版总署署长柳斌杰在纪念中国新闻教育、新闻学研究事业90周年之际，发表了题为《中国新闻事业需新闻教育界鼎力相助》的主题演讲。

---

① 杨明，陈少志. 长春市数字出版印刷产业发展的困境与出路[J]. 产业与科技论坛，2016，15（1）：28.

② 张淑芳. 传统出版单位如何解决数字出版人才匮乏问题[J]. 中国出版，2009（6）：43.

③ 郝振省. 跨媒体出版调查与测试报告[M]. 北京：中国书籍出版社，2009：61-63.

　　高校数字出版人才培养与科学研究落后于社会需求已成为不争的事实。在文化与科技融合、出版社转企改制以及数字出版快速发展的背景下，出版业的人才需求发生了巨大的变化，策划编辑、营销编辑、网络技术和版权管理等复合型人才最为紧缺。数字出版人才市场经常出现"两张皮"的现象，懂运营的进入出版行业，需要磨砺几年才能掌握出版流程，高校出版专业培养的研究生对出版流程较为熟悉，但还不太懂得运营。①

　　国内关于数字出版人才培养的探索与讨论历来已久。出版和技术是数字出版产业链上的两个不同行业，要真正实现数字出版的文化与科技融合并非易事，但我们至少要探究目前高校数字出版人才培养和科学研究发展的掣肘在何处，并寻找解决之道。

　　（1）学科发展受限于计划等级和审批管理制度

　　1983年，由国家教委批准，武汉大学设立了图书发行学专业，后更名为出版发行学专业，培养对象拓宽至为出版发行行业培养高层次人才。1984年北京大学、复旦大学、南开大学等高校试办编辑学本科专业。1998年，国家教育部调整本科专业目录，合并图书出版发行专业和编辑学，统称编辑出版学，列在新闻传播学一级学科之下。原先开办的编辑专业、出版管理专业、印刷专业、图书发行专业统一定位为编辑出版学专业。

　　2007年，在中国编辑学会、陕西师范大学联合主办的"数字传媒与出版产业发展暨人才培养学术研讨会"上，与会专家学者一致认为，编辑出版学已经形成了完善而独特的学科体系，编辑出版专业申报一级学科条件已经成熟。②

　　2009年，国务院学位委员会、教育部出台通知，出版学专业仍是列在一级学科新闻传播学之下的二级学科，与新闻学、广播电视学、广告学、传播学并列。编辑出版学研究生层面的教育也曾一度由于缺乏国家颁布的学科目录指导，借由一级学科"新闻传播学"或"图书情报与档案管理学"发展。北京印刷学院和河南大学授予编辑出版研究生传播学硕士学位，武汉大学招收同样方向的硕士研究生但授予管理学硕士学位，学位授予因挂靠学科而定。博士研究生教育层面，武汉大学在图书情报与档案管理一级

---

① 出版人才需求向数字化转型[N]. 新京报，2012-07-30.

② 梁春芳. 数字出版转型期如何培养出版人才——数字传媒与出版产业发展暨人才培养学术研讨会综述[J]. 中国出版，2007（10）.

学科下授予出版发行学博士学位。复旦大学等则在新闻传播一级学科下自设编辑出版学博士点。在2011年颁布的新版《学位授予和人才培养学科目录》中，出版专业被列入其中，并明确了编辑出版学专业应用型学科的属性。截至当年，包括北京大学、武汉大学、南京大学在内的全国14所高校获得了授予出版专业硕士的资格。根据在"阳光高考网"的搜索结果，招收编辑出版学本科生的高等院校，2012年共有50所，其中部属院校8所，地方院校42所。而《中国数字出版产业年度报告（2011–2012）》提供的数据显示，截至2012年，我国共有111所院校开设了116个编辑出版或数字出版的学士点，60多所院校开设了72个硕士点，25所院校开设了36个博士点。

（2）核心课程与专业教材建设起步较晚

目前我国的编辑出版学专业尚未形成权威的核心课程框架，在学科归属不明确的情况下，专业方向庞杂，培养目标因校而异，各高校由于现有师资力量和制度惯性的原因，课程设置带有浓重的"出版＋新闻＋文学"色彩，即最基础的编辑出版学课程一般由编辑学概论、中国出版史、出版发行学、出版社管理、书业法律法规、版权与图书外贸、现代出版技术，加上传播学概论、现代汉语等课程构成。只有少数高校开设了与数字出版相关的课程，如动画设计与制作、数据库技术与应用、多媒体采集与处理、数字媒体创意与策划、数字出版营销等。学生的培养与一般传播学、新闻学、图书馆学的界限不是十分清晰。出版学专业硕士的培养其课程设置、师资队伍要依托本科教学资源，发展也良莠不齐。

数字出版应用型学科的特点决定了其课程设置要以市场需求为导向，与数字出版产业紧密联系，重视实践课程的开设和学生实践能力的培养。目前部分高校的编辑出版学专业经过多年的努力，以产学研为纽带，以新闻、出版、文化事业单位为依托，建立起较为完善的出版教育实习实训体系，但由于长期受到传统出版教育理念的影响，其实习和实训基地设置在新闻出版发行的企事业单位，主要对学生进行文字编辑、校对加工、发行营销等能力的培养，而设置在数字出版企业的实习基地不多。

随着传统出版产业向数字出版的转型，高等教育实践课程和实习基地的设置应逐步向数字出版单位扩展和延伸，为学生数字出版技能的培养和提高提供新的操作平台，鼓励学生深化出版理论，自主创新数字出版项目设计，提高数字化的动手能力和创新实践能力。

　　此外，由于数字出版的学科发展刚刚起步，很多理论和知识体系尚不完备，操作技术不够成熟，给教材编写带来很大困难，欧美等国数字出版教材引进也未开展，课堂教学成了"无米之炊"。教材内容单一，缺乏创新性和针对性，本科生与硕士生的教材内容重复性较大。绝大部分内容围绕传统出版，缺少立足长远的、系统的具有较好前瞻性的数字出版教材。

　　鉴于此，对数字出版的教材建设，必须下大力气抓紧抓好。

第六章
解决现行数字出版运行模式问题的方法和路径

第一节　生产模式问题的对策研究

要解决现行数字出版运行模式问题，首先必须解决数字出版的生产模式问题。这其中包括传统出版向数字出版的转型创新问题、数字出版的专业化发展道路问题等。

一、传统出版向数字出版转型的创新及对策

（一）数字出版内容创新

数字出版与传统出版一样都属于内容产业（content industry），是为读者提供信息产品和服务的产业，数字出版产品所承载的内容和提供的服务才是消费者需求的目标和产品价值所在。数字出版产品拥有创意产业的鲜明特征，依赖于创新型人才的设计才能实现其价值。数字出版的内容创新是把传统的出版内容与高新技术、市场渠道、读者需求、终端服务进行创造性组合和系统开发运作的过程。数字出版产业属于技术密集型、人才密集型产业，因此，拥有高水平的创新人才队伍才能保持数字出版产业的竞争力。数字出版企业一方面要培养和引进高端领军人才，另一方面要打造创新型人才队伍，培养既懂出版又懂技术的复合型人才。另外，企业也要倡导员工学习数字出版业务，为优秀员工提供深造机会，为数字出版的创

新提供智力源泉和人才基础。①

（二）产品增值服务的创新

数字出版产品的增值服务产品是纸质或者传统介质不能带给用户的内容，是在传统介质之外服务于用户的东西。数字化的增值服务给数字出版产品的营销带来了传统出版物无法比拟的优势。数字出版企业可以利用技术上的优势，对内容进行整合和有效管理，形成针对不同用户的不同数据服务。

1. 增强自主创新能力，提高数字出版人才的培养水平

科学进步和技术创新是转变行业增长方式、有效提高产业增长质量和速度的重要途径，对全要素生产率水平的提高具有直接促进作用，自主创新能力的有效增强是推动产业前沿技术进步的关键因素。②

一方面，应继续加大对数字出版业的科研投入力度。众所周知，科技投入是科学研究和技术创新的重要基础，是推动前沿技术进步的基本要素，是技术进步和生产率提高的根本保证。在加大财政对技术创新和科技投入支持力度的同时，各级政府可以考虑建立相关的激励投融资制度，采取有效措施对政府资金及民间资金进行合理引导，吸引各类资金科学有序地投向数字出版产业发展领域。各级政府部门应引导数字出版业相关企业从战略的高度出发，在促进企业发展的合理范围内加大科研投入，保证企业技术创新的资金需求。另一方面，要注重产学研的结合，为数字出版产业的发展营造良好的技术进步条件。企业是创新主体，企业的创新能力是整个数字出版业技术创新的基础。但目前我国广大数字出版相关企业在规模与实力方面还不具备独自承担技术创新的能力，在这方面必须要与高校和科研机构合作。而从当前的实际情况看，高校和科研机构还需要政府给予强有力的支持。人是最活跃的生产力，高端数字出版人才的有效供给是我国数字出版业可持续发展的有效保证。

经过多年的发展，数字出版已经在我国出版产业中占有重要地位。随着数字出版产业的飞速发展，高端人才准备与培养问题凸显，已成为阻碍

---

① 黄崇亚. 传统出版向数字出版的转型及其创新[J]. 中国传媒科技，2014（10）.

② 张立伟，衣保中. 促进我国数字出版产业技术创新的对策研究[J]. 求是学刊，2015（1）.

数字化出版发展的主要"瓶颈"，严重影响了我国高端数字产品的层次和水平。政府部门、科研单位、大中专院校要在数字出版人才的培养方面有所作为，充分发挥各自优势，形成数字出版人才培养的良好氛围。一方面，要加大数字出版人才培养基地建设，鼓励有条件的高校开办数字出版的相关专业，培养高级数字出版业专业人才；另一方面，应进一步探寻产学研一体化发展的有效途径，促进高等院校、企业与研究机构的有效合作，在产学研中提升数字出版从业人员的业务水平。

2. 以用户体验为风向标

传统出版奉行"以产品为中心"的出版理念，即出版社出版图书，通过发行商销售到市场，最后到达客户终端。而近十多年来，数字出版"以客户为中心"的理念成为出版商的共识。科技手段的创新使出版商能够为客户提供更加符合他们需要的内容和服务，出版商能够通过新的网络和通讯技术了解客户的需求和市场趋势。比如桦谢（美国）集团出版15种大众杂志，总发行量为每月1200万份，面向5000万读者，其数字化转型的营销战略涵盖了活动、声像方案、数据库营销、数字媒体广告、市场研究、品牌授权等模块。该公司通过互联网和手机开展经营活动，针对不同的读者群开发旗下杂志品牌的网上社区，根据市场研究建立不同杂志品牌与其网站和读者、网站浏览者之间的关系；通过搜索引擎优化技术（SEO）提升网站的敏感度和曝光率；面对年轻消费群体开发电子杂志等。2010年，数字化业务盈利超过集团总盈利的35%，而2006年以前，数字化业务的收入只有总收入的3%。创立160年的施普林格出版社在全世界拥有900家分支机构，每年出版1400种期刊和超过4000种图书。[①]这些海量的图书和期刊资源为出版商进行数字化内容建设，推出数字化产品提供了坚实的内容基础。

除了与上下游企业之间的战略合作，兼并、收购是许多传统出版商完成数字化转型的重要手段。2008年，历史超过200年的约翰·威利公司收购英国布莱克威尔出版公司，后者是世界三大学术出版社之一，在医学、农业、生物学、社会科学、经济学、数学、工程学、建筑学和计量学等领域非常权威，是全球最大的学（协）会出版社，与全球600多个学（协）会

① 张晗. 文化科技融合背景下的中国出版产业数字化转型研究[D]. 武汉：武汉大学，2013.

组织和专业机构有合作关系，每年出版800多种期刊和600多种参考书与专业图书。这一并购直接使约翰·威利公司的海外业务上升了50%，并且使科学、技术、医学（STM）及学术部门的收入增加了60%。

哈波·柯林斯（Harper Collins）集团的数据库建设则是选择参股技术开发商的方式，他们选择了一家具备帮助报纸和杂志建立数据库经验的名为NewSstand的公司，高效而且价格低廉。哈珀·柯林斯拥有NewSstand10%的股份，其全球业务总裁是NewSstand公司董事会的成员。哈珀·柯林斯利用自己的数字化设备处理作者的来稿，并预览无纸化的文字和图画效果，完成和储存数字化图书，再将这些数字化文件交给印刷服务商和图书数据库开发商，在图书数据库中，图书被分割成不同页面，可以让谷歌、雅虎和亚马逊等进行搜索，同时让读者在哈珀·柯林斯的网站上浏览。

（三）"内容+终端"的模式创新

目前，我国的数字出版产业已经形成"内容+终端"的产业链模式。以技术提供商为代表的终端设备提供商充分发挥其技术优势，加强技术研发，对数字出版产品的内容进行多方面处理，实现出版物产品格式的一致性，同时结合数字出版的内容资源，将内容与终端绑定，使用户可以直接通过终端阅读和处理数字产品信息，加强了数字出版产品对读者的吸引力。①

二、数字出版的专业化道路——生产标准的规范统一

随着我国数字出版产业的深入发展，数字出版行业对于数字出版标准化的需求越来越迫切，数字出版的标准化问题也受到越来越多的企业关注。国家新闻出版总署已经把数字出版管理标准作为四大工程中首要解决的问题。但是我国的数字出版还未得到充分发展，对标准的制定也未进行充分的研究和论证，所以目前还不能贸然确定标准，否则会导致标准定位不准而缺乏严谨性。行业标准的制定一定要符合市场和社会经济的发展需求，标准的立项必须经过专家的论证。传统出版单位作为内容提供商，在数字出版链条中居于重要地位，标准的确立需要传统出版单位参与其中，才能

---

① 黄崇亚. 传统出版向数字出版的转型及其创新[J]. 中国传媒科技，2014（10）.

提高传统出版单位在产业链当中的地位，在数字出版的产业发展中占据优势。数字出版管理标准的制定在市场经济条件下必须充分重视市场运行规律，围绕市场呼声最高和社会关注的热点来制定标准，只有重视市场运作规律，满足客户的需求，才能满足数字出版发展的需求。

数字出版标准需要众多的出版专家和信息技术人才参与其中，共同协商制定。所以在制定标准过程中就需要大量人力、物力和财力的投入。如果经费不能满足制定标准的需求，就容易导致调研不充分不准确，缺乏事实依据，制定的标准不科学、不合理等多种问题。所以，一方面政府要加大对标准制定经费的支持力度，另一方面，争取一些企业在保证制定标准公平性的基础上，投入资金支持行业统一标准的制定，保证制定的标准能够使产业链上各个环节的利益较为均衡。

互联网传播技术的广泛应用使数字信息的复制极为便捷，但也给传统版权保护带来了极大的冲击。大量的数字出版产品未经作者许可而复制和传播，严重侵害了原创作者的合法权益。这些侵权行为不仅给出版社带来了损害，也侵犯了作者的合法权利，严重影响着数字出版产业的健康发展。完善数字版权的保护机制成为亟待解决的重要问题。

首先，要完善著作权授权集体管理制度。由于数字出版没有明确的统一的授权标准，造成数字出版版权纠纷时有发生，而且很多大型网站或单位都会被牵涉进来。比较引人关注的有龙源期刊网侵权案、"番茄花园"侵权案等等。随着互联网原创作品的海量激增，数字环境下"一对一"的数字版权授予模式是不可能实现的。因此，实行著作权集体管理成为许多数字出版单位迫不及待的要求。著作权集体管理组织在国外已经有200多年历史，我国也在2008年成立了中国文字著作权协会，这一管理组织能改变单一著作人面对使用者的不平等和弱势地位，能帮助广大著作权人维护自身合法权益；也能帮助使用者处理海量作品的授权，为产业界服务；还能降低交易成本，提高作品传播效率、速度和广度。2009年底，谷歌数字图书馆未经授权就收录了数百位中国著作权人的上万部图书，中国文字著作权协会号召中国作家要联合起来向谷歌维权。2010年，中国文字著作权协会在参与调查之后，作为著作权人代表与谷歌总部进行了多次交涉，为著作权人争得了属于自己的合法权益。

其次，加大数字版权的司法保护力度。虽然我国数字版权保护方面的法律法规在不断完善，但是由于网络发展过于迅猛，现有的法律远远不能适应数字出版形势发展的需要。我国针对数字出版的法律法规到2012年为止只有两部：一部是2000年颁布的国务院《互联网信息服务管理办法》；另一部是2002年新闻出版总署和国家信息产业部共同制定的《互联网出版管理暂行规定》。由于这两部法律在数字技术飞速发展的今天已经不能满足数字出版行业的快速发展需求，加快数字出版行业立法和司法保护十分迫切。近年来又出台了《信息网络传播权保护条例》《互联网新闻信息服务管理规定》《互联网著作权行政保护办法》《电子认证服务管理办法》等法律法规。[1]

再次，必须加强数字版权的技术保护。由于互联网的广泛性和传播的快速性，使得许多数字产品在互联网上被广泛地复制和传播，给数字出版企业和作者都带来了损失，因此，研究保护数字版权的技术对策对于数字产品的传播有着重要作用，数字出版单位也可以利用技术措施对自己的数字版权进行保护和防范。

三、数字出版的融合之路——完善数字出版产业链

传统出版单位在数字化转型的过程中，由于缺乏技术优势，单纯依靠自身的力量投身到数字化转型的进程中往往事倍功半。传统出版单位拥有居于出版核心地位的内容资源，但是在数字化转型中却处于被动地位，在与技术提供商和网络运营商合作的过程中获得的利润也是相对较少的。数字出版产业的进一步发展，需要建立健全产业链，建立合作共赢的商业模式，使得产业链上各方都能发挥和获得应有的价值。传统出版单位可以借助技术提供商的技术和平台，发挥自身的内容编辑优势。技术服务提供商通过不断开创新的技术，提供更好的技术服务，为读者提供更好的体验和互动。终端厂商要不断开发新的设备，为广大读者提供阅读终端，读者在体验数字出版产品时，不仅可以享受丰富的内容资源，还可以享受个性化的服务和附加价值。从目前情况来看，技术提供商在数字出版产业的发展中居于主导地位，多数出版社只是充当内容提供商的角色，传统出版社在与技术提供商作者合作的过程中常常处于劣势地位。传统出版单位在数字

---

[1] 黄崇亚. 传统出版向数字出版的转型及其创新[J]. 中国传媒科技，2014（10）.

化转型的过程中，要想少走弯路，获得优势地位，必须坚持"内容为王"的原则，把好内容关。

（一）现行产业链整合的模式

传统出版向数字出版转型，实质上转换的是内容传播的渠道，数字出版产业链的形成关键在于渠道建设。再者，数字出版产业链的整合是在政策、法规、商业机制范围内的主体行为。各个相关传媒机构、技术公司、网络运营公司、阅读硬件生产企业、纸媒出版社等都会在"盈利"规则的主导下规划自身如何进入数字出版产业，并不是每个传媒机构都有能力成为整合产业链的主导企业，它必须具备两个基本条件：一是资本，二是技术。拥有这两者，才可以构建数字化平台，"进一步集成内容、销售内容，也才能运作成功数字出版整个流程"。[①]

产业链环节的整合能带来价值的提升，因此数字出版产业链的整合是实现数字出版产业良性发展的有效手段。有学者认为数字出版产业链的整合途径分为内容整合、渠道整合、技术整合和资本整合，周利荣认为技术转化是数字出版产业链整合的关键。[②]尚莹莹认为，数字出版产业链的整合模式可分为信息技术运营商主导、终端商主导与出版商主导的三种整合模式。[③]周丹华认为，R&V非竞争性战略联盟是当前数字出版产业链发展的一种双赢模式。[④]里昕、揭筱纹认为，基于产业链的战略联盟是产业纵向整合的一种有力手段。[⑤]笔者认为，我国数字出版产业链的整合模式可以分为以下几类。

1. 纵向一体化

纵向一体化是指企业将纵向链条中的业务活动从市场转移到企业内部进行的行为过程。科斯认为，一体化厂商是替代市场的组织形式之一。[⑥]威廉姆森指出企业实施纵向一体化的主要目的在于节约交易成本。在我国数

① 周利荣. 我国数字出版产业链整合模式分析[J]. 出版发行研究，2010（10）：39-42.

② 周利荣. 数字出版产业链整合：技术转化是关键[J]. 编辑之友，2011（3）.

③ 尚莹莹. 数字出版盈利模式[D]. 北京：中国人民大学，2008：19.

④ 周丹华. R&V非竞争性战略联盟—数字出版产业的双赢模式[J]. 出版发行研究，2012（6）.

⑤ 里昕，揭筱纹. 我国产业纵向整合新形式：基于产业链的战略联盟[J]. 求索，2006（12）.

⑥ Coase R H. The Nature of the Firm. Economics，1937：386-405.

字出版领域，纵向一体化进行得最为成功的当属盛大集团旗下负责文学业务板块的运营实体——盛大文学。起初，盛大文学在数字出版产业链中处于运营商位置，在产业链纵向一体化进程中，盛大文学采取了多渠道资源整合。①

首先，盛大文学旗下各个文学网站与韩寒、郭敬明等优秀作者签约，通过提供"管家式服务"获得其版权代理；采取对读者"微支付"的收费模式，即前半本书免费，后半本书以每千字2～3分的价格出售方式来获得盈利。其次，盛大文学旗下成立华文天下、中智博文、聚石文华三家图书策划中心，将电子内容制作成实体书籍，通过经销商和实体书店来售出。2010年，盛大文学通过自主研发的电子书Bambook（锦书）以及"云中书城"等内容平台，整合了七家文学网站的原创更新内容，传统出版图书和上千种期刊内容，以及来自天方听书网的听书内容，一方面开放其内容平台，通过允许出版方可以自主上传。自主定价的策略来吸引更多内容出版商的加盟；另一方面，为了吸引更多阅读用户的进入，其在原有云中书城网站和Bambook客户端的基础上，开拓了Android客户端、iPhone/iPad客户端、PC客户端、Windows8客户端、智能电视客户端、云中书城手机WAP站等阅读者可以获得更多内容资源的便捷通道（见表6-1）。

表6-1　　　　　　　　　　　盛大文学产业链纵向一体化

整合客体	具体名称	整合方式	整合目的	整合模式
图书策划公司	华文天下、中智博文、聚石文华	收购	策划图书	纵向一体化
内容平台	云中书城	创建	集合网络资源	纵向一体化
客户端	安卓、微软等	研发	推广"云中书城"	纵向一体化
电子书	锦书	研发	提供电子终端	纵向一体化
作者	韩寒、郭敬明等	动员、签约	提供网络文学内容资源	纵向一体化

盛大文学进行纵向一体化后为其带来了新的利润增长点。2010年2月，

---

① 郭新茹，王诗晴，唐月民. 3G阅时代下我国数字出版产业链整合模式研究——以盛大文学与凤凰出版传媒集团为例[J]. 科技与出版，2014（2）：76-80.

盛大文学"云中书城"正式运营，当年第二季度的财报显示，在新业务的带动下，盛大文学总营收为2.69亿元人民币（3950万美元），同比增长150%，比上一季度增长42%，占集团总收入比重首次达到19.7%[①]。其中，云中书城移动客户端用户已突破360万，用户活跃度超过80%，被下载电子书品种数已累计超过45万种。

2. 纵向联盟

纵向联盟是指处于数字出版产业链不同环节的企业相互进行合作，充分发挥各自的优势，实现合作共赢。以全国首家资产上百亿的国有出版文化企业——凤凰出版传媒集团为例，其通过与运营商、技术商的纵向联盟，推动了从传统出版向数字出版的转型升级。

首先，凤凰出版传媒集团依托其强大的教学内容资源，先后与汉王等硬件公司合作，进行凤凰电子书包的研发，并筹建电子书包合资公司，以打造集移动数字终端、数字课本、网络服务平台为一体的数字化教学平台。

其次，凤凰出版传媒集团与中国移动江苏公司联合打造数字化教育产品——移动凤凰学堂，将学习资源与手机紧密结合；与中国电信江苏公司共同创办"凤凰读书报"彩信报，共推iTV"凤凰学园"视频品牌；与中国电信天翼阅读基地共同进行WAP阅读网站内容建设。在此过程中，凤凰出版传媒集团利用电信运营商在手机通讯、无线互联领域的技术优势开拓了其数字内容的传输渠道，而电信运营商则利用凤凰出版传媒集团强大的内容资源赢得了更多的客户加入其增值业务（见表6-2）。

表6-2　　　　　　　　　　　凤凰出版产业链纵向联盟

整合客体	具体名称	整合方式	整合目的	整合模式
硬件公司	元太、汉王	合作	研发凤凰电子书包	纵向联盟
电信运营企业	江苏电信、江苏移动	合作	打造数字化产品	纵向联盟

此外，凤凰出版集团还在职业教育虚拟实训软件、游戏出版运营、IDC云计算服务等方面多元化拓展发展空间，采用对外并购扩张的发展策略，

---

① 盛大文学第二季收入超一亿元[EB/OL]. [2013-10-10]. http://tech.sina.com.cn/i/2010-09-10/11514642920.shtml.

形成集平台、内容、终端于一体的数字化产业链。凤凰出版传媒集团的数字化建设总体来说还处于资金投入的基础建设阶段，在数字出版领域的纵向联合途径还比较有限，但从已有数据来看，其以教育出版为主导，大众出版、游戏运营为补充的数字出版发展格局已经建立，势必为其带来较大的收益，其董事长已经明确表示"十二五"末，其数字出版总产值达到10亿元以上[①]。

3. 横向一体化

无论是盛大文学还是凤凰出版传媒集团，从其纵向整合实践成果来看，纵向整合为其节约了交易成本、降低了进入壁垒，是我国数字出版企业完善产业链、实现利润增长的有效途径。除了纵向整合之外，许多数字出版企业还选择了横向一体化的整合方式。所谓横向一体化，指企业为了扩大生产规模、降低成本、提升本企业的竞争优势而与同行业竞争企业进行联合的一种市场行为（见表6-3）。

如以起点中文网、晋江原创网、红袖添香三家网络文学网站为基础，盛大文学于2008年7月正式成立，第一年的营业收入就有5298万，此后，其又陆续收购了榕树下、小说阅读网、言情小说吧、潇湘书院、阅读网等一系列文学网站，使其营业收入从2009年的5000万跃升到2012年的10亿规模，不到4年其营业额激增20倍[②]。根据艾瑞咨询报告显示，2011年，盛大文学旗下的网站收入占国内网络文学市场72.1%的市场份额[③]。

表6-3　　　　　　　　　　盛大文学产业链横向一体化

整合客体	具体名称	整合方式	整合目的	整合模式
原创网站	起点中文网、红袖添香网、天方听书网等等	收购、控股	提供网络文学内容资源	横向一体化

此外，据2012年盛大文学向美国证券交易委员会递交的招股书披露，

① 凤凰出版集团发力数字化[EB/OL].（2013-10-10）[2016-07-20]. http://www.cjcb.com.cn/news_ynxxshow.asp?id=9198.

② 夏勇峰. 起点中文网的裂与变[EB/OL].（2013-10-10）[2016-07-20]. http://news.cnfol.com/130508/101,1609,15046919,00.shtml.

③ 盛大文学注册用户突破1亿大关达到1.23亿[EB/OL].（2013-10-10）[2016-07-20]. http://www.enet.com.cn/article/2012/0511/A20120511109503.shtml.

其线上付费用户服务的活跃付费用户也从2009年的42万余人增长到2011年的124万余人，年增长率达到71.9%。盛大文学对旗下网站的横向整合使得整个线上业务显示出共生的协同效应，使其活跃付费用户平均净收入从2009年第四季度的30.5元增长到2011年的41.6元，同比增长了30%左右（见表6-4）。[①]

表6-4　　　盛大文学2009—2011年活跃付费用户相关数据表[②]

	2009年第四季度	2010年第四季度	2011年第四季度
活跃付费用户数量	420645	950625	1243579
活跃平均用户平均净收入（元）	30.5	34.7	41.6

　　凤凰出版传媒集团也在横向一体化整合方面做了一系列努力，如其数字化中心和江苏电子音像出版社进行整合，进一步提升了网络多媒体研发运营能力；重组了北京一家数码印刷公司，引入国内最大规模数码印刷生产线；与香港某企业成立合资印前数据管理公司，进行生产、工艺、管理全过程数字化改造等。这一系列横向一体化战略，进一步提升了凤凰出版传媒集团的市场竞争力，为其向数字出版产业的转型升级奠定了坚实的基础。

（二）产业结构的优化对策

　　上述几个主导性传媒机构，能否运作好它所搭建的产业链模式，能否带动整个传统出版业向数字出版业迅速转型，关键在于协调各方的利益。合理的利益分配自然能够把各方主体吸引到产业链当中来。所以大型主导性传媒机构在运作中应当兼顾以下几个方面：一是通过利益均衡的版权贸易或者分成方式实现内容集成，保证在线图书规模化；二是坚持技术研发，完善出版流程，探索新技术支持下的盈利模式；三是规划好内容定位，做好受众细分；四是做好网站宣传，提高PV量。目前，虽然出版社依然拥有

① 郭新茹，王诗晴，唐月民. 3G阅时代下我国数字出版产业链整合模式研究——以盛大文学与凤凰出版传媒集团为例[J]. 科技与出版，2014（2）：76-80.

② 理查德·施马兰西，罗伯特·D.威利格. 产业组织经济学手册[M]. 李文溥，译. 北京：经济科学出版社，2009.

优势内容资源，可是长远来看，这种优势地位极有可能逐渐弱化，数字出版的"作者＋网络平台＋读者"的模式，未尝就没有成为主导模式的可能性，到那时技术商、网络运营商可以直接跨过出版社向作者提供出版平台，同作者进行数字版权交易，获得原创内容资源。出版社若不具有网络平台这一渠道优势时，必然面临内容资源流失的危机，这也是其最担心的问题。正因如此，现在大多数出版社都建立了自己的网站，但其作用主要还在于宣传和推广，要从事全盘的商业化数字出版经营，需要大量资金投入和高精尖的技术人才。有些出版社另立门户，成立独立的数字出版部，专门负责纸质图书的数字化加工，但往往也是投入多，产出少，很难盈利。中小出版社可以考虑两种方式的合作：一是直接与数字出版平台商合作，自己做好内容提供商；二是与同类出版社弱＋弱合作，把分散的内容资源、人力资源整合起来，共建数字出版平台，或者再与大型平台商合作，如此可消除被边缘化的危险。①

据《2014-2015中国数字出版产业年度报告》显示，2014年至2015年以来，数字出版企业心态更加开放，更加接受协作共赢的理念，同时相关联盟、协会的成立，也进一步完善健全了产业协作机制。传统出版单位联合发展的路径日趋清晰。

2014年12月中国数字出版联盟成立，旨在通过实现成员单位之间的资源、技术、人才、营销、产品等要素的一体化，加快推进传统出版社转型升级的模式创新和思路革新，更好地实现传统出版与新兴出版的融合发展，促进数字出版业良性健康发展。

2014年12月中国音像与数字出版协会新设立的9个工作委员会获得国家新闻出版广电总局同意成立的批复。9个工委基本涵盖了数字出版领域所涉及的主要范畴。这些委员会将推动数字出版不同领域、不同层面的沟通合作，在资源、技术、渠道等方面互通有无，共同增强数字出版实力。

---

① 周利荣. 我国数字出版产业链整合模式分析[J]. 出版发行研究，2010（10）：39.

第二节　传播模式问题的对策研究

2014年我国数字出版产业保障体系在诸多方面得以完善与丰富，尤其是在标准建设和版权保护方面取得了较好的成绩，成为传统出版与新兴出版融合发展的有力支撑。

一、数字出版保护工作的优化建设

全国出版信息标准化技术委员会在2014年完成了由行业标委会升格为国家级标委会的工作，新闻出版内容资源加工规范等15项行业标准正式发布，有利于数字资源的共享、存储、自由交换与数字音像和数据库等出版物的质量提升。《数字出版版权信息检测方法》等4项标准被首次引入"双打"专项行动；行业标准符合性测试工作开始启动。我国制定国际标准的主导地位进一步增强，我国首次主持制定的《国际标准关联标识符》（ISLI）正式发布；ISLI国际注册中心的承办权授予了总部位于中国香港的国际信息内容产业协会（ICIA），标志着我国将拥有首个国际标准注册中心。

数字版权保护标准建设正在有序推进。全国新闻出版标准化技术委员会制定的数字版权保护技术研发工程标准研发包的25项标准已经完成了审查、报批工作，并根据要求组织了标准培训。

数字版权立法保护工作取得新进展。2014年7月，《中华人民共和国著作权法（修订草案送审稿）》社会公开征求意见结束，送审稿对著作权保护的权利客体、权利内容、权利归属和权利保护期等方面进行了修改。

2014年9月开始实施的《使用文字作品支付报酬办法》，提高了原创作品的基本稿酬，并将使用文字作品付酬标准的适用范围从出版领域扩大到数字网络等领域，对于数字版权案件的司法审判确定赔偿标准具有现实指导意义。2014年10月公布的《最高人民法院关于审理利用信息网络侵害人身权益民事纠纷案件适用法律若干问题的规定》，针对网络侵权诉讼难等问题作出了新的规定，明确了利用自媒体等转载网络信息行为的过错及程度认定问题。司法与行政保护力度加强，成效显著。在2014年开展的"剑网"专项行动中，共查处案件440起，移送司法机关刑事处理66起，关闭违法网站750家。同年底，由多部委联合发布的《深入实施国家知识产权战略行动计划（2014–2020年）》，明确要求加强对视听节目、文学、游戏网站和网络交易平台的版权监管，规范网络作品使用，严厉打击网络侵权盗版，优化网络监管技术手段。

社会保护获得新进展。2014年1月，首都版权产业联盟针对网络侵权行为实施"清源行动"，呼吁国内互联网广告联盟断开对盗版网站的广告支持；中国版权保护中心的视频音频网络版权监测及调查取证服务平台，自建立至2014年底，已通过发函通知的方式删除了83万余条侵权链接。

二、产业融合下生产和消费环节的无缝对接

"2016年是出版业转型升级、融合发展、提档增速的一年，传统出版单位特别是中小出版单位要联合起来走协作发展之路，应对数字时代的挑战。"中国数字出版联盟常务副理事长李平如说。

"选择哪个作者的书？""选择哪个出版社的书？""出版社一年出版多少种书？""出版社每年有多少库存图书？""出版社了解读者的需要吗？""出版社了解作者的需要吗？"站在传统出版转型的当下，已在出版业工作多年的人民出版社数字阅读部提出了这样一连串问题，基于寻找这些问题的解决方案，人民出版社打造了社交阅读平台"读书会"。自2015年4月23日上线以来，"读书会"总注册人数已超过一万人。所谓"读书会"，就是一群人在一起读书开会。线上平台是网站和微信公众号，线下平台是读书会和读书沙龙。出版社可以在网站上建立自己的账号，发布、推广新书，吸引读者用积分或现金参与限时电子书阅读、纸质书团购等活动。建立"读书会"平台被认为既是"救人"也是"救己"。它既能帮读者找到好书，也能在数字时代开创传统出版宣传推广的新模式，成为图书销售的新引擎。

电子科技大学数字出版有限公司利用技术优势，推动实施"三个一百"工程，实现现代出版技术共享、资源共享、市场共享。

盈利还需找准自己的位置。人民法院电子音像出版社依托行业内容资源优势，在探索盈利模式上走出了特色化道路。2013年开始，人民法院电子音像出版社确立了打造法律专业知识服务平台的产品定位，通过把图书进行碎片化处理，建立知识体系，提升内容价值，获得了用户的认可。从最初的付费阅读、电子图书馆到互联网产品，该社的数字出版历经一系列探索，最终认识到要对出版社所处行业位置、团队能力、资源把控、专业水平、作者资源等条件进行综合考虑后，才能考虑盈利模式。

"出版人、编辑不能仅仅躲在书后做书、卖书，不让电子书跟纸书同时上市的编辑不是好编辑。"中信联合云科技公司总经理姜峰认为，出版人要支持、引导这场数字革命，因为最重要的是要让用户有书可读。"究竟谁是纸质书的敌人？其实并不是电子书在影响纸书的销售，而是出版正在受到微信、视频等移动应用的挑战，我们其实是与它们抢夺用户的时间，把用户拉到阅读上。"因此，中信出版社目前纸书、电子书同步率达60%左右。以《从0到1》为例，该书实现了纸书、电子书同步上市，全渠道推广，电子书销量超过7万册，成为2015年最重要的数字出版物。①

当前，产业融合发展态势已基本形成，融合发展条件已基本成熟。未来在"互联网+"行动计划等国家战略部署的有力推动下，我国新闻出版业融合发展进程将不断加快加深，数字出版在融合发展的产业整体形势下，将有更为广阔的发展空间。在管理部门层面，出台的政策举措将更加细致、精准到位，切合产业发展实际。从2014年以来总局出台的《关于推动网络文学健康发展的指导意见》等行业政策指导文件可以看出，面对产业结构的多元化、文化消费需求的多样化，政策制定也将更具针对性，针对具体领域、具体项目制定相关政策，出台相应举措，导向、规制、措施将更加有力，依法管理的思路手段更加明确。在企业层面，传统出版单位开展数字出版业务的思路将更加清晰，路径将更加明确，将涌现出更多新产品、新形态、新模式，逐步向智慧出版迈进。BAT（百度、阿里巴巴、腾讯）等新兴出版企业对于数字内容产业的布局更加深入，其内容生产泛娱乐化、浅层次化的特点向更加注重信息内容的深度挖掘转变。

---

① 赵丹. 出版社合力弥补数字出版短板"抱团取暖"成共识[EB/OL].（2016-01-10）[2016-09-01]. http://news.xinhuanet.com/newmedia/2016-01/10/c_134994434.htm.

随着产业环境更加开放，泛媒体化趋势日趋明显，传统出版与新兴出版的融合和碰撞日益加深，合作模式将更加灵活多样。同时，跨领域、跨行业合作将日益频繁与深入，新闻出版业与教育、科技、旅游等领域的合作日益加强。进一步拓宽数字出版产业的服务范畴，带动数字出版的产品创新、形态创新、模式创新，提升拓展新闻出版业的内涵与外延，推进数字出版融合发展将向更深更广的层次迈进。

第三节　盈利模式问题的对策研究

一、拓展盈利空间的商业模式创新

经济学大师 Elliot 曾归纳出盈利模式的简单方程：盈利 = 收入 – 成本。盈利模式就是具体分析收入从哪里产生，为取得这些收入，成本会花在什么地方。企业要实现盈利，就要关心其产品成本的构成、价值的产生、收入的获得，必须牢牢抓住消费者的需求。数字出版的成本，以电子书为例，包括硬件成本和内容成本。而电子阅读器的硬件成本中，单是电子材料和面板所占比例就达到35%以上。这一成本远远超过了传统出版企业的复制和印刷成本。内容成本则包括了版权获取成本、内容加工成本、版权保护成本等。

数字出版的收入来源主要有出售数字出版产品、提供数字出版服务、开拓出版增值服务、销售阅读设备收入、广告收入等。内容收费方式上也实现了多种可能：订阅包年制、会员制、付费订阅制等。相对于传统出版企业的纸质书籍销售和少量辅助增值产品，数字出版的盈利模式将会空前地扩大。

二、低成本维度的商业模式创新

为促进出版产业的快速发展，我国先后出台了《新闻出版业"十二五"时期发展规划》和《数字出版"十二五"时期发展规划》，为"十二五"时期我国数字出版业的发展奠定了坚实基础，但对数字出版产业集群发展的形式及相关政策并没有涉及。我国传统出版业的数字化转型最终能否成功，关键就在于是否能够找到一个适合我国国情及我国出版业特点的盈利模式。为解决这一问题，一方面要整合现有数字出版集群的主管部门，理顺其工作关系，对国家级集群和省市级集群进行有效整合，避免出现分散、混乱和不利于集群的布局及协调发展的现象；另一方面，还要注重引导数字出版相关企业之间的互利合作，建立适合我国数字出版产业发展实际状况的资源共享机制，制定出集群发展的合理规划，培育具有较强市场竞争力的企业群，提高企业协作共赢的程度和水平，逐步形成有效的盈利模式，促进我国数字出版产业的长期、可持续发展。[1]

第四节　管理模式问题的对策研究

一、宏观管理对策研究

（一）发挥政府职能，完善政策法规

以加拿大和我国台湾为例。加拿大政府设立各种出版业发展基金项目，直接财政资助出版商，约占图书出版商总收入的6%，其中联邦政府投入资金占83%。出版业资助项目影响最大的是由加拿大文化遗产部管理的图书出版产业发展项目（BPIDP），该项目1979年设立，目标是培养一个实力强大、丰富多彩的加拿大图书出版产业，以提升出版产业在本国和海外展示加拿大语言和文化方面的领先地位。图书出版产业发展项目分为对出版社的资助、对产业协会和研究开发的资助、对建立供应链的资助和对开发国际市场的资助。2007年该项目预算已达3840万加元，按上述四个部分被分配给220家出版社。

加拿大艺术理事会也资助图书出版，与图书出版相关的基金、捐赠和奖金包括：专业创作作家基金，专业作家旅费补助，本土作家、小说家和

---

① 张立伟，衣保中. 促进我国数字出版产业技术创新的对策研究[J]. 求是学刊，2015（1）.

出版商基金，本土成长作家培训基金，本土中小图书出版商支持基金，图书出版商（克服）障碍基金，艺术图书基金，翻译作品基金等。这些基金对图书出版、创作的支持，为加拿大本国出版产业的繁荣和多元发展做出了重要贡献。

作为高福利国家，加拿大政府非常重视税收调节，从税收调节中获益最大的是加拿大的期刊业。为了保持加拿大期刊的广告市场份额，加拿大政府在1965年通过了一项法律，规定加拿大企业在本国期刊上做广告可以享受最高达到利润50%的税收减免待遇，但政府对"加拿大期刊"做出了严格规定：即加拿大人拥有75%以上股权，且采编自国外的内容不能超过20%。加拿大政府又在1994年通过了一项法律，规定加拿大企业在外国期刊上做广告，外国期刊需缴纳80%的消费税，这项措施杜绝了外国控股的期刊在本国生存的可能。

相对于加拿大，我国台湾的数字出版扶持政策更具有导向性与针对性。2009年到2013年的四年间，台湾投入21.34亿元推动数字出版产业发展。

我国有关数字出版的专门法律还有待修订和出台，应加快推进《著作权法》《出版管理条例》《信息网络传播权保护条例》等法律法规条文的修订和完善。政府还要加快有关政策措施的制定和出台，给予数字出版行业更多的政策和资金支持，如人才奖励政策、企业创新激励政策，强化重大工程项目的带动作用，加快我国数字出版产业的快速发展。目前，我国已先后建立了上海张江国家数字出版基地、重庆北部新区国家数字出版基地、杭州国家数字出版基地、湖南中南数字出版基地、湖北华中数字出版基地、天津国家数字出版基地、广东国家数字出版基地、陕西出版集团数字出版基地、江苏数字出版基地等9家数字出版基地，给数字出版的发展带来了巨大的经济利益，国家应该加大对中西部的支持，在中西部也建立起数字出版基地，为中西部的发展提供智力支持。这样有利于产业结构优化，实现融合的均衡化发展，为数字出版产业发展提供更加强大的内在动力。

"十二五"时期，中国新闻出版业发展成就巨大，但我们也要正视目前还存在的一些重要问题。如，出版产品的内容质量有待提高，公共服务体系的建设有待加强，新闻出版的有效供给不足，有数量缺质量，有高原缺高峰，与人民群众日益增长的精神文化需求相比，依然存在较大差距。出版单位的转型升级有待提升，融合发展有待加速，传统出版产业出现了增长速度趋缓的局面。2014年，数字出版的增长速度也从原来30%—40%的增速降至20%多。①

新兴产业发展迅猛，但所占比例不高，加快传统出版和新型出版的融合发展成为当务之急；体制机制改革有待深化，现代市场体系有待健全；束缚出版业发展的体制机制性障碍仍然存在，市场主体不成熟、现代市场体系不健全等问题仍然突出。中央领导同志提出，我们面临的重要任务是要建设有文化特色的现代企业制度。行政管理手段有待创新，法律法规体系有待完善，特别是数字出版和新兴出版领域的出版法规相对滞后；"走出去"方面的提质增效有待加强，国际传播能力建设有待提升。我们认为，"十三五"时期是初步形成传统出版和新兴出版融合发展格局的重要阶段，是我国从新闻出版大国向新闻出版强国迈进的关键五年。②

1. 成立行业组织与民间机构

在应对出版产业数字化和网络化转型的挑战中，加拿大是反应迅速的国家之一。加拿大文化遗产部于2001年创立了"加拿大文化在线"（CCOP），旨在与加拿大内容生产者联手，运用最先进的互联网技术，把本国的历史、文化内容进行数字化传播，培养受众与市场，促进本国文化繁荣发展。该机构当年即从政府获得1.08亿加元的支持资金。

为了提高政府决策的科学性和有效性，加拿大政府还组织了一个智囊团"加拿大文化在线咨询委员会"，13名成员中包括作家、艺术家、大学教授、电影制片商、媒体公司总裁和政府官员，该委员会下设三个分会：内容与创新分会、标准与研发分会、门户与接入分会，分别负责文化内容数字化和内容原创、技术标准研发、创建网络入口和"文化加拿大"网站。

由于美国法律制度的分权结构体系，民间组织对美国数字出版业的立法保护产生了重大影响。最为典型的是美国国际知识产权联盟，成员由美国1350多家企业和8个版权产业组织构成。此外，还有美国国际反仿冒阵线、商业软件联盟等。民间组织在版权保护领域十分活跃，成员企业一方面积极加入政府部门，担任政策委员会或顾问委员会委员，与国会和行政机关建立密切联系，另一方面积极参与制定新的法案，代表企业界利益提

---

① 新闻出版广电总局. 新闻出版业"十三五"规划的编制思路[J]. 出版视野，2015（4）：5-8.
② 新闻出版广电总局. 新闻出版业"十三五"规划的编制思路[J]. 出版视野，2015（4）：5-8.

出建议和反对意见。

数字出版产业文化与科技融合的特点必然要求不同行业之间，行业与学界、政府之间建立良性的互动机制，共同促进数字出版产业的繁荣发展。台湾最早投入建设数字版权认证与交易平台的是台湾地区最大的纸业公司、印刷产业龙头——永丰纸业，该公司创建的HandBox数字出版交易平台提供出版社数字化与个人出版服务，特别是协助传统出版社转换数字出版制作流程，这使得永丰纸业成功转型为现代化的数字内容专业网络服务公司。

2. 成立数字出版管理局，实现"分级一体"管理

我国现行的数字出版行政管理体系可以概括为"多头多级"管理。纵向上，采取中央统一领导下的分级管理，各省、市、自治区、直辖市又有相应的一套行政管理系统，且在管理职能上相互交叉，整体协调难度大。比如以互联网为平台的数字出版业务经营审批，这一领域的产业经营牌照包括《中华人民共和国电信与信息服务业务经营许可证》（ICP牌照）和从事特定内容服务的许可证等多种类别，前者由电信管理部门发放，后者由各个内容领域的专业管理部门审批。再如近年来迅速发展的互联网视频业务，按照当前的多头管理模式，一旦涉及网络著作权侵权案件，多头管理的积弊就显现出来。按规定属于公安部门管辖范围，但由于取证工作要通过新闻出版总署的相关程序，会导致取证时间的延误，不利于著作权人维护自己的合法权利。

关于数字出版一体化管理的政府实践在广东已有先例。2008年1月，广东省新闻出版局成立了全国首个数字出版行政管理专职机构——数字出版管理处，随后广东省下发了《关于加快推进广东省数字出版的若干意见》，立足广东数字出版产业发展，确立八大数字出版重大核心项目工程，加快推动广东数字出版产业发展。与此同时，广东还加快了行业社团组织建设，2010年挂牌成立了全国第一家数字出版行业组织——广东数字出版产业联合会，[①]以行业组织促进官、产、学、研深度融合，资源共享和战略合作，提高了行业整体的影响力和内部的凝聚力，加强了政府与企业之间的沟通。

我们可以尝试将广东数字出版行政管理的实践推向全国，改变以往

---

① 熊英，熊玉涛. 数字出版的产业特征与商业模式[J]. 中国出版，2010（16）：42–43.

"管"字为重的工作惯性，调整工作重心，提高工作站位，探索管理部门在产业发展转型期的职能转变。2013年3月，根据十二届全国人大一次会议审议通过的《国务院机构改革和职能转变方案》，国务院将新闻出版总署、国家广电总局的职责整合，组建国家新闻出版广电总局，大部制改革逐渐步入深水区。为了进一步理顺政府部门内部的职能范围与责权关系，减少数字出版管理的盲区，提高数字出版管理的科学性，笔者建议成立国务院下属的数字出版产业发展领导小组，协调并指导各部委管理数字出版事务。数字出版产业发展领导小组下设执行机构——数字出版管理局，数字出版管理局隶属新成立的新闻出版广电总局，将同一行政级别的涉及数字出版业务管理的部门分类合并，集中统一开展工作。

（二）内容监管的对策研究

内容监管也是许多国家采用的规范数字出版等文化产业的重要手段。英国政府规定，一部"英国电影"必须满足以下条件：制片商是英国公民，制片公司在英国注册且为英国人控股，电影主创人员是英国公民，全部工资支出的70%付给英国人，外景地和室内制作在英联邦国家，电影生产成本的70%花在英国国内。澳大利亚政府规定，"澳大利亚内容"指一部文化产品的创造性工作必须由澳大利亚人完成，电影导演和编剧必须有一个是澳大利亚人，如果有多名导演编剧则必须都是澳大利亚人，主演和其他演员必须50%是澳大利亚人，电视剧75%的演员必须是澳大利亚人。意大利政府的资助只给予符合"意大利内容"的电影：制片商必须是意大利公司，电影必须用意大利语摄制完成，导演和编剧三分之二以上是意大利人，主要演员是意大利人，摄影、剪辑、艺术指导和服装设计必须有三人是意大利人，绝大部分外景和室内制作工作在意大利境内完成。

国际自由贸易对促进全球经济发展、消除贫困发挥了巨大作用，却成为数字出版产业文化贸易政策的掣肘。从"二战"以后的情况看，如果任由自由贸易原则泛滥，国际文化产品和服务的流动只会是一种单向的流动，即从美国等少数发达国家流向为数众多的发展中国家，法国、加拿大等发达国家也面临美国文化产品冲击本国文化产业从而对民族文化认同构成威胁的压力。

我国政府要大力发展包括数字出版在内的文化产业，提高文化产品的核心竞争力和社会影响力，力推中国文化"走出去"，必须采取"有所为、有所不为"的政策方针，抓住产业发展的主要矛盾，提供产业发展所急需的政策支持，保护本国的文化贸易和文化多样性，而不是眉毛胡子一把抓，从内容生产到消费终端全程介入。对于数字出版产业的管理要正面看待，积极吸取动漫产业管理的经验，真正转变政府职能。

（三）完善市场服务体系

加大政府科技投入力度，设立"国家数字出版专项发展基金"，文化与科技融合创新已成为当今世界各国提升国家经济实力和文化竞争力的重要途径。提高科技创新能力离不开强大的经济资源作为保障，当前许多国家和地区已把大量增加的科技投入看作是竞争和发展的根本，其科技投入增长速度已远远高于国内生产总值的增长速度。鉴于科技发展直接影响经济增长的性质、规模、进程与速度，20世纪50年代以来越来越多的国家借助财政政策相继投入科技创新领域，使之成为政府的一种经济职能。

增强科技自主创新能力，加强文化与科技融合，提高科技对文化产业的支撑、带动作用，初步建立文化科技创新体系，推动文化产业逐步成为国民经济支柱性产业已成为我国颁布《文化科技创新工程纲要》和实施国家文化科技创新工程的重要目标。就数字出版产业来说，迫切需要国家在数字出版技术研发、数字出版技术设施建设、数字出版重点领域发展项目等方面加大政府科技投入，引导人才、资本、技术等创新要素积聚，着力提升企业的研发能力、转化能力、市场能力，[①]推动数字出版企业的资源整合和协同创新，以实现提供公共产品、分担创新风险、弥补创新系统失败、保障国家义化安全等重大职能。

目前我国数字出版产业的创新资金分布包含政府资金、企业资金和少量的金融资金，科技资金以政府投入为主，发挥引导和推动作用；应进一步加大政府资金的投入力度，逐步过渡到政府企业双主导型，吸收金融和社会资金，设立"国家数字出版专项发展基金"，发挥其引导功能，尽快过渡到第二阶段，实现以造血型金融资金、启动型风险资金和主体型企业资金为主导的数字出版产业资金体系。

---

① 陈伟，赵富洋. 企业自主创新能力体系构建研究[J]. 现代管理科学，2009（11）：32–34.

首先，调整金融政策，支持优秀数字出版企业融资上市。目前我国政府对数字出版产业的金融政策主要集中在信贷政策和投融资政策上。信贷政策指中央及地方金融管理机构对数字出版企业的资金扶持优惠政策，支持数字出版机构扩展业务，为数字出版产业发展提供充足的资金。

其次，调整投融资政策。在传统出版单位的数字出版业务对资本需求日益加大的今天，急需宽松的投融资政策支持。作为出版产业最核心的内容，不能有效地面对市场需求，传统出版单位无法在开放、公平的市场环境中充分参与竞争，风险投资公司转而支持以高科技公司、网络运营公司等面目出现的新兴数字出版商，规避体制与政策的限制，也就不足为奇了。对于市场效益高、发展前景好的数字出版企业或者传统出版企业数字业务的延伸企业，政府要鼓励他们通过金融市场融资。众所周知，数字出版产业需要大量的资金支持，单靠政府单一的资金来源，传统出版企业的数字化转型难以为继。政府需要在掌握传统出版单位的所有权的基础上，加强内容管理，支持数字出版的国际贸易。做好这三件事，其余的交予市场去调节，只有这样才能真正盘活出版产业数字化转型的这盘棋。

（四）完善人才保障体系

1. 建立官、产、学、研联盟，加强专业人才培养

面对数字出版人才培养与科学研究落后于社会需求的现实，应当以高等院校为主体，成立全国性的官、产、学、研深度参与的"中国数字出版联盟"。该联盟以高等院校作为主要发起者，以加强数字出版产业人才培养与科学研究为切入点，淡化官方的和商业的属性，指导数字出版产业持续健康发展。

建立定期召开的联席工作会议制度。政府部门发挥政策引导和资金支持的功能，制定行业标准，提供公共服务，充分针对数字出版企业发展和高校人才培养的需求，适时调整产业政策；入盟企业要及时向政府部门反映政策需求，协调与其他社会系统的关系，同时面向高校提供产业一线的实习就业和优秀师资输送与培训；高等院校在调整自身教育教学理念，改革课程设置的同时，加强与数字出版产业的沟通联系，深化人才培养与科学研究的合作，同时为政府产业政策的制定提供智力支持。

2. 培育与引进并举，加大专业人才扶持力度

传统出版单位现有人才结构无法适应数字出版产业发展要求，在解决人才问题时应当更加积极主动，采取培育与引进并举的做法，促使现有从业人员转型到位，为顺利实现产业转型创造条件。传统出版单位要积极制定数字出版人才队伍建设方案，在人才开发、培养、管理等方面建立相应的计划和制度，树立行之有效的在岗人员培训机制，重视对复合型人才的培养。同时充分提高编辑的主体参与意识，将传统出版中形成的内容资源、选题策划、出版营销等优势延伸到数字出版领域中，通过进一步培养编辑的数字内容资源策划能力、数字出版物网络编辑能力、数字出版物包装设计能力、数字出版物市场预测与营销能力，甚至计算机与互联网技术开发应用能力等，使之适应数字出版产业的发展需求。

另一方面，传统出版单位要打破原有的体制内身份和等级限制，加大数字出版高层次人才的引进力度，结合数字出版业务的重点发展领域，制定人才引进的长期规划。可采取专职与兼职相结合的办法，聘请国内外有经验的数字出版从业人员和管理人员，以点带面，重点突破，切实加强数字出版的队伍建设。

第七章
数字出版的发展规律和发展趋势

可以肯定的是，数字出版将逐渐占据中国出版业的主导地位。2015年，我国数字出版产业营业收入为4403.85亿元，比2014年增长30%，并保持着高速强劲的增长态势。数字出版产业收入占新闻出版产业收入的总比由2014年的17.1%提升至2015年的20.5%。可以说，人类的生存方式正在走向数字化生存，数字技术深入到人类生活的各个领域，影响着人类生活的各个方面，而出版业的可数字化程度尤高。按照现在的趋势，数字出版不仅将在产值、企业规模等方面占据出版业的主导地位，而且将渗透于出版业的各个层面，使整个出版业以新的形态出现在世人的面前。①

第一节　数字出版的发展规律

针对数字出版的发展规律，普遍的说法在于"缺乏成熟的盈利模式"。十多年的发展，仍然为产业界如此认定，一方面固然有数字出版盈利模式不成熟之实际问题，另一方面则应该反躬自问：我们所说的"成熟"意旨何在？我们从何种角度来判定其"成熟"与否？我们面对的，究竟是一个"成熟"或者"固化"的旧对象，还是变动不居、活跃不已的新内容？从逻辑上来说，叙述者本身比其做出的叙述更关键。事实上，从20世纪40年代的想象、试验到从90年代至今的高歌猛进，数字出版已经显示了其发展的

---

① 沈群. 我国数字出版：形势、发展走势及建议[J]. 编辑之友，2012（4）：81-83.

规律。①

其一，突发与创新。回顾这些年的数字出版的历史可发现，数字出版的盈利模式普遍显示出"突发性"和"创新性"特点。史蒂芬·金的《骑上子弹》甫一上市就吸引40万读者下载，此种效果完全超出作者和运营商意料之外。在我国，新浪网早年投入巨资，以为凭借超强的人气即可吸引广告客户，最后是通过融资上市获取了利益；中国移动最初寄期望的盈利模式是手机有声通讯费，未曾料到的是，是短信而非有声通讯让中国移动的收益呈现出爆发式增长。同样，盛大公司在网络游戏之外，未曾料到的利益回报却是起点中文网的收费下载；当盛大文学试图做大这一业务的时候，再次遇到新的发展机遇：以《鬼吹灯》等为代表的网络作品在传统图书市场发行超过1000万册。②

总体来看，在音乐彩铃、游戏、CNKI数据库、电子阅读器、付费下载用户、当当售书、广告等业务中除了广告，数字出版的每一次盈利都突如其来、出乎意料。突发性和爆发性，这些常规思维中觉得不可思议的事情，在数字出版中却是常态。事实上，数字出版的盈利规律，依凭的是创意和技术这两驾马车，而其市场结果则是：数字出版的客户群体，是创造出来的。与传统产业通过细分客户需求，进而满足客户需求不同，数字出版是创造客户的需求，进而去创造出客户群体。③

其二，数字出版因固化而"成熟"的盈利模式，容易复制，但难成大器。盛大文学的文学原创+付费下载，并没有什么超人的成功秘诀；不过是一群有创作冲动的文学新人，写出一篇篇吸引眼球的故事，通过"连载"的方式调动读者跟踪阅读，而在阅读的同时付上微不足道的费用。同样，当当的网络销售也与地面销售中的国美家电相类似，通过低折扣和人力配售，给予用户超值回报。就商业模式的"成熟"程度来说，如盛大、当当之类，你完全可以轻易复制。但根本的问题在于，数字出版的商业模式可轻易复制，但复制者的收益最多是涓涓细流。问题的乖谬恰在这里。在传统出版产业中，全国581家出版社做的都是同样的事情，组织作者、编辑出版、市场发行，模式相同，收益也相差无几，没有大富大贵也没有饿殍满

① 李红强. 数字出版：基于现实的规律分析[J]. 出版广角，2010，（11）：10-12.

② 李红强. 数字出版：基于现实的规律分析[J]. 出版广角，2010，（11）：10-12.

③ 李红强. 数字出版：基于现实的规律分析[J]. 出版广角，2010，（11）：10-12.

地。数字出版产业一方面在积极探求"成熟的商业模式"，另一方面也拒绝"成熟的商业模式"，因为一旦商业模式进入"成熟期"，数字出版也就进入了衰退期。概因数字出版的内核是创意和技术，也因为数字出版带给用户的永远是新鲜的感觉、崭新的体验和"眼球经济"。那些执意等待"完全成熟的商业模式"的传统书商，恐怕将要一直等下去。①

其三，深加工的内容才是数字出版的内容。传统图书内容是数字出版的重要基础，但数字出版的发展实际，则远远超出了这一层次。坦率地说，传统出版所依仗的内容，并非为数字出版渴求和需要。在西方，由于实行严格的数字版权保护技术，与传统纸书相等同的内容，在数字出版市场较为看好。史蒂芬·金的《骑上子弹》之所以能够在24小时内吸引40万用户，原因在于这本书的纸质版和数字版在不同的市场中遵循了不同的制度。即便如此，今日西方出版界从数字出版中获利最丰的，仍然不是哈珀·柯林斯、兰登书屋等文学类出版商，而是以教育、理工科技为主的麦克米伦、培生等出版商。与国外相反，我国数字出版界最热闹的电子书，似乎都与文学、大众有关，林林总总的悬疑、盗墓、后宫、穿越之类图书，似乎成了数字出版的宠儿。②

中西方数字出版内容之间，表面看来差异巨大，但骨子里却是相近的。它们遵循着同样的规律：内容的深加工或者原创性。我们大受欢迎的文学类图书，虽然肤浅粗糙，但它们几乎等同于"直播"，随看随新。培生、麦克米伦的数字产品，则紧紧锁定客户的阅读需求，充分展示了电子书融合文字、声音、动画以及三维透视等技术的特性。他们用技术、创意"深加工"了原来的作品，又以这种技术上的"深加工"创造并满足了客户的新需求。③

因此，数字出版所需要的内容，并不在传统出版商手里。如果你以为与众多出版社签约、拥有了许多作品的网络传播权就能够"内容为王"，那么，我国早已诞生了无数的伟大的数字出版商。从中文在线、方正到今天的汉王，我们拥有的电子版权不能说太少，但有多少读者问津这些作品

---

① 李红强. 数字出版：基于现实的规律分析[J]. 出版广角，2010，（11）：10-12.

② 李晓琪. 传统出版的数字出版十大误区[J]. 出版广角，2010，（11）：12-15.

③ 李晓琪. 传统出版的数字出版十大误区[J]. 出版广角，2010，（11）：12-15.

呢？数字出版所需要的内容，必须要经过数字编辑的"深加工"。①

其四，兼容与开放。面对数字出版，传统出版商中不乏雄心勃勃的大家。从南到北，中国传统的出版集团动作频仍，其雄心时常陷入"通吃天下"的怪圈，既想在旗下铸造一条完整的产业链，又想在微观的局域内造出独门秘籍，比如电子阅读设备的格式，诸多出版集团并不想让他人随意兼容。其实，美国Gemstar的中途夭折，已经给数字产业发展提出了足够的警醒。今日的出版集团，应该倾力组织编辑力量对传统图书内容进行适用于电子阅读的"深加工"，应倾力打造汇聚这些经过"深加工"的、新鲜的作品平台，然后面向所有阅读设备开放，允许所有阅读设备能够格式兼容。这就像电视机和制片人，制片人的作品完全可以在所有的电视机上播放，区别仅仅在于一律收费而收费标准不一样而已。格式兼容、开放合作，才是数字出版商应有的胸襟。②

第二节　数字出版的发展趋势

我们预测，数字出版将出现移动化、集群化、平台化、全息化、个性化和智能化的六大发展趋势。

一、移动化

根据中国互联网络信息中心发布的报告显示，截至目前，我国手机网民数达到8亿户，市场渗透率已经远远超越互联网。尤其需要指出的是，移动互联"永远在线"，用户不仅可以随时、随地、及时使用，而且可以更好地利用碎片化时间，能够给用户带来更好的用户体验，因此抢占了用户更多的时间和注意力。目前，在数字出版的移动互联应用方面，移动阅读已经成为习惯。移动互联网数字产品实现全面突破，4G助推移动互联跃上新

---

① 李红强. 数字出版：基于现实的规律分析[J]. 出版广角，2010，（11）：10–12.

② 李红强. 数字出版：基于现实的规律分析[J]. 出版广角，2010，（11）：10–12.

高度，移动支付带动内容付费机制形成。①移动化将是数字出版的重要发展趋势。

二、集群化

迈克·波特在《国家竞争优势》一书中首先提出了"产业集群"（Industrial Cluster）一词。所谓产业集群，是指在某个特定产业中相互关联的、在地理位置上相对集中的若干企业和机构的集合。产业集群的崛起是产业发展适应经济全球化和竞争日益激烈的新趋势，为创造竞争优势而形成的一种产业空间组织形式，它具有的群体竞争优势和集聚发展的规模效益是其他形式难以相比的。②

产业集群的最重要特点之一就是它的地理集中性，即大量的产业相关企业集中在特定的地域范围内。同一产业相关的企业群居在一起，相互竞争和协作对提高产业的整体竞争力有很强的促进作用。③

产业集群化之所以能提高产业的竞争力，是因为产业集群具有共生性、互动性和柔韧性三大特性。④共生性是指产业集群内众多的企业在产业上具有关联性，能共享诸多产业要素，包括专业人才、市场、技术和信息等。一些互补产业则可以产生共生效应，集群内的企业因此获得规模经济和外部经济的双重效益。互动性是指产业集群内的企业既有竞争又有合作，既有分工又有协作，彼此间形成一种互动性的关联。由这种互动形成的竞争压力、潜在压力有利于构成集群内企业持续的创新动力，并由此带来一系列的产品创新，促进产业升级的加快。柔韧性则是由于集群内集聚了大量的经济资源和众多的企业，一方面高度聚集的资源和生产要素处于随时可以利用的状态，为集群内的企业提供了极大的便利，降低了企业的交易成本；另一方面大量企业的存在也使集群内的经济要素和资源的配置效率得到提高。产业集群内自发形成的这种经济资源与企业效益的良性运作，增强了集群适应外界变化的能力，使产业集群具有一般经济形态不可比拟的

---

① 郭全中，谢万树. 数字出版产业的六大趋势[J]. 新闻前哨，2015（1）：14–16.

② 伍志鹏. 基于涌现性的创意产业集群动力机制研究[D]. 北京：北京交通大学，2007.

③ 柯健. 基于产业竞争力视角的产业集群研究[J]. 呼伦贝尔学院学报，2009（4）：54–58.

④ 刘春香. 基于SCP范式的产业集群竞争优势分析[J]. 浙江万里学院学报，2008（3）：83–85.

柔韧性，造就了产业集群持续繁荣不衰的优势。①

近几年来，产业集群化的趋势引起了我国政府和业界的关注，各地涌现出一批批的产业集群。自2008年7月上海张江国家数字出版基地经国家新闻出版总署批复挂牌以来，重庆北部新区、浙江杭州、湖南中南、湖北华中、广东广州、天津空港、陕西西安、江苏南京国家数字出版基地陆续获批。②这些数字出版基地有些在引进知名企业、实施重大项目、研发重大技术、开发重点产品等方面进行了大量的开拓性工作，初步形成了数字出版产业集群化发展的新模式。建设数字出版基地，有利于整合资源，形成围绕数字产品研发、生产、渠道运营、终端制造等构造的数字出版产业链的集成创新机制和产业聚集优势，③实现数字出版产业的集群化发展和集约化经营。产业集群化发展模式对带动区域整体发展具有良好的辐射和示范作用，也是保持全国各地区数字出版产业均衡发展的有效途径。

三、平台化

对于移动互联网时代的数字出版来说，进入云出版时代是大势所趋。通过云出版平台，出版社可以对社内资源加密，可以选择发行渠道进行授权、安全分发，渠道运营商可以打通各种渠道的终端应用，方便获取出版单位授权的资源进行运营，一切的流程通过云出版服务平台进行，渠道的销售数据随时反映在平台上，出版单位可以随时掌握，甚至连读者的查询、点击、购买等行为，④出版单位也可以通过该平台了解掌握。云计算在出版领域的应用，对于出版产业达成合作联盟，统一行业标准，完善产业链分工，优化高效利用和使用资源、提供更好和更便捷的服务，起到直接的推动作用。⑤

---

① 李正刚. 国际产业发展的三大趋势[J]. 苏南科技开发，2004（2）：30–31.

② 莫远明. 国家数字出版基地的运行实践及其走向[J]. 新闻研究导刊，2012（11）：46–51.

③ 隋海伦. 基于大众阅读的数字出版发展模式研究[D]. 山东大学，2014.

④ 张青. "云出版"时代中小期刊社数字化转型透视[J]. 现代出版，2012（4）：48–51.

⑤ 郭全中，谢万树. 数字出版产业的六大趋势[J]. 新闻前哨，2015（1）：14–16.

四、全息化

3D全息投影技术是利用干涉和衍射原理，记录并再现物体真实三维图像的技术，人们无须佩戴3D眼镜也能看到立体虚拟场景。2000年之前，全息投影技术主要应用于科技和军事领域，如宇航员的模拟训练和飞行员的模拟飞行等。随着技术不断被攻克，该技术应用逐步进入大众视野，如应用于大型文艺晚会、明星演唱会、商业展示、酒吧娱乐、产品展览等。2015年4月百度推出"百度神灯"概念，用户在手机中安装最新版手机百度App并配上"百度神灯"配件，摩擦"百度神灯"边缘就可以获得相关功能。用户发出语音指令，"百度神灯"将搜索结果以全息投影的影像呈现在手机屏幕上，实现了动态多轮对话交互。随着技术的发展，相信在不久的将来，用户在手机上安装相应的智能配件，通过摩擦配件边缘获取3D全息投影的数字出版物也将轻松实现。①

数字出版物凭借时效性强、经济实惠和海量存储等特点，逐渐成为一种主流的阅读产品。近期我们团队所做的"2016中国网民数字阅读状况调查"的数据表明：中国网民的数字化阅读方式（包括手机阅读、网络在线阅读和电子阅读器阅读等）的接触率已达60%。超过了传统图书阅读率。近年来，智能手机、平板电脑等移动终端设备的发展，使数字出版在方便阅读、随时阅读方面有了很大提升，然而，一系列问题也随之出现。由于网页技术的限制，电子图书往往通过显示屏展示图书内容，与传统图书相比缺乏真实感；二维平面画面使得数字出版成为时髦廉价书的推销市场，不能满足部分人追求高品质图书的需求。人们需要更有新意、更具便捷舒适体验的图书。②全息技术也将VR、AR等最新技术吸收和应用于数字出版。

应用3D全息投影技术的数字出版物能满足读者的多样化需求：③

（1）多感知性满足读者多感官阅读的需求。

（2）交互性满足读者参与式阅读的需求。

（3）构想性满足读者创新式阅读的需求。

---

① 曾红宇，张波. 3D全息投影技术在数字出版物中的应用探索[J]. 科技与出版，2015（11）：101–104.

② 曾红宇，张波. 3D全息投影技术在数字出版物中的应用探索[J]. 科技与出版，2015（11）：101–104.

③ 曾红宇，张波. 3D全息投影技术在数字出版物中的应用探索[J]. 科技与出版，2015（11）：101–104.

五、个性化

首先，随着互联网技术的快速发展，世界的数据量在极速增加，人类已经进入信息过载时代。在信息过载时代，每个用户既能享受更多、更高质量的信息之便，又受困于过多、过滥的信息，这就必然导致一个信息提供的悖论：过载的信息和用户个性化、定制化的有效信息需求之间的矛盾不可调和。这就需要借助大数据挖掘和分析平台，对用户的需求不断优化，进而提供精准化的信息进行匹配，也就是"信息智能匹配"。[1]

其次，信息智能匹配作为复杂的系统工程，主要由三个部分组成：一是基于云计算的巨型云信息服务平台。作为信息平台，该平台云集着文字、视频和音频等多类型、极为丰富的信息，并能自动实现信息的采集、分类筛选、深度加工和系统性集成；二是用户个性化、定制化的信息需求；三是基于大数据的数据挖掘和分析平台，该平台能够对用户个性化、定制化的信息需求进行精准定位。基于大数据的信息智能匹配之所以能够实现，一方面在于技术手段先进，另一方面在于成本低廉。[2]

再次，信息智能匹配平台系统包括大数据平台、信息匹配平台、精准广告平台和电子商务平台四大平台，其中大数据平台是基础，而其他三大平台则基于该平台，所有平台的关键都在于能够给用户提供精准化的信息、营销推广，[3]自然就可以盈利。

数字出版的个性化，也就是人们常说的"按需出版"。按需出版将是未来出版的全新模式。它通过采用先进的数据处理技术、数字印刷和网络系统，将出版信息全部存储在计算机系统中，需要时直接印刷成书，省去排版、制版等许多中间环节，真正做到"一册起印，即需即印"。它突破了传统模式的印数限制，印制成本大大低于传统印刷。个性化的"按需出版"将大量节省人力物力。

可以肯定的是，数字出版只是出版的当前形态而已，远不是出版的未来和终极形态。人类对于出版发展的艰苦探索，绝不会止于数字出版。可以预测的是，数字出版必将为更新、更卓越的出版形态所取代。人类未来

---

① 郭全中，谢万树. 数字出版产业的六大趋势[J]. 新闻前哨，2015（01）：14-16.

② 郭全中，谢万树. 数字出版产业的六大趋势[J]. 新闻前哨，2015（01）：14-16.

③ 郭全中，谢万树. 数字出版产业的六大趋势[J]. 新闻前哨，2015（01）：14-16.

出版将会走向人工智能出版和大脑意识出版。只要文明演进的脚步不停顿，出版探索的脚步就不会停顿！

六、智能化

纵观人类文明的发展历史，出版实际上是人类文明传承和文明标识的主要手段。所以从这个意义上说，一部出版史，其实就是一部人类的文明史和文化史。广义上的出版，或者说本质意义上的出版，其实就是对人类知识信息的挖掘、收集、整理、发布、传播、传承的过程。因此对于出版的研究主要关注四大维度：出版载体、出版符号、出版技术和出版成就（包括出版家、出版社、出版物、出版制度等）。而数字出版则是出版载体和出版技术两大维度的集成创新。

无论是"开启文明的硬质出版"，还是"以柔克刚的软质出版"，甚至是"有容乃大的虚拟出版"，数字出版作为虚拟出版的当下状态，越来越向智能化方向发展。"人工智能出版"已经不是遥远的未来，甚至可以说是近在眼前的现实。智能化是数字出版的第六大发展趋势，随着这一趋势的进一步发展，笔者预言未来出版将最终走向"大脑意识出版"阶段。在"大脑意识出版"阶段，我们将能够达到想将自己的出版内容@给谁，就能@给谁，想@到什么地方、什么场景就能@到什么地方、什么场景，哪怕是一群人围坐着一张桌子上开会，我们想要出版传达的内容也可以准确无误地出版传递给某一人。这就是未来的"人工智能出版"。

附录
中国网民数字阅读状况调查报告（2016）

一、数字阅读调查研究概述

（一）研究背景

近年来，数字出版和数字阅读发展迅猛，网民在线阅读、手机阅读、电子阅读器阅读、Pad（平板电脑）阅读和光盘阅读接触率均节节攀升。人们的阅读习惯和阅读行为正在发生深刻改变。数字阅读正在动摇传统纸质阅读的核心地位。为真实准确了解中国网民数字阅读状况，北京师范大学新闻传播学院、出版科学与文化研究中心联合对中国网民数字阅读状况进行了为期3个月的问卷调查，共回收有效问卷24591份。问卷涵盖我国内地所有省、自治区和直辖市。主要涉及"网民数字阅读终端""数字阅读内容来源""数字阅读时长与数量""婚姻状况与阅读题材"及"对数字阅读是否会取代纸质阅读的态度"五大方面内容。形成《中国网民数字阅读状况调查报告（2016）》。希望这份报告对政府相关部门、数字出版的学界和业界及社会各界有所裨益。

（二）研究方法

本次调查回收有效问卷24591份，涵盖我国内地所有省、直辖市和自治区（样本构成如表1所示）。

表1　　　　　　　　　　　　　样本构成表

性别构成	男	49.6%
	女	50.4%
婚姻状况	未婚	30.8%
	已婚	69.2%

续表

	20岁及以下	8.0%
	21–30岁	23.4%
年龄构成	31–40岁	37.2%
	41–50岁	22.1%
	50岁以上	9.3%
	小学及以下	0.9%
	初中	2.8%
学历构成	高中	17.0%
	大学	72.5%
	硕士	5.8%
	博士	1.0%
	2000元以下	21.7%
	2001–4000元	39.6%
	4001–6000元	19.4%
	6001–8000元	8.2%
收入构成	8001–10000元	5.2%
	10001–15000元	3.0%
	15001–20000元	1.0%
	20001–30000元	0.8%
	30000元以上	1.2%
	北京	7.8%
	湖南	2.5%
	安徽	5.0%
	山东	5.3%
	新疆	0.2%
地区构成	江苏	9.1%
	浙江	6.5%
	江西	2.8%
	湖北	3.7%
	广西	2.3%
	甘肃	1.0%
	天津	2.2%

续表

地区构成	山西	1.4%
	内蒙古	0.8%
	陕西	1.2%
	吉林	1.5%
	福建	4.5%
	贵州	0.7%
	广东	11.8%
	青海	0.1%
	西藏	0.0%
	四川	2.6%
	上海	10.6%
	宁夏	0.1%
	海南	0.6%
	台湾	0.1%
	香港	0.0%
	澳门	1.2%
	海外	0.1%
	重庆	1.1%
	河北	3.2%
	河南	3.0%
	云南	0.6%
	辽宁	3.5%
	黑龙江	1.8%

二、数字阅读的终端分析

数字阅读终端情况是本次调查的第一部分内容。

数字阅读的加速发展态势离不开电子阅读终端的强大助力。随着科技的不断进步，数字阅读终端队伍不断发展壮大，阅读终端的操作性能与便携性不断增强。这些阅读终端包括PC电脑端、平板电脑、手机端、户外电子屏、Kindle阅读器、方正阿帕比阅读器（Apabi Reader）、iReader掌阅器、博曰电子书阅读器、Hanwon（汉王）阅读器、Obook国文电子书等。它们的存在与发展为数字阅读增加了巨大的推动力，使得网民在进行数字阅读时有了更加丰富的体验。考察不同网民群体数字阅读终端的使用情况，探索网民数字阅读终端使用的习惯与特征，有利于深入把握我国数字阅读的基本状况和发展态势。

（一）网民数字阅读终端的基本情况

在11个数字阅读终端选项中，虽然PC电脑端仍有46.9%的网民使用率，但手机端的使用率已高达到63%，如果再加上平板电脑、Kindle阅读器、iReader掌阅器等其他移动阅读终端，应该说移动数字阅读终端的占比人数还会进一步升高。这意味着，一个新时代，也就是移动数字阅读时代来临了（具体参见图1）。

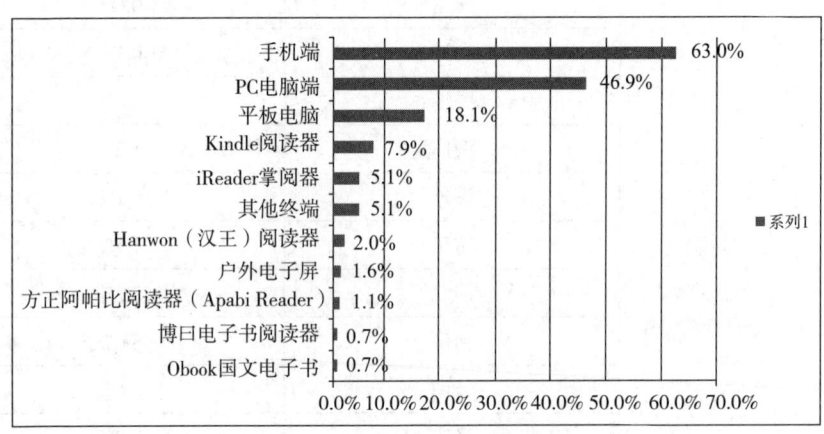

图1　进行数字阅读的终端选择总排行

（二）数字阅读终端的人群覆盖情况

多种数字阅读终端的存在和发展，为网民们带来了更加丰富的阅读体验，这其中，不同年龄、学历、收入、区域的网民对数字阅读终端的选择呈现出不同的特点，数字阅读终端个性化趋势明显。

1. 终端选择的性别差异化：男性多选择PC电脑端，女性多选择手机端。PC电脑端的男女占比分别为50.7%和43.2%；手机端的男女占比分别为61.3%和64.7%。课题组分析认为，这可能与男性的职业化程度更高有关。调查还发现，男性更爱Kindle阅读器，女性更愿意选择平板电脑（具体参见表2）。

表2　　　　　不同性别的数字阅读读者对终端的使用率对比

	男	女	差值（男－女）
PC电脑端	50.7%	43.2%	7.5%
平板电脑	17.0%	19.2%	−2.2%
手机端	61.3%	64.7%	−3.4%
户外电子屏	1.7%	1.4%	0.3%
Kindle阅读器	8.8%	6.9%	1.9%
方正阿帕比阅读器（ApabiReader）	1.3%	1.0%	0.3%
iReader掌阅器	5.1%	5.2%	−0.1%
博曰电子书阅读器	0.8%	0.7%	0.1%
Hanwon汉王阅读器	2.2%	1.8%	0.4%
0book国文电子书	0.6%	0.7%	0.0%
其他终端	4.7%	5.5%	−0.8%

2．PC端使用的年龄两极化：青少年与老年网民多选择PC端。这可能与青少年学生受学校和家长管控只能在家使用PC电脑有关，而老年网民对PC电脑相对更熟悉一些。Kindle等电子阅读器在青少年群体中的使用率最高，这是未来的方向（具体参见图2、图3）。

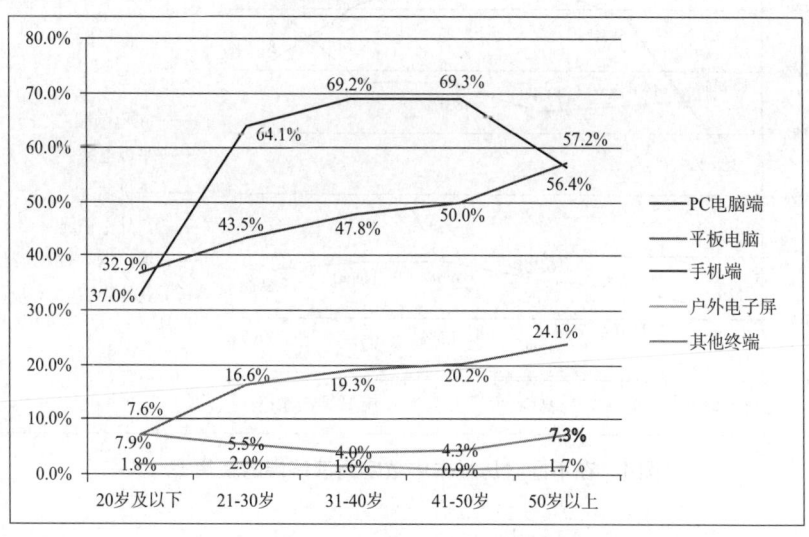

图2　在不同年龄段样本中数字阅读终端的使用率

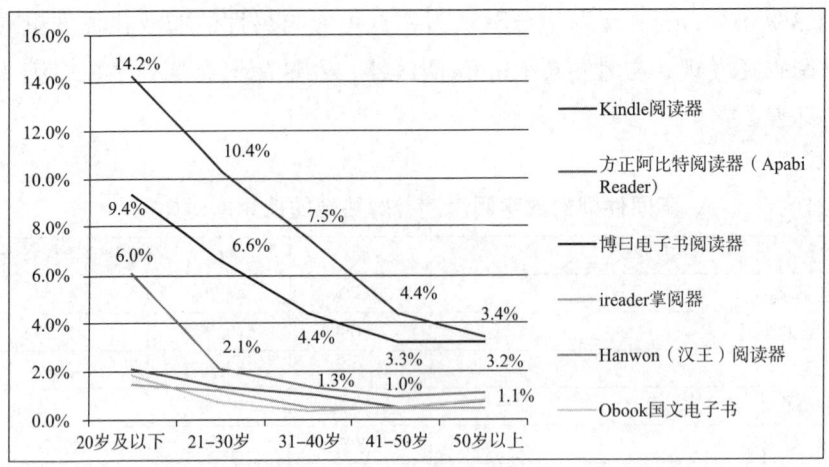

图3　在不同年龄段样本中数字阅读终端的使用率

3．高学历的硕博网民更偏爱Kindle等专业阅读器。用手机进行数字阅读的占比曲线随学历增加逐渐攀升，在大学生群体中达到最高，为66.4%。而更高的硕博学历的网民，对Kindle等电子阅读器的使用率则明显上升（具体参见图4、图5）。

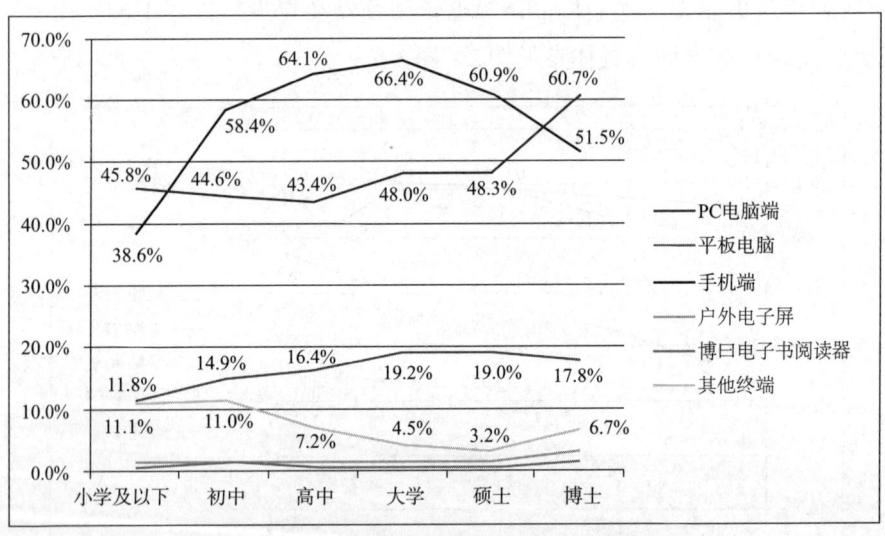

图4　在不同学历样本中数字阅读终端的使用率

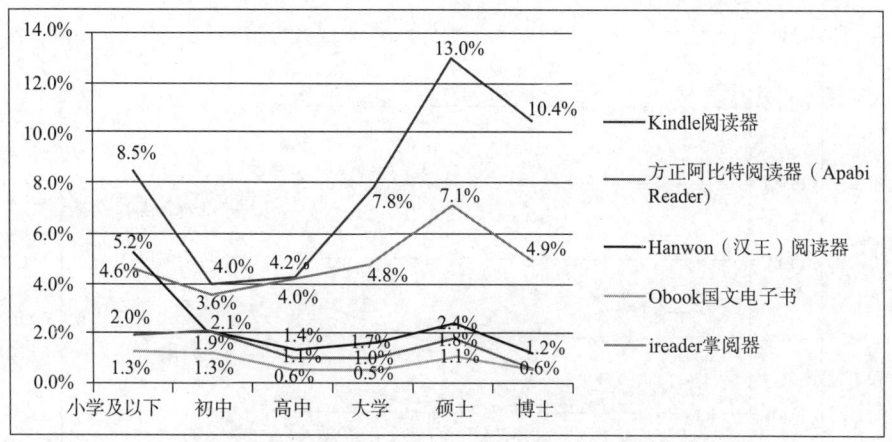

图5 在不同学历样本中数字阅读终端的使用率

4. 高收入网民群体中，Kindle阅读器的使用率更高。在中低收入群体中的，使用手机进行数字阅读的比例达65.6%，高出平均数2.6个百分点。平板电脑、Kindle阅读器的使用率都随着收入的增加而逐渐上升，在超高收入的网民群体中，它们的使用率分别达22.2%和13.4%（具体参见图6、图7）。

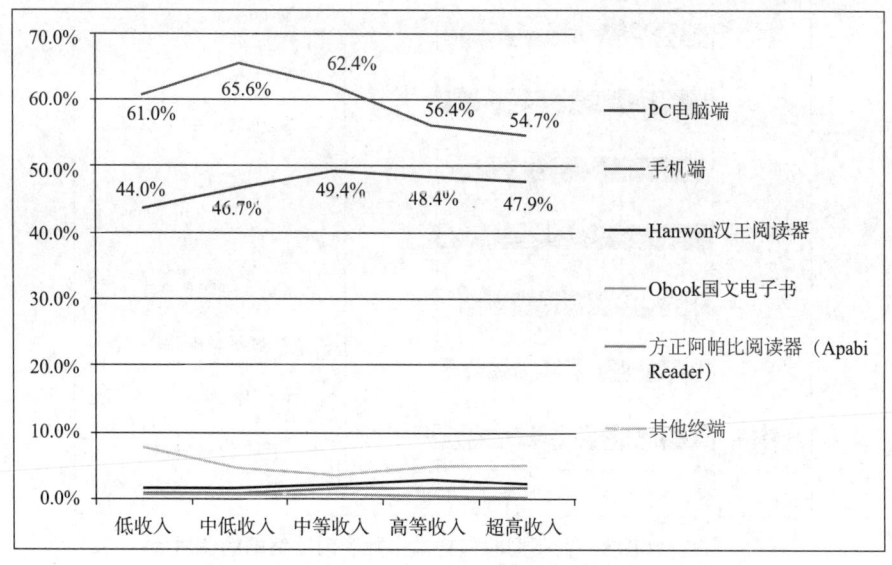

图6 在不同收入样本中数字阅读终端的使用率

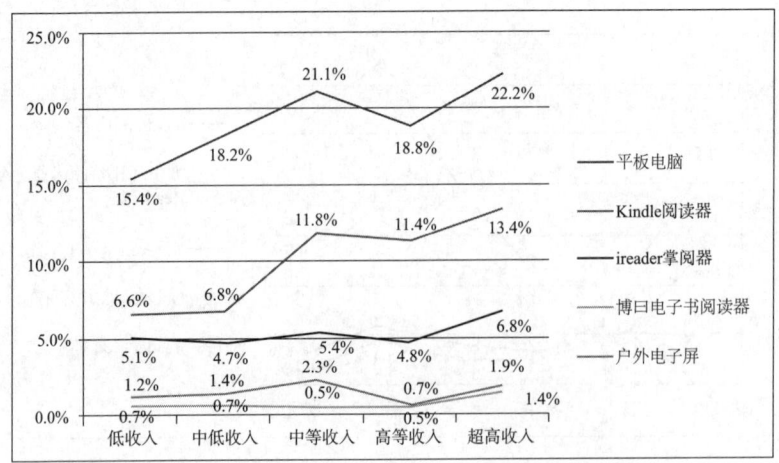

图7　在不同收入样本中数字阅读终端的使用率

5. 作为移动数字阅读终端的主力军，手机终端使用率在各地区网民中皆为最高。从地理位置来看，其中西南省份最高，达65.5%，最低的东三省也达56.8%。而在直辖市中Kindle阅读器的使用率明显高于其他地区，达22.9%。移动数字阅读异军突起，是未来数字阅读的主要方向（具体参见图8）。

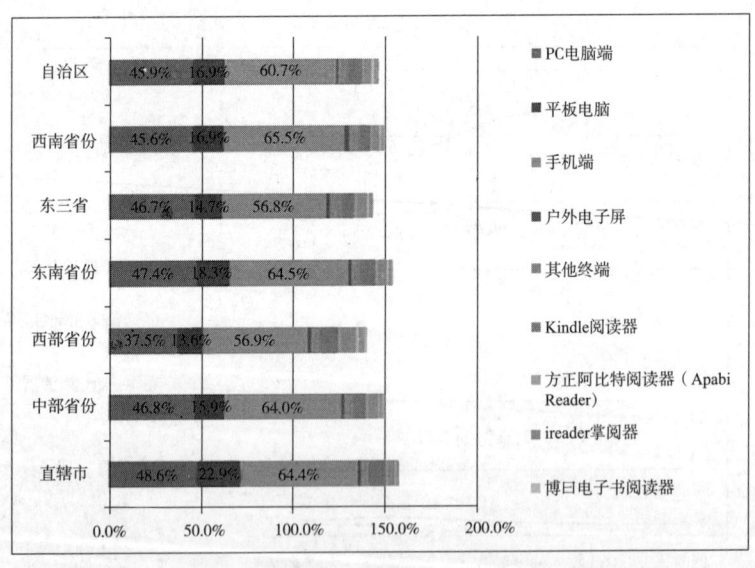

图8　在不同收入样本中数字阅读终端的使用率

（三）数字阅读的时长、数量、题材、态度与终端的相关性分析

1. 七成以上网民每天的手机端阅读时长为1-3小时；使用Kindle等专业阅读器的多数网民每天阅读时长超过3小时。其在3-5小时阅读时长的样本中都达到了使用率峰值。分析认为，手机端更适合浅阅读和碎片阅读，而专业阅读器更适合书籍、论文等深阅读和重阅读（具体参见图9、图10）。

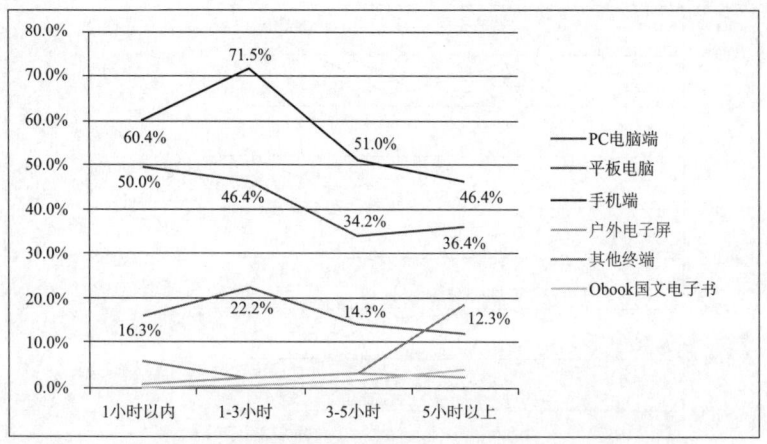

图9 在不同阅读时长样本中数字阅读终端的使用率

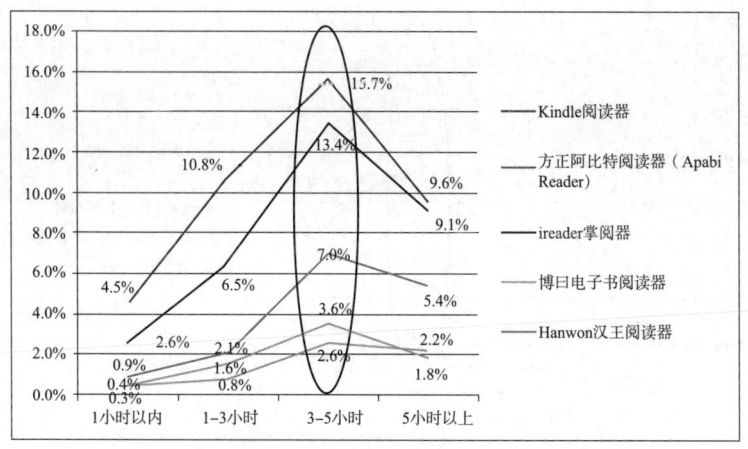

图10 在不同阅读时长样本中数字阅读终端的使用率

2．数据显示，进行数字阅读和纸质阅读的人趋向于选择相同的数字阅读终端。每年阅读1–5本电子书和纸质书的受访网民，手机端的使用率分别为68.6%和68.4%。Kindle阅读器的使用率在每年5–10本电子书和纸质书阅读数量的样本达到了最高值，分别为14.1%和15.2%；iReader掌阅器等其他阅读器在不同电子书与纸质书阅读数量的样本中，使用率也十分相似［具体参见图10（1）、图10（2）和图11（1）、图11（2）］。

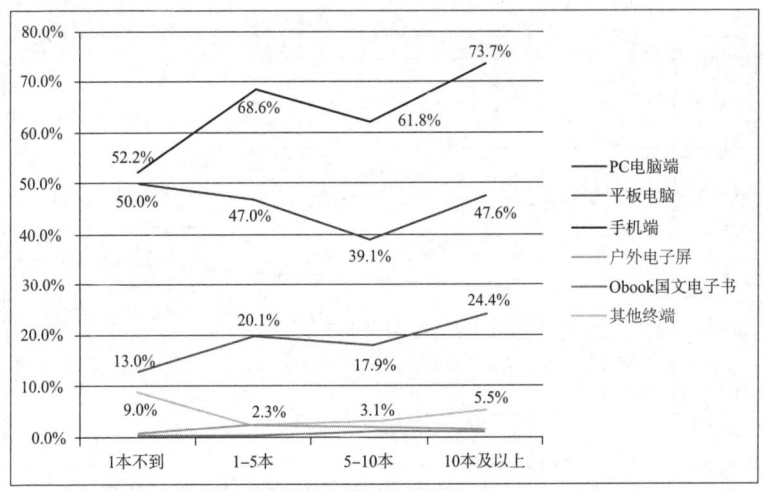

图10（1）　在不同电子书阅读数量样本中数字阅读终端的使用率

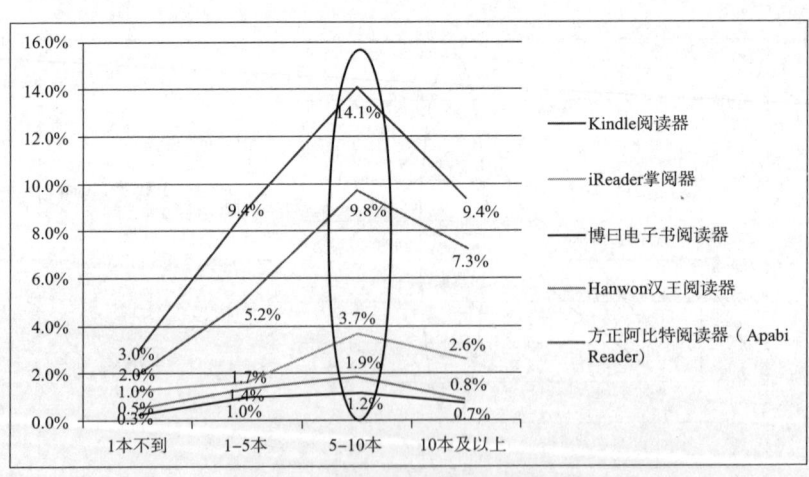

图10（2）　在不同电子书阅读数量样本中数字阅读终端的使用率

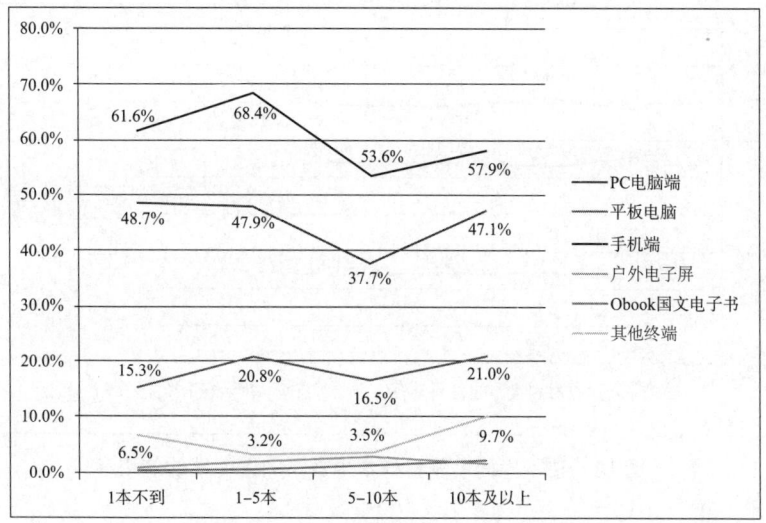

图 11（1） 在不同纸质书阅读数量样本中数字阅读终端的使用率

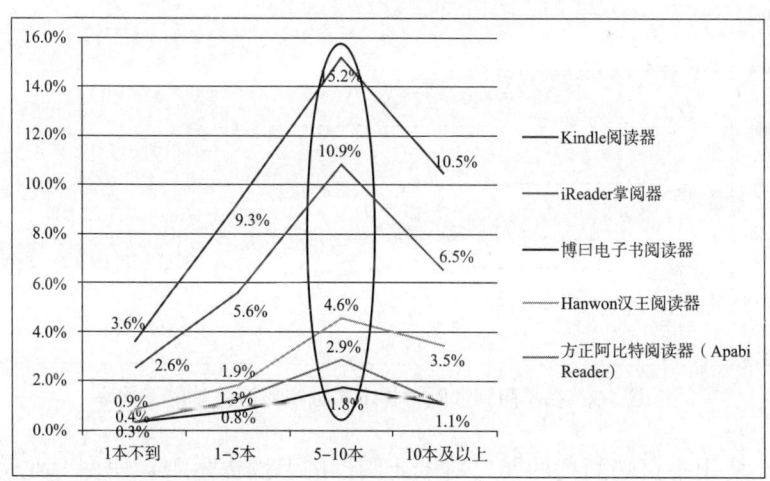

图 11（2） 在不同纸质书阅读数量样本中数字阅读终端的使用率

3．使用手机阅读的网民多选择生活娱乐类题材。在不同阅读题材的样本中，手机端使用率都最高，尤其是阅读生活娱乐类题材，手机端使用率更高达 78.3%；Kindle 等阅读器的使用率在人文社科类、自然科学类、政治军事类的样本中占比较高。Kindle 荣居各种阅读器榜首（具体参见图 12、图 13 ）。

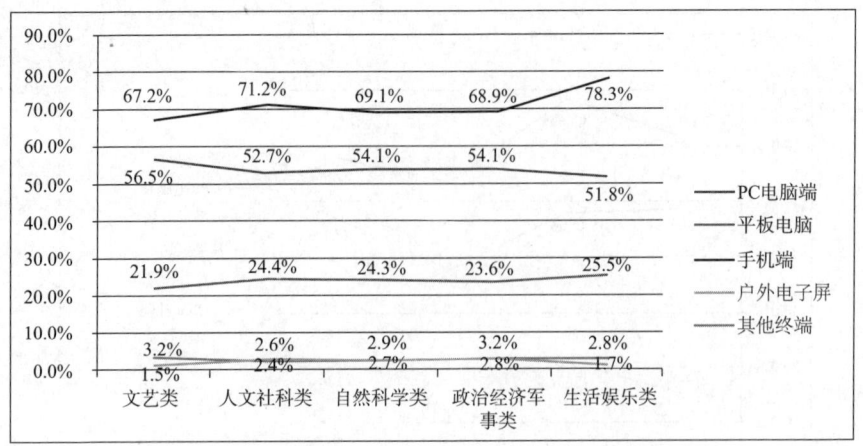

图12　在不同阅读题材样本中数字阅读终端的使用率

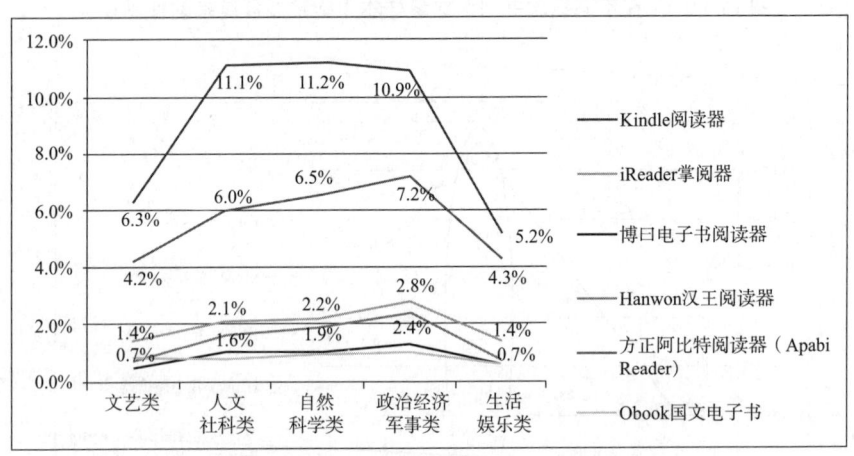

图13　在不同阅读题材样本中数字阅读终端的使用率

4. 使用手机端阅读的网民对纸质阅读的态度更乐观；使用专业阅读器的网民对数字阅读更看好。在认为数字阅读永远不可能代替纸质阅读的网民样本中，使用手机端的网民占比最大，而在认为数字阅读在3年内会取代纸质阅读的样本中，使用PC电脑端进行数字阅读的网民最多。认为5–10年数字阅读将取代纸质阅读的受访网民，使用Kindle阅读器的占比达12.4%。课题组认为，这可能与专业阅读器给数字阅读带来的感觉和体验明显优于手机数字阅读有关（具体参见图14、图15）。

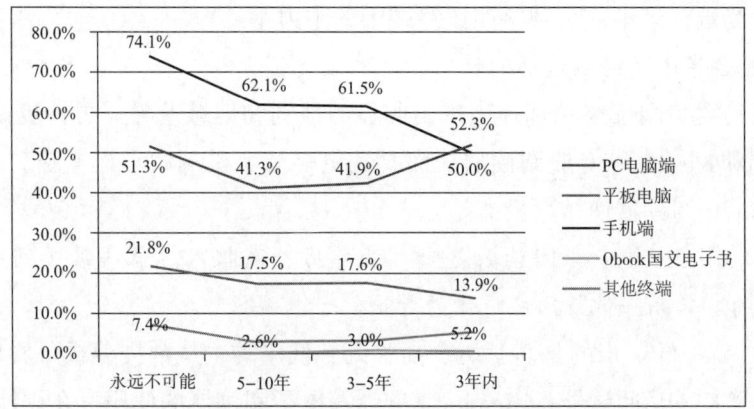

图14　在不同数字阅读态度中数字阅读终端的使用率

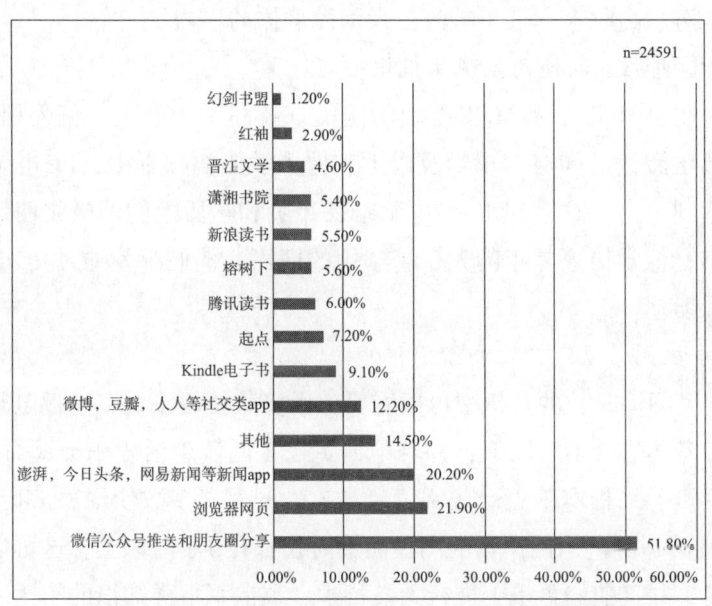

图15　在不同数字阅读态度中数字阅读终端的使用率

（四）小结

1. 移动数字阅读时代来临，手机阅读一枝独秀，平板电脑和Kindle电子阅读器地位蹿升

由上述分析可以看出，手机已经成为最受欢迎的数字阅读终端，人们不仅使用手机进行通讯和娱乐，而且通过手机进行阅读、获取知识信息。同时，平板电脑在数字阅读中的地位也不容小觑，成为第三位受网民欢迎

的阅读终端，渐渐成为数字阅读终端中的主力军。

2. 数字阅读终端选择的性别、地域差异化

网民数字阅读终端选择表现出明显的性别和地域差异。男性更偏爱PC电脑端和Kindle等专业阅读器，而女性更喜爱手机端和平板电脑。在直辖市，Kindle阅读器使用率最高。

3. Kindle等专业阅读器更受"高学历、高收入、低年龄（网络原住民）"的"二高一低"网民群体的青睐。

"二高一低"指的是高学历、高收入、低年龄。从数据分析可看出，相对而言，Kindle阅读器、iReader掌阅器等电子阅读器的使用率在硕博学历、超高收入和20岁以下年龄样本中的占比最高，这表示Kindle等电子阅读器更受高学历、高收入、低年龄的三大网民群体的喜欢。

4. PC电脑端的使用呈现两极化

年龄在20岁以下和50岁以上的网民，及高学历网民，偏爱用PC电脑端进行数字阅读。同时，小学及以下和博士学历的样本中，PC电脑端的使用率也达到最高，这表现出PC电脑端在年龄和学历上的两极化使用，无论是年龄小、低学历还是年龄大、高学历的网民，他们都爱通过PC电脑端进行数字阅读。

5. 手机阅读呈浅碎化和休闲化倾向

从网民阅读时长的分析中可以看出，大多数使用手机、平板电脑的网民阅读时长基本在3小时以下，并且他们更乐于阅读生活娱乐类题材的内容，这表明手机、平板电脑更受浅阅读者喜欢。同时，多数使用Kindle阅读器、iReader掌阅器等电子阅读器的网民阅读时长都在3小时以上，这可以称之为重度阅读，并且他们更乐于进行人文科学、政治军事类知识的阅读。这体现出手机阅读相对于其他终端而言更加浅显化、休闲化。

6. 数字阅读与纸质阅读群体的终端选择趋同化

从阅读数量的分析曲线可以看出，在每年阅读不同数量电子书和纸质书的网民样本中，终端使用习惯都保持很高的相似性，这表示，喜欢数字阅读的网民和纸质阅读的网民，在进行数字阅读时，他们都在使用相同的终端。

7. 使用手机进行阅读的网民，对纸质阅读更为乐观；使用专业阅读器的网民对数字阅读的前景更看好

从上述分析可看出，认为数字阅读永远不可能代替纸质阅读的网民样

本中，使用手机端的网民占比最大，而在认为数字阅读在3年内会代替纸质阅读的样本中，使用PC电脑端进行数字阅读的网民最多。这表明，使用手机端的网民对纸质阅读更为乐观。

三、数字阅读的内容来源

数字阅读已经逐渐成为人们日常阅读的重要方式，数字阅读的内容来源也发生了深刻改变，网民获得数字阅读来源的渠道有哪些？性别、年龄与内容来源有何关系？数字阅读的内容来源和阅读的时长、题材又有何关系？这些都是在新的数字阅读环境下急需解答的问题。通过对网民进行数字阅读的内容来源的调查和分析，不仅可以大体了解网民对于数字阅读来源的选择情况，也可以在一定程度上反映出目前我国数字阅读存在的规律与问题。

在参考了现实生活中人们数字阅读的获取方式的基础上，我们大致将数字阅读的内容来源分为以下14类：（1）微信公众号推送和朋友圈分享。（2）微博，豆瓣，人人等社交类App。（3）澎湃，今日头条，网易新闻等新闻App。（4）浏览器网页。（5）Kindle电子书。（6）晋江文学。（7）榕树下。（8）起点。（9）潇湘书院。（10）红袖。（11）新浪读书。（12）腾讯读书。（13）幻剑书盟。（14）其他。为了方便总结规律，微信公众号推送、朋友圈分享和"微博，豆瓣，人人等社交类App"本身就是社交软件，这类内容来源偏向社交，这里将其称作"社交性"阅读内容来源；而"起点""红袖""晋江文学"等文学网站、"Kindle电子书"和"腾讯、新浪读书"都算是专门的阅读平台，能提供相对较多的文章，在这里将其称作"专门性"阅读内容来源。

（一）网民数字阅读的内容来源的基本情况

"数字阅读的内容来源"排行："微信公众号推送和朋友圈分享"比率最高，占比过半。

在被调查者中，通过"微信公众号推送和朋友圈分享"作为数字阅读的来源的人占比最多，达到51.8%，其次是"浏览器网页""澎湃、今日头条、网易新闻等新闻App"，而"微博、豆瓣、人人等社交类App"仅仅排在第五。具体而言，首先数据调查显示，作为数字阅读的内容来源，微信公众号推送和朋友圈分享远远超过其他内容来源，可见微信不仅是重要的社交媒介，也是人们进行数字阅读时不可缺少的工具，在人们的数字阅读过程中已经占据了重要的位置。其次，"浏览器网页"排在第二，表明很多人会直接在浏览器上进行阅读，而不是专门阅读网站，阅读更加泛化。再次，各大文学网站的占比都很小，如"红袖""晋江文学"不到5%，这可能是由于网络文学市场细分，竞争激烈，但这也从侧面反映了进行文学阅读的人还是相对比较少的。

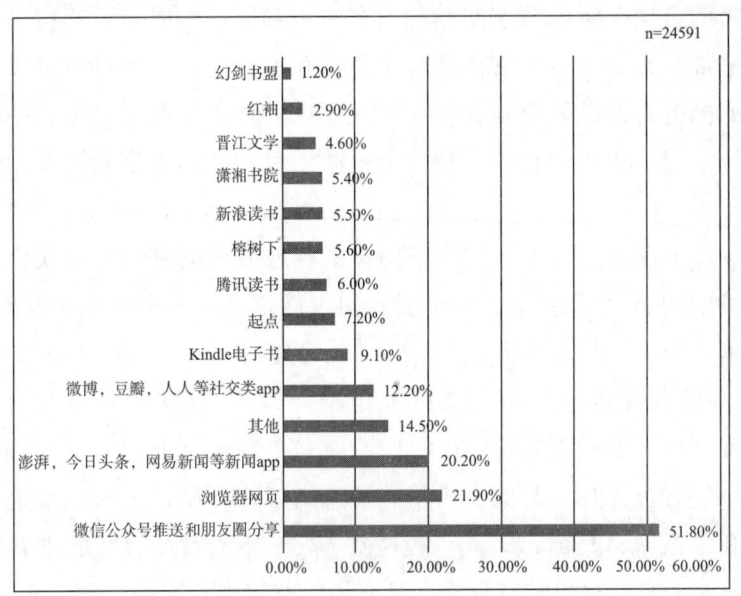

图16　数字阅读的内容来源

（二）人口因素与阅读内容来源

1. 男性多选择"新闻App"，女性多选择"微信、社交App"和"文学网站"

调查显示，女性和男性在数字阅读的内容来源上存在一定的差异。首先，男性数字阅读在"澎湃、今日头条、网易新闻等新闻App"和"浏览器网页"的使用率上远高于女性，而女性则在"微信公众号推送和朋友圈分享""微博、豆瓣、人人等社交App"上高出男性很多。这表明女性的数字阅读内容来源更多偏向社交媒体，她们更关注社交方面的相关信息。总体上看，女性在网站文学方面的数字阅读也略多于男性，这可能与女性本身偏爱阅读网络小说的阅读习惯有关。另外，相对于其他文学网站，比较明显的是，在女性的数字阅读内容来源中，"晋江文学"的占比明显高于男性，这表明"晋江文学"的更受女性的欢迎，其受众群差异较明显。

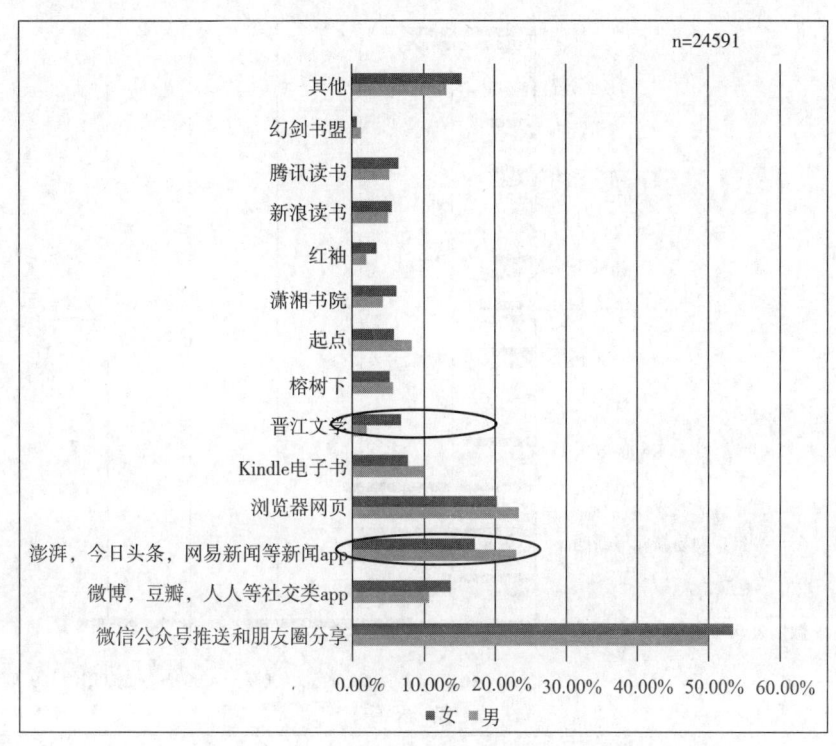

图17　在不同性别中的数字阅读的内容来源

2. 未婚的人群多选择"社交类App""Kindle电子书"和"文学网站"

数据调查显示：首先，在整个被调查的受访网民中，"微信公众号推送和朋友圈分享"的来源占比最高，这与之前得出的微信公众号推送和朋友圈分享最受欢迎相符合；其次，相对于已婚人士，未婚的网民群体数字阅读内容来源更多的是微博、豆瓣、人人等社交类App，Kindle电子书以及"晋江文学""榕树下"等各大文学网站，比例明显高出已婚的人。这可能是因为单身的人的私人时间更多，对社交的需求也更大，所以更多选择微博、豆瓣、人人等社交类App。另外单身的人相对年龄都比较小，自由时间多，数字阅读时可能更偏向小说，电子书等读物，所以Kindle电子书和文学网站所占的比率也比较高。再次，与文学网站不同的是门户网站如"新浪读书"的阅读者中，已婚网民则明显多于未婚网民。已婚网民更喜欢门户网站的阅读模式。

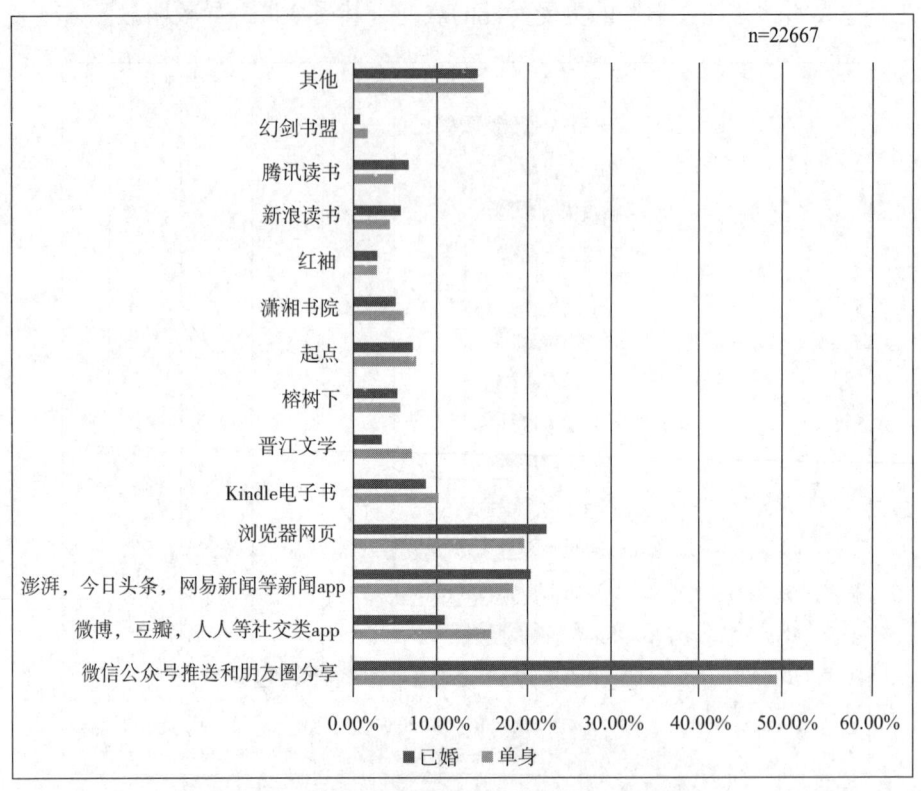

图18　在不同婚姻状况中数字阅读的内容来源

3. 随着年龄增长，"微信""网页"内容来源占比升高，"榕树下""幻剑书盟"等文学网站内容来源占比降低

数据调查显示：首先，在整个受访网民中，各个年龄段的数字阅读内容来源主要是"微信公众号推送和朋友圈分享""浏览器网页"和"澎湃、今日头条、网易新闻等新闻App"，但随着年龄的变化会出现一定差异。其次，随着年龄的增长，内容来源中"Kindle电子书"的比例则是越来越小。年龄大的人可能更喜欢纸质阅读而不是Kindle阅读，相对于"起点"等文学网站，他们也更愿意在门户网站读书。再次，在50岁以上人中，"微信公众号推送和朋友圈分享"和"浏览器网页"占比最高，而且随着年龄的增长，比例不断提高，这似乎与我们传统的认知观念有所不符。这表明，数

字阅读的影响在不断加大，"微信公众号推送和朋友圈分享"和"浏览器网页"成了广大中老年人群重要的数字阅读内容来源。

表3 在不同年龄段中数字阅读的来源

	20岁及以下	21-30岁	31-40岁	41-50岁	50岁以上
微信公众号推送和朋友圈分享	39.60%	50.50%	53.50%	54.50%	56.70%
微博、豆瓣、人人等社交类App	5.60%	17.60%	12.40%	10.80%	12.20%
澎湃、今日头条、网易新闻等新闻App	19.40%	20.70%	20.30%	20.60%	18.50%
浏览器网页	8.50%	20.40%	22.70%	26.80%	26.60%
Kindle电子书	13.60%	10.70%	9.20%	6.20%	5.70%
晋江文学	2.80%	6.80%	5.20%	3.30%	1.80%
榕树下	8.80%	5.80%	5.70%	4.30%	3.70%
起点	4.00%	7.80%	8.60%	7.70%	3.50%
潇湘书院	6.50%	5.90%	5.30%	5.20%	3.40%
红袖	2.00%	3.10%	3.20%	3.20%	2.00%
新浪读书	4.80%	5.00%	5.00%	6.20%	7.80%
腾讯读书	2.30%	5.80%	6.50%	6.70%	7.20%
幻剑书盟	2.40%	1.50%	0.90%	0.70%	0.50%
其他	6.20%	13.00%	15.70%	17.10%	17.00%

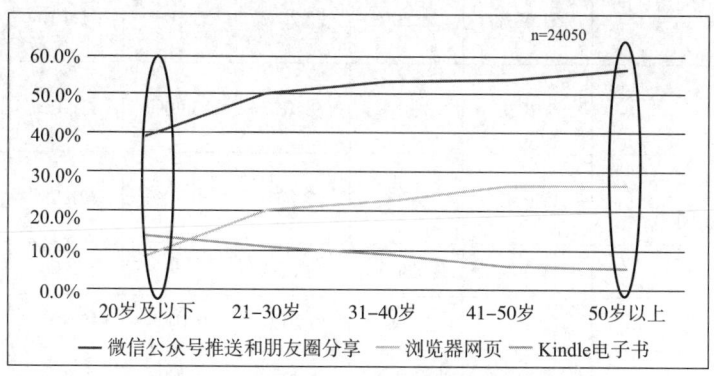

图19 在不同年龄段中数字阅读的来源

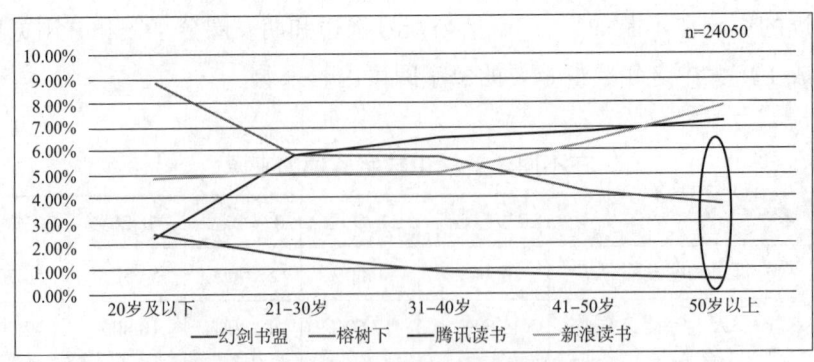

图20　在不同年龄段中数字阅读的来源

4. 学历越高，越喜欢微博、豆瓣、人人等社交类 App

数据调查显示：受访网民对数字阅读内容来源的选择受他们的文化程度影响很大。首先，在"微博、豆瓣、人人等社交类 App"这一内容来源上，从"小学以下"到"博士"的文化程度递进中，人们的使用率一直处于递增的状态。这表明学历越高，越喜欢微博、豆瓣、人人等社交类 App；其次，在"Kindle阅读"和"起点""晋江文学"数字阅读来源中，硕士生所占的比例最高，但是博士生的比例却较低，这表明硕士生可能比较喜欢阅读小说，更喜欢使用Kindle，而博士生则相对较少。再次，在数字阅读内容来源"微博、豆瓣、人人等社交类 App"和"浏览器网页"中，博士生所占的比例最高，而硕士生则不明显。

表4　　　　　　　　　　在不同学历中数字阅读的来源

	小学及以下	初中	高中	大学	硕士	博士
微信公众号推送、朋友圈分享	51.60%	51.20%	52.20%	53.10%	51.40%	58.90%
微博、豆瓣、人人等社交类 App	7.20%	8.50%	9.50%	13.90%	13.90%	18.40%
澎湃、今日头条、网易新闻等新闻App	19.60%	18.30%	17.70%	20.70%	22.20%	23.90%
浏览器网页	11.80%	20.80%	22.80%	22.70%	21.50%	25.20%
Kindle电子书	11.10%	5.90%	6.20%	9.10%	12.30%	7.40%
晋江文学	1.30%	3.20%	3.00%	4.90%	5.80%	2.50%

续表

	小学及以下	初中	高中	大学	硕士	博士
榕树下	3.90%	4.00%	3.90%	5.40%	5.70%	4.90%
起点	2.60%	5.30%	6.50%	7.80%	8.60%	5.50%
潇湘书院	1.30%	5.50%	5.00%	5.50%	4.20%	3.10%
红袖	0.70%	1.90%	2.70%	3.00%	2.70%	1.20%
新浪读书	3.90%	4.70%	5.60%	5.40%	4.30%	6.10%
腾讯读书	0.70%	5.10%	7.40%	6.40%	4.50%	1.80%
幻剑书盟	1.30%	2.30%	1.20%	1.10%	0.90%	0.60%
其他	15.00%	18.90%	17.60%	15.00%	13.40%	17.80%

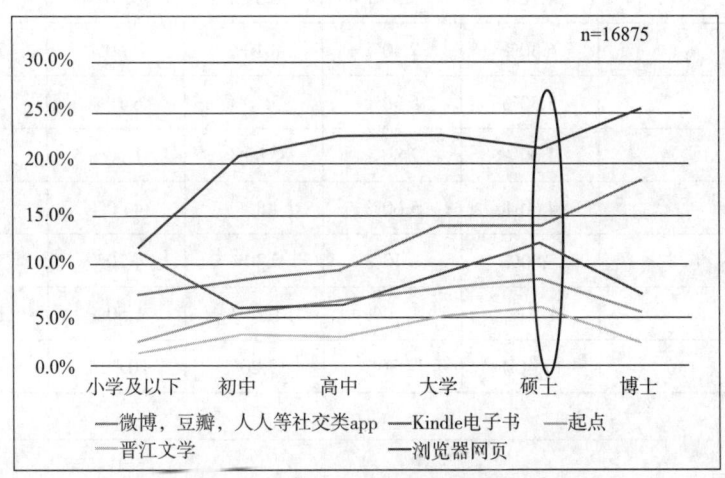

图21 在不同学历中数字阅读的来源

5. 收入较高的网民偏向选择"新闻App"和"Kindle电子书"

数据调查显示：首先，不同收入的受访网民数字阅读来源都是"微信公众号推送和朋友圈分享"，高达50%以上；其次，收入水平对澎湃、今日头条、网易新闻等新闻App，Kindle电子书和"浏览器网页"等内容来源的选择还是有一定的影响的。收入越高的人数字阅读更偏向选择澎湃、今日头条、网易新闻等新闻App和Kindle电子书。这可能是由于收入较高的人士一般都是精英人士，学历相对较高，对政治经济等时事内容比较关注。

表5   在不同收入中数字阅读的来源

	2000元以下	4000-6000元	6000-10000元	10000-15000元	15000元以上
微信公众号推送和朋友圈分享	50.60%	52.40%	52.80%	49.60%	53.30%
微博、豆瓣、人人等社交类App	12.60%	12.30%	13.50%	12.70%	11.80%
澎湃、今日头条、网易新闻等新闻App	16.80%	20.50%	23.00%	23.30%	23.20%
浏览器网页	21.60%	21.90%	21.40%	17.50%	17.80%
Kindle电子书	8.20%	8.40%	12.10%	11.90%	12.90%
晋江文学	4.80%	4.40%	4.40%	5.60%	5.20%
榕树下	4.70%	5.30%	6.30%	6.30%	6.90%
起点	6.30%	7.40%	8.10%	7.50%	7.60%
潇湘书院	5.30%	5.50%	5.10%	6.10%	5.60%
红袖	3.00%	2.80%	2.80%	1.90%	3.20%
新浪读书	4.60%	5.60%	4.80%	4.60%	6.80%
腾讯读书	5.80%	6.40%	5.30%	4.20%	5.80%
幻剑书盟	1.40%	1.10%	1.20%	1.50%	1.20%
其他	17.40%	14.90%	12.20%	10.00%	12.90%

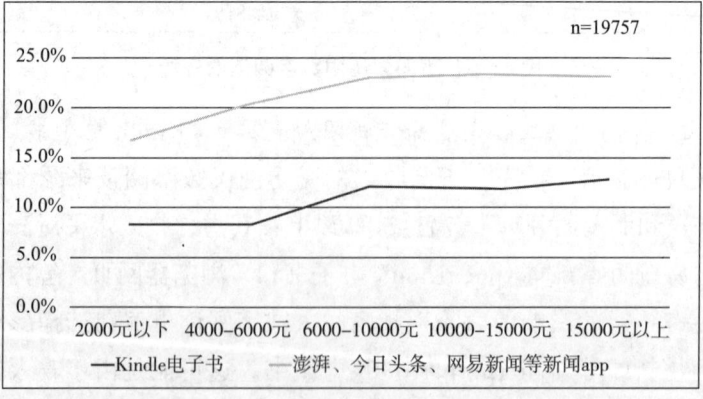

图22   在不同收入中数字阅读的来源

6. 经济发达的东部地区网民更多地选择"社交性"阅读来源

数据调查显示：首先，在各个地区，"微信公众号推送和朋友圈分享"这一内容来源都占有很高的比例，但其中又以东西部和直辖市地区的比例更高，可见在经济发达的地区，网民选择"微信公众号推送和朋友圈分享"的内容来源更多。

其次，"微博、豆瓣、人人等社交类App"和"浏览器网页"在东部地区比西部地区占有更高的比例，经济发达地区网民更喜欢这种"社交性"的数字阅读。

再次，"澎湃、今日头条、网易新闻等新闻App"和Kindle电子书在西部地区比东部地区占有更高的比例，尤其是选择"澎湃、今日头条、网易新闻等新闻App"的阅读者在西南地区的比例也更高，可能由于地域原因，这些地区的网民对新闻信息的需求量更大。

表6 　　　　　　　　　　**在不同地理位置中的内容来源**

	直辖市	中部	西部	东部	东三省	西南	自治区
微信公众号推送和朋友圈分享	52.70%	53.10%	44.80%	52.60%	51.20%	46.20%	48.50%
微博、豆瓣、人人等社交类App	14.10%	11.90%	9.70%	13.70%	8.70%	10.70%	9.40%
澎湃、今日头条、网易新闻等新闻App	20.40%	19.70%	22.70%	20.50%	17.80%	21.70%	19.50%
浏览器网页	21.80%	22.10%	19.80%	22.50%	20.10%	23.40%	22.00%
Kindle电子书	10.40%	7.90%	11.60%	8.80%	9.30%	8.70%	8.60%
晋江文学	5.60%	4.00%	3.60%	5.30%	3.50%	3.40%	2.40%
榕树下	5.50%	5.70%	8.50%	5.50%	5.10%	4.60%	6.00%
起点	7.50%	7.40%	6.10%	7.20%	6.70%	8.30%	7.10%
潇湘书院	5.30%	5.70%	5.60%	5.10%	5.20%	4.50%	6.60%
红袖	2.60%	3.20%	3.20%	3.10%	2.70%	2.30%	2.60%
新浪读书	5.90%	5.60%	3.70%	5.30%	5.60%	6.50%	4.30%
腾讯读书	5.80%	6.20%	5.80%	6.10%	5.40%	8.10%	5.90%
幻剑书盟	1.00%	1.10%	1.20%	1.10%	1.80%	0.90%	1.50%
其他	15.00%	14.50%	13.50%	14.60%	13.40%	18.20%	13.60%

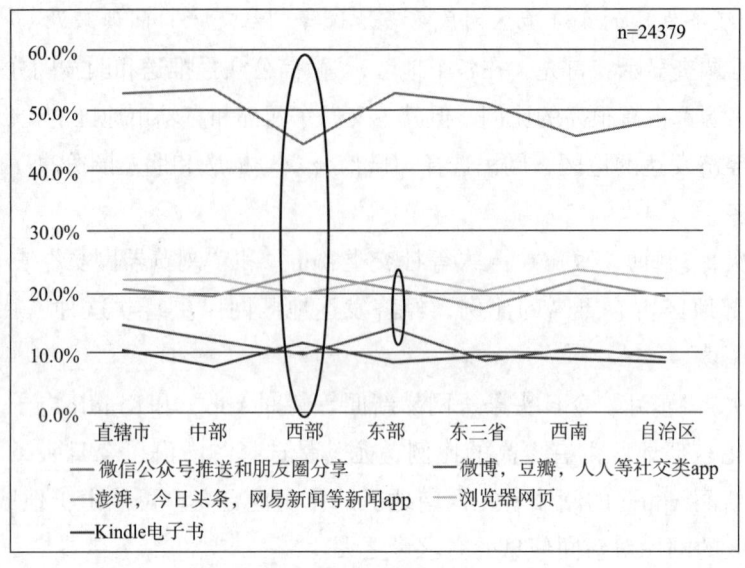

图23　在不同地理位置中的内容来源

（三）数字阅读的时长、数量、题材、态度与渠道的相关性分析

1. "专门性"阅读来源的网民数字阅读时间更长

（1）随着阅读时长的增加，"微信公众号推送和朋友圈分享"比例不断降低。数据调查显示：每天进行数字阅读在一小时以内的人的内容来源主要是"微信公众号推送和朋友圈分享"，高达58.1%。但随着阅读时长的增加，选择"微信公众号推送和朋友圈分享"的比例越来越少，只有28.80%，这表明选择"微信公众号推送和朋友圈分享"的网民数字阅读时间较短。

（2）数据调查显示：在1—5小时以内，随着阅读时长的增加，"Kindle电子书"的比例不断上升，最高达到16.7%，这表明大部分人选择"Kindle电子书"还是能进行较长时间阅读的。

（3）随着阅读时长的增加，"起点""潇湘书院""幻剑书盟"等文学网站比例不断上升，其数字阅读的时间都比较长。

表7　　　　　　　　在不同数字阅读时长中的内容来源

	1小时以内	1—3小时	3—5小时	5小时以上
微信公众号推送和朋友圈分享	58.10%	49.80%	30.60%	28.80%

续表

	1小时以内	1—3小时	3—5小时	5小时以上
微博、豆瓣、人人等社交类App	10.80%	16.00%	10.00%	9.20%
澎湃、今日头条、网易新闻等新闻App	16.00%	27.20%	20.00%	12.70%
浏览器网页	19.60%	26.20%	18.70%	20.40%
Kindle 电子书	5.60%	12.50%	16.70%	9.60%
晋江文学	2.10%	6.70%	8.80%	11.20%
榕树下	3.20%	7.10%	13.30%	8.50%
起点	3.90%	10.40%	12.10%	13.20%
潇湘书院	3.00%	6.90%	11.20%	11.40%
红袖	2.00%	3.80%	4.80%	4.30%
新浪读书	4.50%	6.60%	6.70%	6.60%
腾讯读书	5.20%	7.30%	5.60%	6.30%
幻剑书盟	0.70%	1.00%	1.60%	9.00%
其他	15.80%	12.80%	12.10%	18.10%

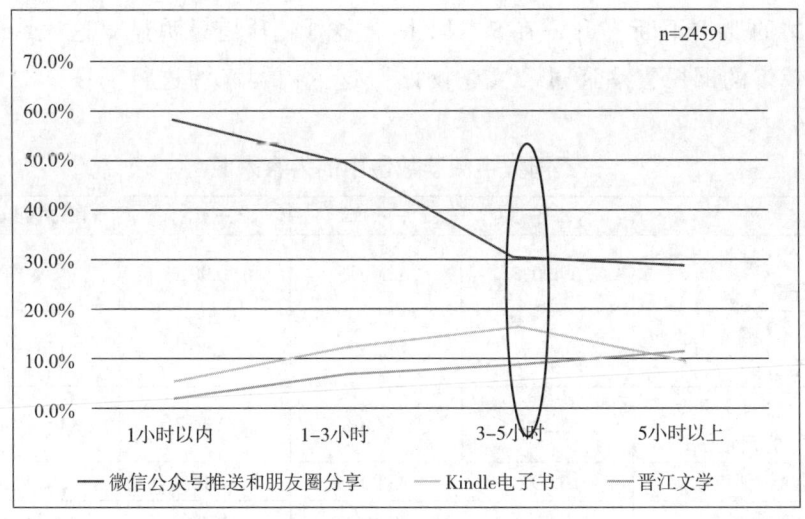

图24 在不同数字阅读时长中的内容来源

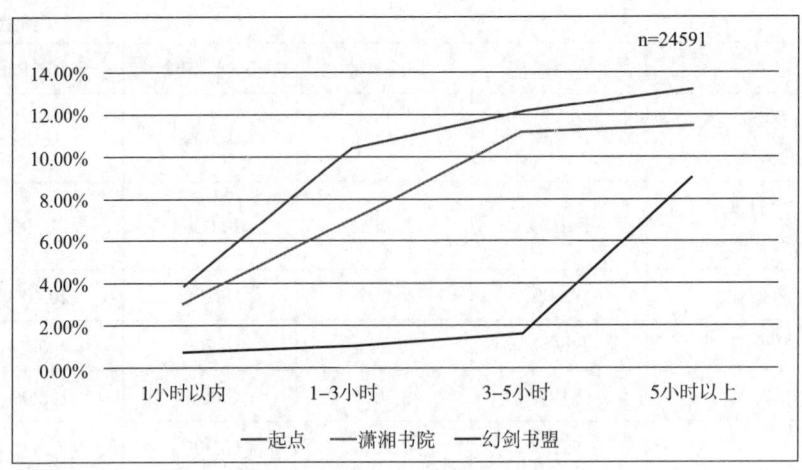

图25　在不同数字阅读时长中的内容来源

2. "专门性"阅读来源的网民数字阅读数量更大

（1）随着数字阅读数量的增多，其阅读"微信公众号推送和朋友圈分享"与"Kindle电子书"则呈现完全相反的状况。

数据调查显示：在1—10本以内，阅读的数量越多，"微信公众号推送和朋友圈分享"的比例不断下降，而"Kindle电子书"比例不断上升，但到10本以上，"微信公众号推送和朋友圈分享"又呈现上升趋势，而"Kindle电子书"呈下降趋势。

（2）随着阅读数量的增多，"起点""潇湘书院""幻剑书盟"等文学网站的比例不断提升，在5本以上，比例上升趋势明显，这表明数字阅读较多的网民喜欢通过"文学网站"这一内容来源进行阅读。

表8　　　　　　　　在不同数字阅读数量中的内容来源

	1本不到	1—5本	5—10本	10本及以上
微信公众号推送和朋友圈分享	59.90%	52.60%	40.90%	42.80%
微博、豆瓣、人人等社交类App	9.40%	14.20%	12.80%	14.60%
澎湃、今日头条、网易新闻等新闻App	15.20%	24.60%	22.40%	17.70%
浏览器网页	16.60%	23.90%	21.10%	29.30%
Kindle电子书	3.70%	10.60%	15.80%	10.50%
晋江文学	1.00%	3.60%	5.30%	14.60%

续表

	1本不到	1—5本	5—10本	10本及以上
榕树下	2.60%	6.60%	10.60%	4.50%
起点	1.40%	6.50%	10.60%	18.60%
潇湘书院	1.80%	5.60%	8.50%	9.90%
红袖	1.00%	2.90%	4.20%	5.90%
新浪读书	2.40%	6.00%	8.40%	8.00%
腾讯读书	3.00%	6.70%	6.90%	9.90%
幻剑书盟	0.70%	0.60%	1.80%	3.10%
其他	15.80%	10.90%	11.60%	23.90%

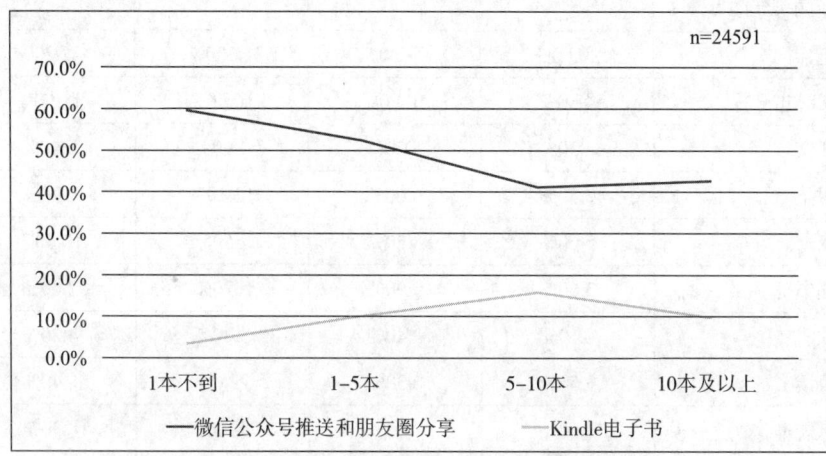

图26　在不同数字阅读数量中的内容来源

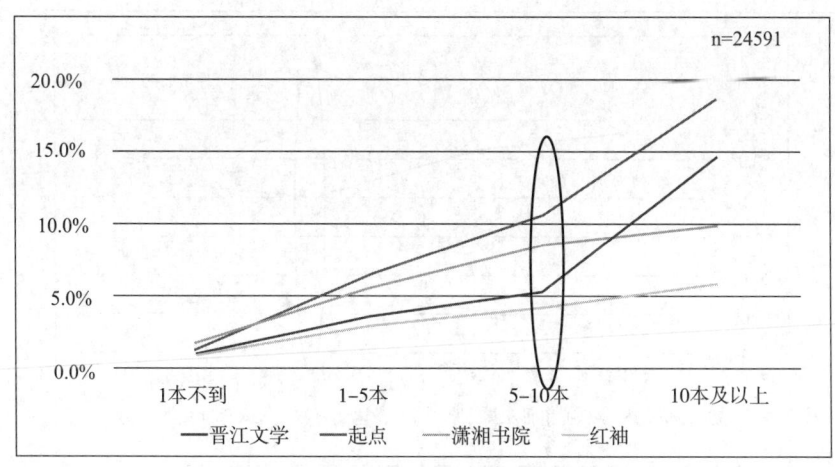

图27　在不同数字阅读数量中的内容来源

3. 阅读纸质书越多，对"晋江文学""起点"等文学网站使用率也越高

表9 在纸质阅读书数量中的内容来源

	1本不到	1—5本	5—10本	10本及以上
微信公众号推送和朋友圈分享	56.90%	52.10%	39.80%	43.90%
微博、豆瓣、人人等社交类App	10.00%	14.90%	11.80%	14.40%
澎湃、今日头条网易新闻等新闻App	15.10%	24.10%	24.00%	20.20%
浏览器网页	20.80%	24.30%	17.60%	22.20%
Kindle电子书	4.60%	10.80%	16.50%	11.60%
晋江文学	3.50%	5.20%	4.90%	7.40%
榕树下	2.30%	6.60%	12.10%	6.70%
起点	5.60%	8.20%	7.50%	10.40%
潇湘书院	3.60%	5.90%	8.20%	7.60%
红袖	2.10%	3.40%	3.20%	4.20%
新浪读书	3.50%	6.30%	7.40%	8.40%
腾讯读书	4.50%	7.20%	5.50%	8.30%
幻剑书盟	0.80%	0.80%	1.30%	4.50%
其他	18.10%	12.30%	8.10%	17.40%

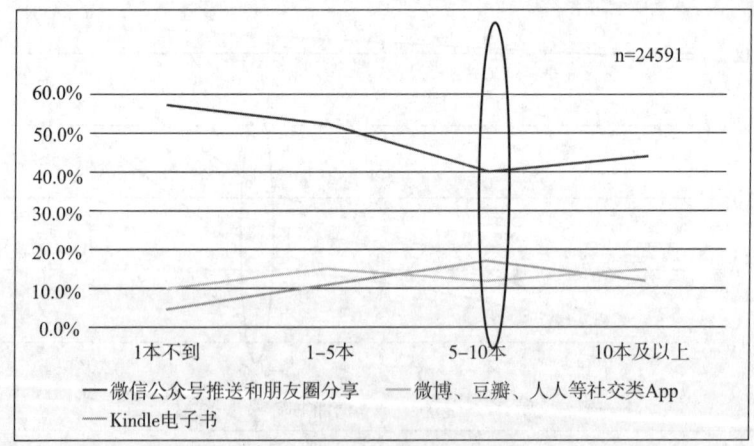

图28 在纸质阅读书数量中的内容来源

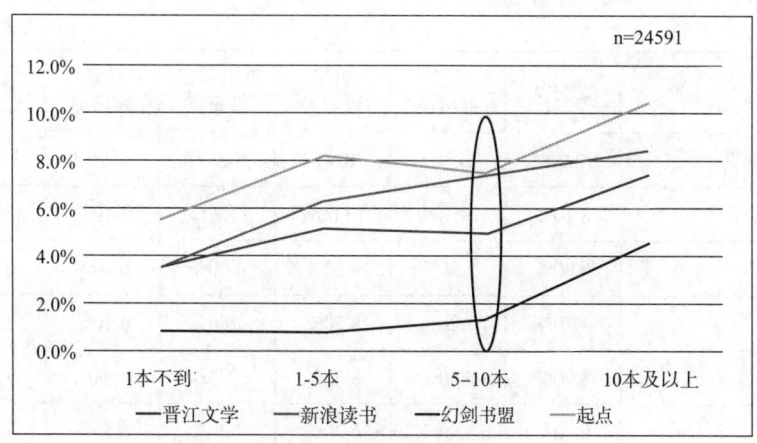

图29　在纸质阅读书数量中的内容来源

4. 内容来源与题材特征有高度相关性，差异化较明显

首先，人们通过"微信公众号推送和朋友圈分享"大多时候获取的是生活娱乐等信息，而不是政治经济军事等专业性信息，这也与微信本身的社交娱乐性相符合。其次，关注人文社科类题材的网民更偏向选择"澎湃、今日头条、网易新闻等新闻App"；而关注自然科学类题材的网民则更多会选择"浏览器网页"。这可能是由于"澎湃、今日头条、网易新闻等新闻App"提供了较多的人文社科类信息，而关注自然科学类题材的网民更喜欢在浏览器网页上查找相关内容。第三，人们通过"kindle电子书"和"澎湃、今日头条、网易新闻等新闻App"获得的是专业的人文、自然和政治经济知识，而文艺和生活娱乐类的知识比较少，可见阅读的题材对内容来源还是有很大影响的。

表10　　　　　　　　　**在不同题材中的数字阅读来源**

	文艺类	人文社科类	自然科学类	政治经济军事类	生活娱乐类	其他类
微信公众号推送和朋友圈分享	62.20%	57.40%	54.60%	53.80%	61.90%	38.80%
微博、豆瓣、人人等社交类App	16.30%	18.60%	16.90%	16.10%	19.40%	12.10%
澎湃、今日头条、网易新闻等新闻App	20.20%	30.30%	28.80%	31.70%	21.60%	11.60%

续表

	文艺类	人文 社科类	自然 科学类	政治经济 军事类	生活 娱乐类	其他类
浏览器网页	22.90%	26.80%	28.90%	30.90%	30.90%	25.30%
Kindle电子书	8.10%	13.10%	13.00%	11.70%	7.10%	5.10%
晋江文学	6.90%	5.30%	4.80%	4.00%	6.80%	6.10%
榕树下	4.70%	7.20%	8.20%	7.90%	4.10%	1.80%
起点	8.90%	8.50%	8.30%	10.70%	10.60%	9.80%
潇湘书院	6.30%	5.80%	6.20%	7.20%	6.50%	5.10%
红袖	4.20%	3.70%	3.80%	3.70%	4.60%	3.20%
新浪读书	6.70%	8.30%	7.70%	9.10%	7.30%	3.70%
腾讯读书	7.70%	8.40%	8.70%	8.60%	9.30%	5.90%
幻剑书盟	1.10%	1.10%	1.20%	1.50%	0.90%	2.50%
其他	8722	6875	6664	4916	9589	3191

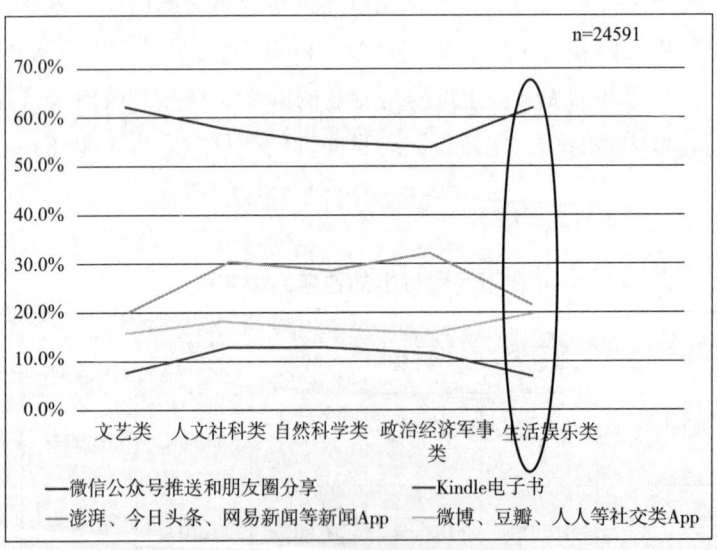

图30　在不同数字阅读题材中的内容来源

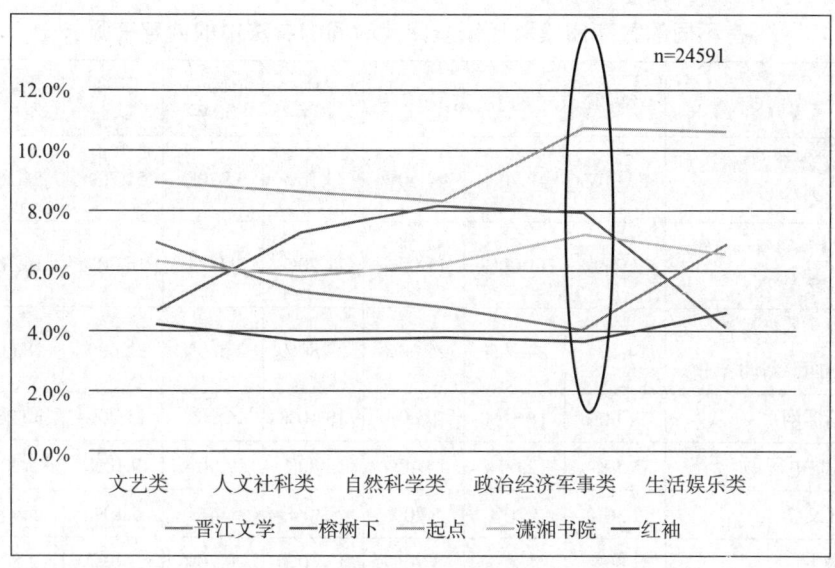

图31 在不同数字阅读题材中的内容来源

5. 内容来源是"专门性"的网民认为数字阅读更有可能取代纸质阅读

数据调查显示：首先，认为数字阅读会在3年内完全取代纸质书和永远都不会取代电子书的网民，数字阅读来源都是选择"微信公众号推送和朋友圈分享"。选择"微信公众号推送和朋友圈分享"的受众对未来数字阅读是否会完全取代纸质书出现不同的认知。

其次，内容来源是"浏览器网页"和"微博、豆瓣、人人等社交类App"的网民对数字阅读能否取代纸质阅读的认识大致相同，大多数人都认为永远也不可能；而内容来源是"Kindle电子书"和"澎湃、今日头条、网易新闻等新闻App"的网民则大多数认为会取代。

在文学网站这部分，除了阅读来源是"起点"和"腾讯读书"的网民认为永远也不可能取代的比例相对较高，其他来源网站的比例都不是特别高。所以总体而言，阅读来源是文学网站的网民对数字阅读取代纸质阅读持更积极的态度。

相比"浏览器网页"和"微博、豆瓣、人人等社交App"的社交性阅读，"Kindle电子书"和"澎湃、今日头条、网易新闻等新闻App"及"文学网站"更多提供的是一种专门性的阅读，网民更倾向认为数字阅读能够取代纸质阅读，这可能与他们已经形成的阅读习惯有关。

表11　　在不同的数字阅读取代纸质阅读时间的看法中的内容来源

	3年内	3-5年	5-10年	10-20年	20-30年	30年以上	永远也不可能
微信公众号推送和朋友圈分享	63.20%	49.20%	44.60%	38.10%	35.70%	51.70%	54.20%
微博、豆瓣、人人等社交类App	7.90%	11.00%	11.00%	11.20%	9.00%	16.00%	16.30%
澎湃、今日头条、网易新闻等新闻App	14.10%	24.20%	25.00%	23.80%	23.10%	22.60%	18.60%
浏览器网页	11.90%	18.30%	19.60%	18.10%	16.90%	25.90%	30.20%
Kindle电子书	5.50%	12.60%	14.40%	15.80%	12.90%	9.10%	5.70%
晋江文学	2.30%	3.70%	5.70%	5.30%	5.40%	5.40%	5.40%
榕树下	3.80%	7.80%	8.70%	12.10%	10.70%	5.40%	2.50%
起点	3.60%	6.80%	7.70%	8.30%	6.40%	8.30%	8.80%
潇湘书院	3.00%	6.10%	7.30%	7.80%	9.90%	4.70%	4.70%
红袖	1.80%	2.60%	3.30%	3.10%	3.80%	2.70%	3.40%
新浪读书	3.70%	6.30%	6.50%	6.10%	6.90%	6.00%	5.40%
腾讯读书	4.10%	5.70%	5.90%	5.00%	4.90%	5.10%	7.50%
幻剑书盟	0.90%	0.90%	1.00%	1.50%	3.10%	2.70%	1.20%
其他	9.40%	7.10%	9.00%	7.60%	6.70%	15.20%	24.30%

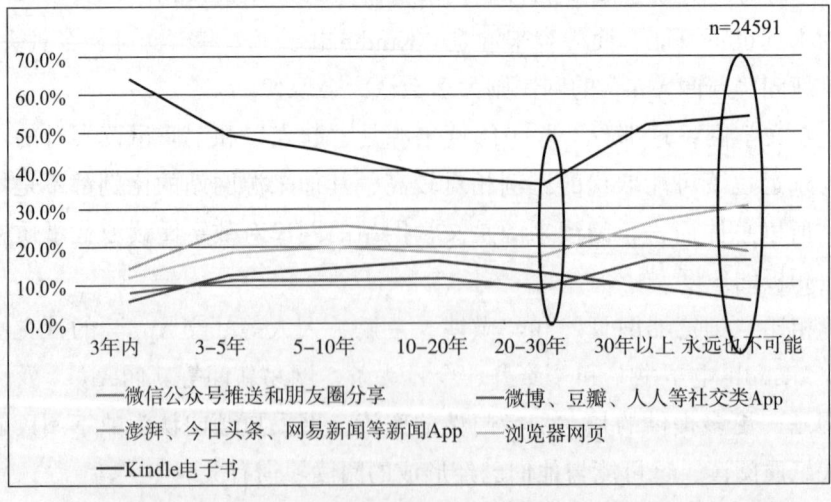

图32　选择不同内容来源的网民对数字阅读取代纸质阅读时间节点的看法

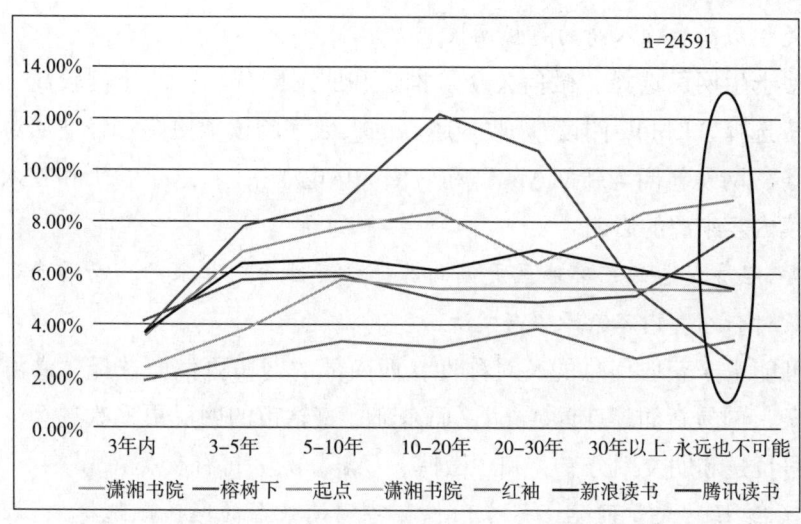

图33 在不同的数字阅读取代纸质阅读时间的看法中的内容来源

（四）小结

1. 数字阅读内容来源多样，但"微信公众号推送和朋友圈分享"的使用率最高，在中老年网民中影响较大

调查发现，通过"微信公众号推送和朋友圈分享"作为数字阅读的来源的网民占比最多，远远超过其他内容来源，这在一定程度反映了社交媒体对网民数字阅读的重大影响，也表明了网民在进行数字阅读时很大一部分也是出于社交的需要，社交性质的阅读在网民数字阅读中占有非常重要的地位。

随着年纪的增长，"微信公众号推送和朋友圈分享""浏览器网页"等数字阅读来源所占比例越来越高，而Kindle电子书和门户网站阅读来源所占的比例越来越小。这表明中老年网民也开始进行数字阅读，并不像大多数人所认为的，老年网民不太会进行数字阅读，数字阅读对中老年人的影响在增大，只是中老年和年轻网民在具体的数字阅读来源的选择上存在一些差异。

2. "社交性"阅读更多受未婚女性的喜爱，而选择"新闻性"阅读的多是已婚的男性

3. 选择"澎湃、今日头条、网易新闻等新闻App"和"Kindle电子书"

的多是学历高和收入高的男性网民

博士生网民选择"微信公众号推送和朋友圈分享"的比例较高，硕士生更多选择"Kindle阅读"。收入越高的人数字阅读上更多选择"澎湃、今日头条、网易新闻等新闻App"和"Kindle电子书"，这是学历和收入状况对阅读内容来源的影响。

4. 经济发达的东部地区更偏向选择社交性的内容来源，而西南部地区的网民对新闻类内容来源兴趣更大

可能由于获取信息的不对称性，西南部的网民更偏向选择"澎湃、今日头条、网易新闻等新闻App"，而东部、直辖市的网民更喜欢选择"微信公众号推送和朋友圈分享"和"微博、豆瓣、人人等社交类App"。

5. 选择"文学网站"等专门性数字阅读来源的网民比选择"社交性"阅读来源的网民更爱读电子书和纸质书

随着阅读电子书数量、时长的增加，"起点"等文学网站这一内容来源的比例大幅提高，而经常使用各种社交App（非专门的阅读网站）的读者的纸质书阅读数量也相对较少。这表明，选择社交性的阅读来源，在数字阅读的时长和电子书与纸质的阅读数量方面都相对较少，而选择专门性数字阅读的网民则更爱阅读电子书和纸质书。

6. "社交性"阅读来源的网民更偏向文艺类和生活娱乐类题材，而选择"文学网站"专门性阅读来源的网民更喜欢的是人文社科类和政治经济军事类题材

7. 选择"专门性"阅读来源的网民比进行"社交性"阅读来源的网民更倾向于认为数字阅读能取代纸质阅读。

对于数字阅读会完全取代纸质书的态度，选择不同内容来源的网民也呈现了差异。认为数字阅读会完全取代纸质书的网民多是进行专门化（内容来源多是"文学网站"和"Kindle电子书"）而非社交化阅读的（内容来源是"微信公众号推送和朋友圈分享"和"微博、豆瓣、人人等社交类App"），这可能是由于习惯了"文学网站"或"Kindle电子书"，他们认为这种阅读方式与纸质阅读差别不大，取代只是时间问题。而偏向社交阅读的人，可能更多认为这是一种社交交流，纸质阅读仍有其优势和独特性，因而数字阅读不能取代真正的纸质阅读。

四、数字阅读的时长与数量

（一）网民数字阅读时长

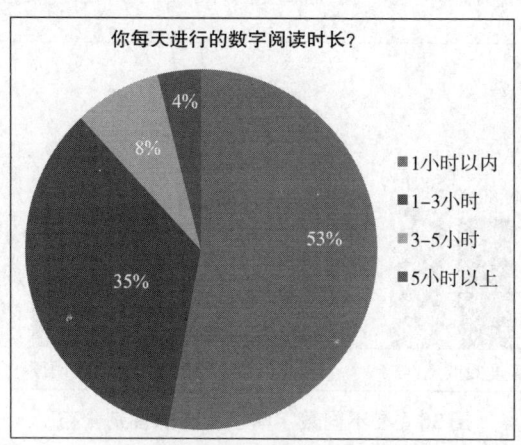

图34 网民每天的数字阅读时长

此次调查，将数字阅读时长分为三类：轻度阅读（每天1-3小时）；中度阅读（每天3-5小时）；重度阅读（每天大于5小时）。由此可得以下分析结果。

1. 基本描述

受访网民中，轻度数字阅读者（低于3小时／天）超过一半，达55%左右。可见绝大多数阅读者选择在碎片化的较短时间内进行数字阅读，用以娱乐或打发时间。可见，数字终端的技术发展吸引了人们大多数的零散注意力。

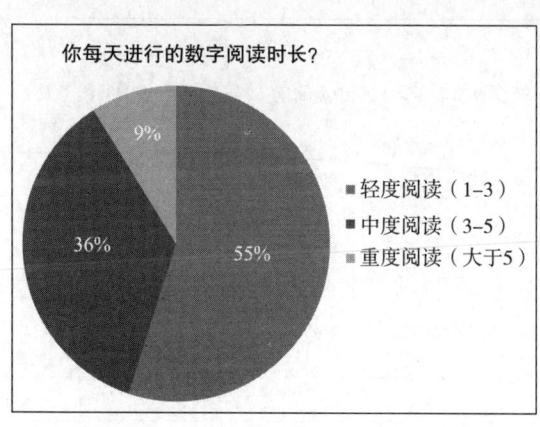

图35 网民每天的数字阅读时长

2. 基于人口特征的阅读时长分析

（1）性别：女性更偏爱数字阅读。由图36分析可知，无论是在轻度、中度还是重度的数字阅读网民中，女性占比都大于男性，尤其在重度阅读网民中，这种差异明显增大。可见，数字阅读的拥趸中女性居多。

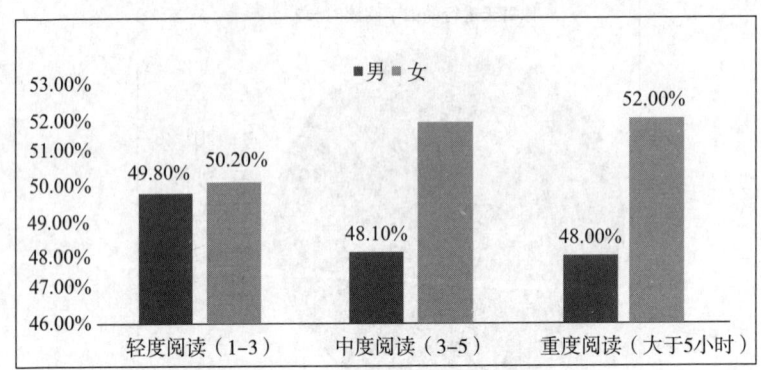

图36　在不同数字阅读者中的性别分布

（2）年龄：轻度数字阅读者比例随年龄增大呈上升趋势；中度、重度数字阅读者随年龄上升比例下降。

总体来看，所有年龄段的人群都更偏爱轻度数字阅读，尤其在70后和60后中，轻度数字阅读者占比超过九成，可见数字阅读习惯正在逐渐向中老年人群蔓延和扩展。而大于3小时以上的数字阅读者毫无疑问是年轻人，尤其是95后居多。随着年龄逐渐增大，中度和重度数字阅读者占比逐渐减少，14%的95后每天在数字阅读上花费3-5小时，而在60后中，这一人群占比仅有6%。

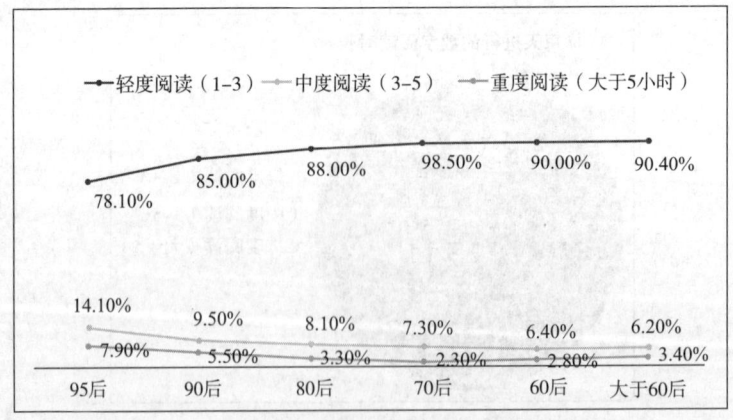

图37　在不同年龄段中的数字阅读时长分布

（3）地域：生活节奏越快的地域越喜欢轻度数字阅读。总体来看，各个地域的人群中轻度数字阅读都占据主体地位。通过将省份与每日数字阅读时长作交叉，可发现直辖市、东部省份等生活节奏较快，经济发展水平较高的地区中，这一比例要稍高一些，不过最高值的直辖市与最低值的西部省份之间的差距并不大，可见轻度数字阅读在全国各个省份发展较为均衡。

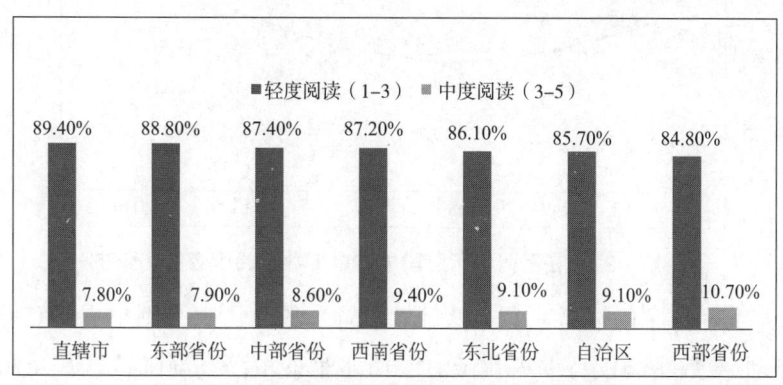

图38　在不同省份区域中的数字阅读时长分布

（4）学历：高中学历是轻度数字阅读的主力。轻度、中度、重度数字阅读者在不同学历中的分布曲线较为复杂，基本可总结为U型、S型与倒U型三种分布曲线。

a．最喜欢轻度数字阅读（每日1—3小时）的人群是高中学历者，随着学历逐渐升高，对轻度数字阅读的偏爱呈现出明显的U型分布。

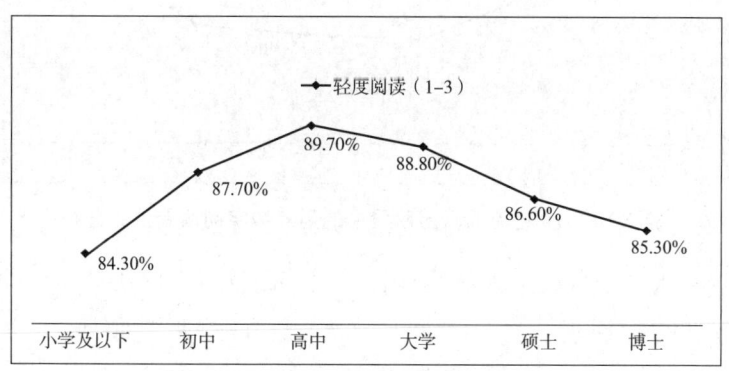

图39（1）　在不同学历阶段中的轻度数字阅读时长分布

b．而中度数字阅读者（每日3–5小时）的学历分布则呈现出S形的分布。在高中学历之前，随着学历的增高，中度数字阅读者的占比逐渐降低，随后则开始升高，直到硕士学历者到达轻度数字阅读者的顶峰，而上升至博士学历时，这一比例再次下降。

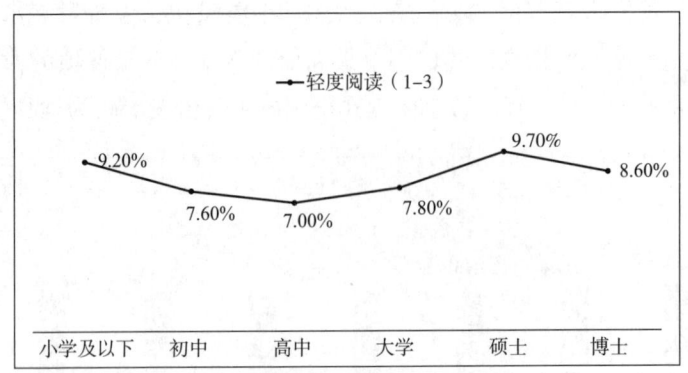

图39（2） 在不同学历阶段中的中度数字阅读者占比分布

c．重度数字阅读者（每日大于5小时）的学历水平则呈现倒U型曲线分布，重度数字阅读者的占比随着学历水平的增高逐渐降低，直至高中学历者。接下来开始缓慢爬升，但最钟爱重度数字阅读的群体是小学学历者和博士学历者。

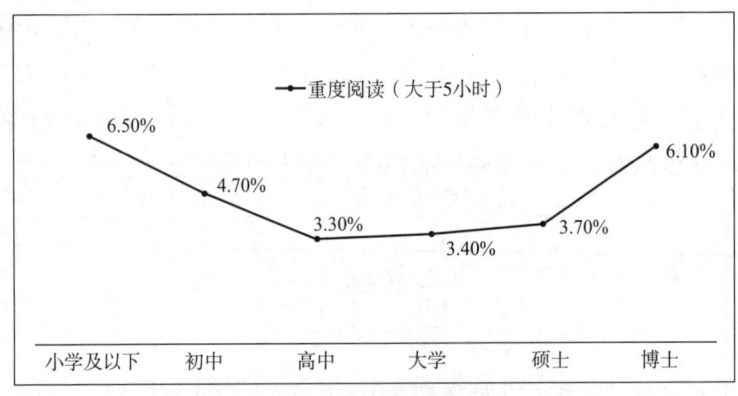

图39（3） 在不同学历阶段中的重度数字阅读者占比分布

（5）收入：中低收入人群热衷轻度数字阅读，与学历分布不同，不同收入情况者的数字阅读时长分布呈现出倒S型与S型两类曲线。

a．总体看，各个收入层级都更多地进行轻度数字阅读，占比均超过80%。其中，中低收入者最常进行轻度数字阅读。每月6000元以上收入人群中，随着收入增高，对轻度数字阅读的兴趣逐渐降低，但在15000-30000元超高收入人群中，这一比例再次升高。

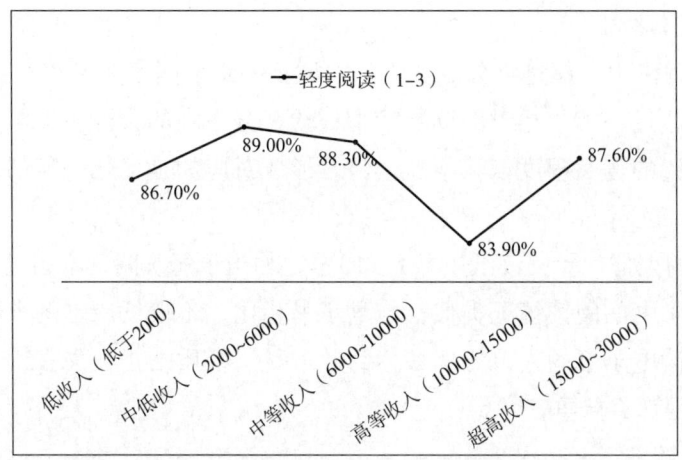

图40（1）　在不同收入情况中的轻度数字阅读者分布

　　b．中度和重度数字阅读爱好者以高等收入人群（10000–15000元）为主。但重度数字阅读的爱好者，中低收入人群也占据了相当的比例。这与学历分布呈现是较为一致的。

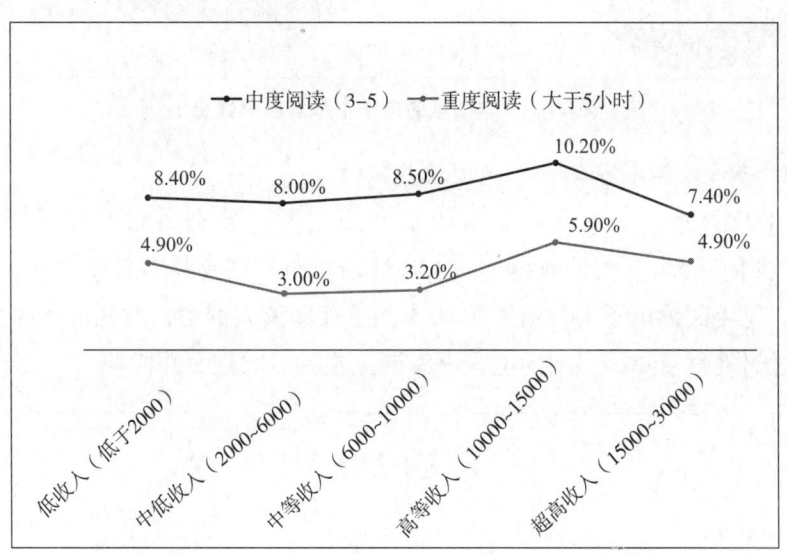

图40（2）　在不同收入情况中的数字阅读者分布

（二）网民电子书阅读数量

　　结合调查表与相关数据，我们将阅读量分为以下三个层级：不读（每年读书少于1本）；少量阅读（每年读书1–10本）；大量阅读（每年读书多于10本）。

1. 基本描述

受访网民中，超过百分之五十的人群，一年的阅读数量约1–10本，平均每月不超过一本，相对阅读数较少；约三分之一的人群不读电子书，可见电子阅读的普及程度依然不高。与之形成对应的是"你一年的纸质书阅读数量"，在受访人群中，超过一半。

52%的人群一年阅读纸质书1–10本，相当于每月阅读不超过一本纸质书，与电子书的阅读情况类似；与电子书相比，不读纸质书的人群百分比超过了不读电子书的人口比例，达到了40%。纸质书正在失去读者，但并没有想象得那么严重。

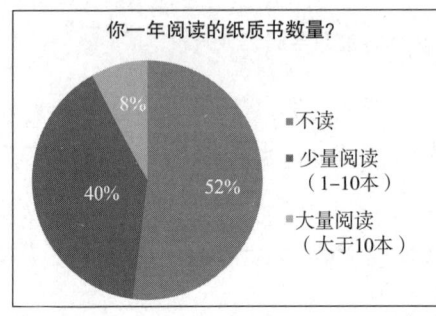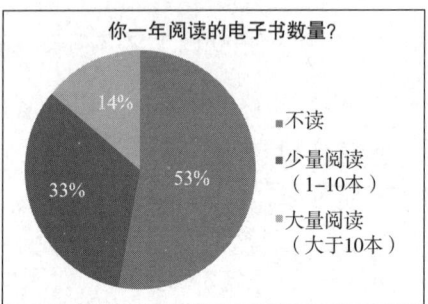

图41　一年阅读的电子书和纸质书数量

2. 基于人口特征的电子书阅读量分析

（1）性别：女性是电子书的重度阅读者。分别考察对电子书"不读""少量阅读""大量阅读"的人群性别分布，结合样本总体描述，可以看到，每年阅读电子书数量大于10本的重度阅读人群中，女性占比约58%，远超过男性。可见，当前的电子书阅读主要吸引的是女性读者。

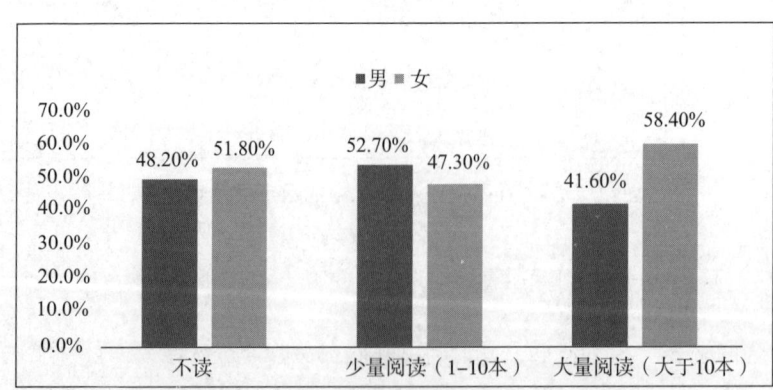

图42　不同电子书阅读数量者中的性别分布

（2）年龄：70后、80后是电子书阅读的主力人群。对电子阅读者的年龄分布进行交叉分析，可发现，电子书的阅读者以70后、80后、90后为主力，在这些年龄层中占比均在50%以上。在大于56岁的60后中，这一比例，尤其是重度阅读者的比例迅速下降，不进行数字阅读的人群比例显著上升。

令人惊讶的是70后和95后：与一般认知中80、90后对互联网和电子设备的钟爱不同，70后对电子书的阅读量是最大的；而95后作为网络原住民，不读电子书的人群比例却接近60后，达到35%，这也是值得探究的。

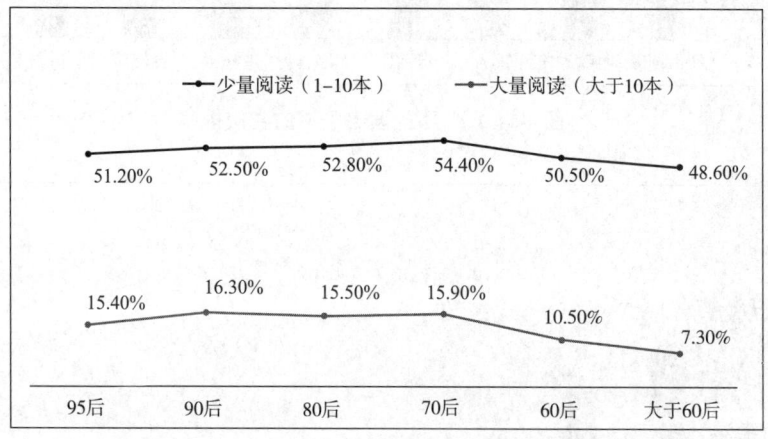

图43（1）　不同年龄阶段的电子书阅读数量占比分布

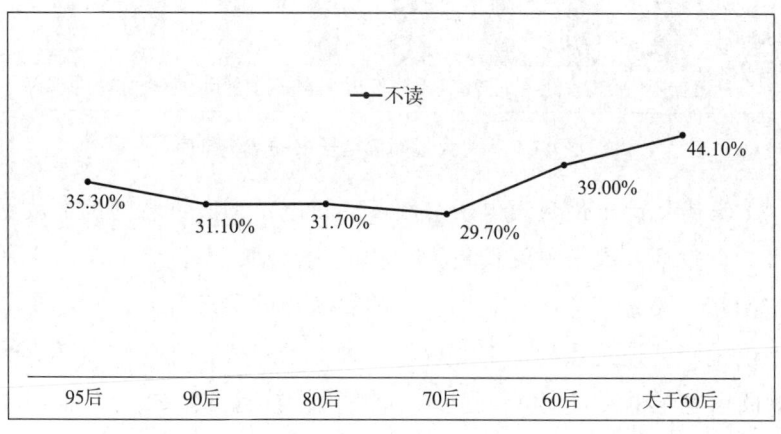

图43（2）　不同年龄阶段的电子书阅读数量占比分布

（3）地域：地域分布差异不明显

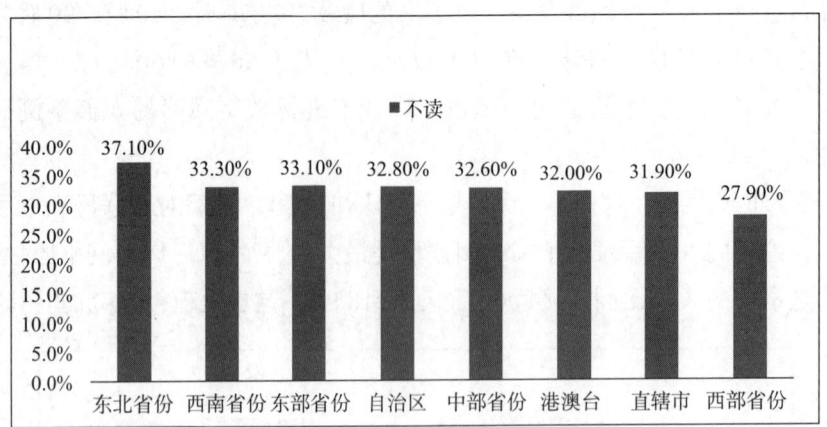

图44（1） 不阅读电子书的省份排序

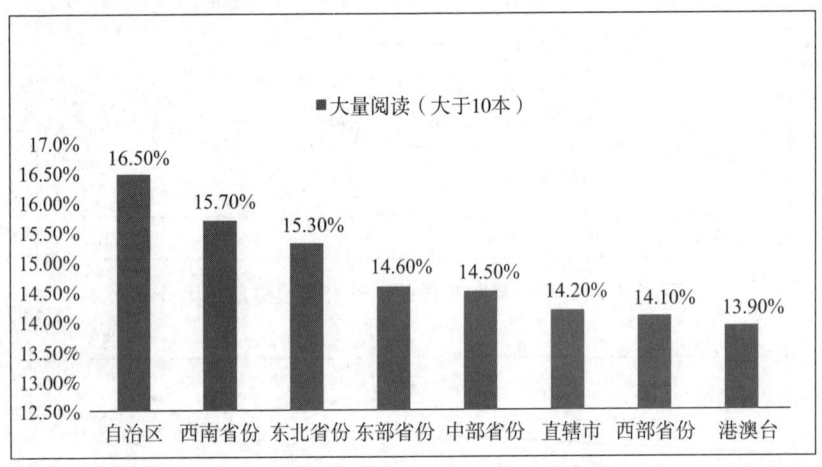

图44（2） 大量阅读电子书的省份排序

（4）学历：硕士最热衷电子书阅读。将电子书阅读者的读书数量与学历交叉，可发现：电子书阅读作为一种文化活动，与读者的学历水平呈现出一定的相关关系。从小学到硕士，随着学历的逐渐升高，对电子书的阅读，不论是轻度还是重度，都呈现出一种上升趋势，拥有硕士学历的人群最喜欢阅读电子书（轻度阅读过半，重度阅读接近五分之一）。而博士学历的人群则相对较少地阅读电子书，但降幅并不算大。

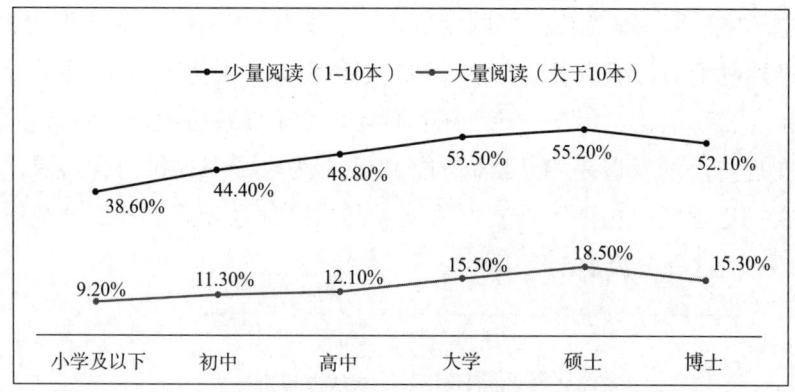

图45 不同学历层次中的电子书阅读数量占比分布

（5）月收入：随着收入增加，电子书阅读量缓慢上升。对数字阅读者的收入进行分析可发现，随着收入的增加，对电子书的少量阅读和大量阅读都呈现出缓慢的上升趋势，但超高收入人群（大于150000元）的电子阅读数量呈现下降趋势。

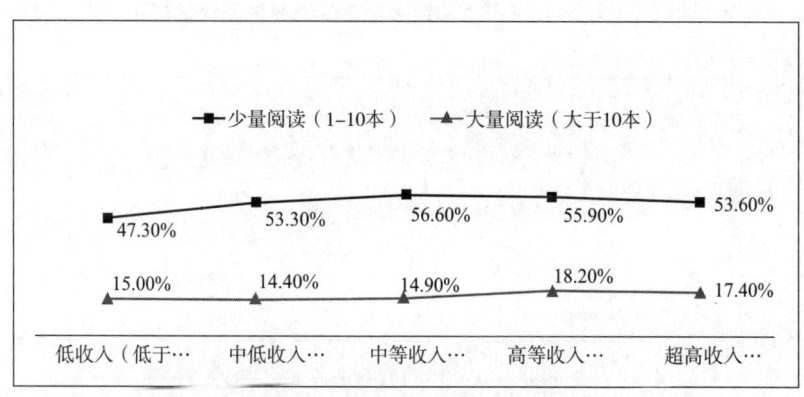

图46 不同收入层次中的电子书阅读数量占比分布

（三）电子书与纸质书的"协同竞争"

1. 电子书和纸质书阅读量的趋同化

通过对数字阅读者的纸质阅读情况进行分析发现，随着电子书阅读数量的增多，不读纸质书的人群在减少。简单说，电子书的阅读和纸质书的阅读是同步增加和减少的，因此，现阶段的电子书阅读者并非排斥纸质书，相反，电子书阅读与纸质书阅读并列存在。但与此同时，在每年读超过10本电子书的重度电子书阅读者中，接近一半（45%）的人群纸质书阅读量小于电子书，可见作为纸质书的竞争者，电子书的影响力正在逐渐增大。

这种电子书与纸质书的竞争关系一般称为"协同竞争"。矛盾的双方相互联系、相互依赖、相互引导、相互转化，竞争导致协同，协同引导竞争。二者在现阶段的发展是相互协同的，纸质书为电子书提供内容来源，而电子书在一定程度上拓展了纸质书的读者群，同时也分流了一部分纸质书阅读者，虽然这种分流的范围很小。

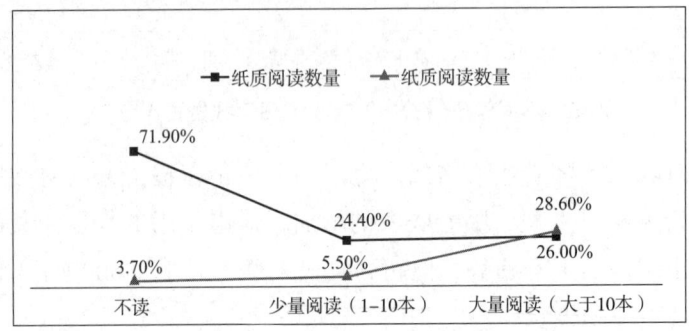

图 47（1）　不同电子书阅读数量者的纸质书阅读情况（1）

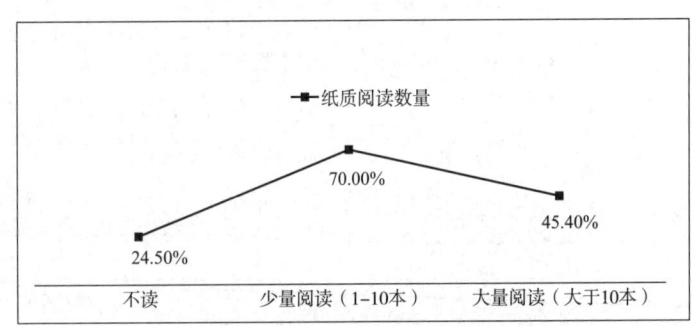

图 47（2）　不同电子书阅读数量者的纸质书阅读情况（2）

2. 电子书与纸质书阅读人群的同质化

（1）通过对电子书和纸质书爱好者的对比分析，可以发现，二者进行对轻度、中度和重度阅读人群的学历和收入水平呈现出同步增长、同步下降的趋同性质，两类人群在学历和收入上体现出了极大的同质趋向。对同一批受众进行争夺，这也是现阶段二者进行"协同竞争"的重要证据。

调查发现，现有的电子书阅读者，仍然与纸质书阅读者具有极大的同质性，可以说，电子书是作为一种平行选项出现在爱书人视野中的，其便捷和即时更新、易获得性都是对纸质阅读的一种补充。真正的重度阅读者

（每月阅读超过1本书的人群）会同时通过两种途径阅读，这也极大地增进了知识的获取效率。

与纸质书阅读相比，电子书阅读者之间的学历差异并不十分明显，电子书在知识普及和精神追求方面，一定程度上抹平了不同学历人群的差异，兼顾了不同人群的精神需求。极为平缓的钟形曲线表明，电子书阅读一定程度上破除了纸质书阅读的中产者垄断。

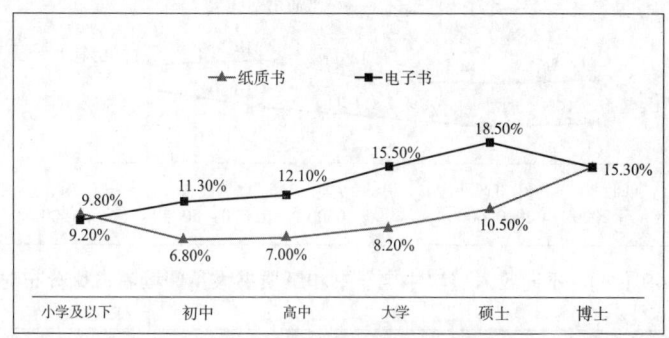

图48（1） 不同学历阶段中电子书和纸质书大量阅读者占比分布对比

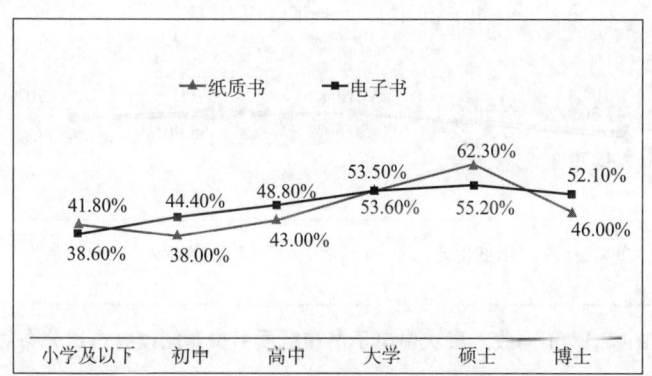

图48（2） 不同学历阶段中电子书和纸质书少量阅读者占比分布对比

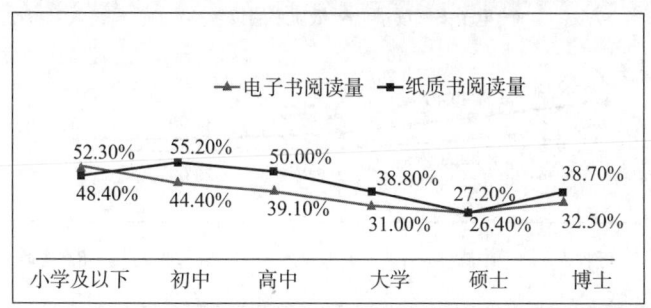

图48（3） 不同学历阶段中电子书和纸质书不阅读者占比分布对比

　　总体来看，所有的收入阶层都更为喜爱阅读电子书，尤其是阅读量较大时。纸质书的阅读数量基本与收入成正比增加，超高收入人群更喜欢大量阅读纸质书而非电子书，电子书阅读和纸质书阅读的曲线非常接近，但电子书阅读更偏向中产和一般收入人群。

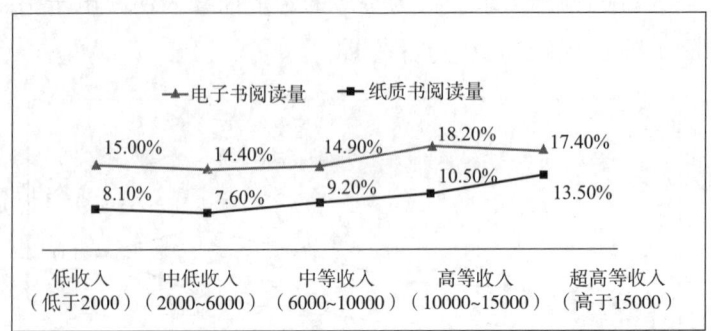

图49（1）　不同收入层次中电子书和纸质书大量阅读者占比分布对比

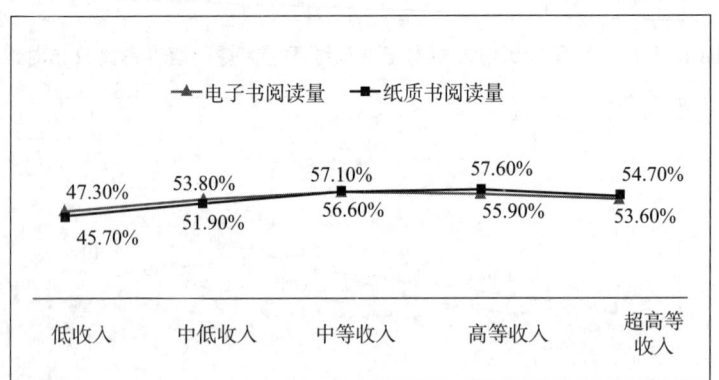

图49（2）　不同收入层次中电子书和纸质书少量阅读者占比分布对比

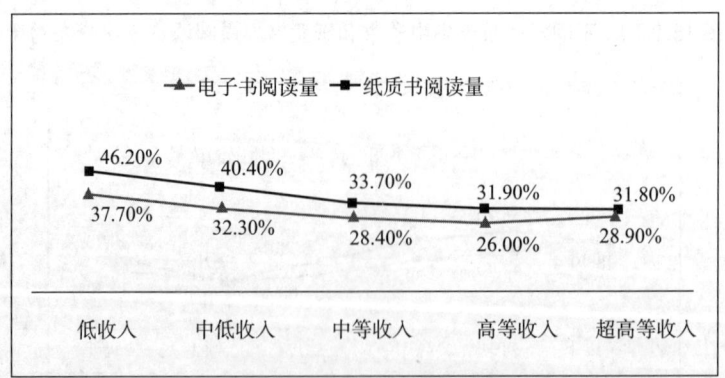

图49（3）　不同收入层次中电子书和纸质书不阅读者占比分布对比

（2）同质化背后是对知识获取渠道的扩展。1970年，明尼苏达大学的蒂奇诺、多诺休等人提出了著名的"知识沟假说"：随着大众媒体向社会传播信息的增多，社会地位高的人将比社会地位低的人以更快的速度获得信息，因此，两类人之间的"知识沟"将呈扩大趋势。他们同时提出，除主观因素（如受过高等教育人群的人际网络和对信息的主动选择和接触）之外，其他客观因素，如媒介对主流人群的锚定等，也是不可忽略的因素。[1]

经典的知识沟理论主要集中在对印刷媒介的探讨上。一般认为，印刷媒介要求的较高分析能力和理解能力导致了知识沟的产生，但是，像电视的使用则与受教育程度和收入关系不大。蒂奇诺等人通过对儿童教育节目《芝麻街》的研究发现，经常收看该节目的贫困家庭的儿童和富裕家庭儿童之间的知识沟在缩小。因此，他也提出，电视是某些领域知识的"知识均衡器"。随着新的媒介技术的发展，一些学者还提出了"数字鸿沟"的概念，呈现在社会鸿沟方面，就是信息富有者和信息匮乏者之间的差距。

结合此次调查，数字阅读和电子书阅读确实在一定程度上抹平了"知识鸿沟"，但是，电子书阅读中呈现的"博士不读电子书"和纸质书阅读中呈现的"小学生爱读纸质书"两个现象依然值得思考。高收入、高学历者与低收入、低学历者之间的主观阅读取向，也可能造成二者在某些专业知识领域方面的"知识沟"进一步扩大。

（四）对电子书取代纸质书时间预测的"认知错位"

在调查中，根据对电子书取代纸质书时长的判断，我们将其分成对电子书态度乐观（3年内取代）；态度次乐观（3-10年内取代）；态度平和（10-30年内取代）；对电子书态度悲观（大于30年甚至更久取代纸质书）四个层次。根据对"电子书取代纸质书时间预测"和"过去一年阅读电子书数量"两道题的分析发现，越是对电子书进行大量阅读的读者，其态度越是平和，尤其是每年阅读超过10本电子书的人群，对电子书和纸质书之间的关系有更为全面的理解。虽然68%的轻度阅读者认为，在3-10年内电子书能够取代纸质书，但认为取代时间在10-30年之内的人群仍然占到64%。

与之形成鲜明对比的是，从不进行电子书阅读的人群，他们对电子书

---

[1] TICHENOR P J, DONOHUE G A, OLIEN C N. Mass Media Flow and Differential Growth in Knowlegde［J］. Publishing Opinion Quarterly, 1970, 34（2）.

取代纸质书的时间态度更为激进。可见，对电子书的阅读越深入，对纸质书被取代的预测期也越长。当前，电子书的读者与纸质书的读者具有较高的同质性。

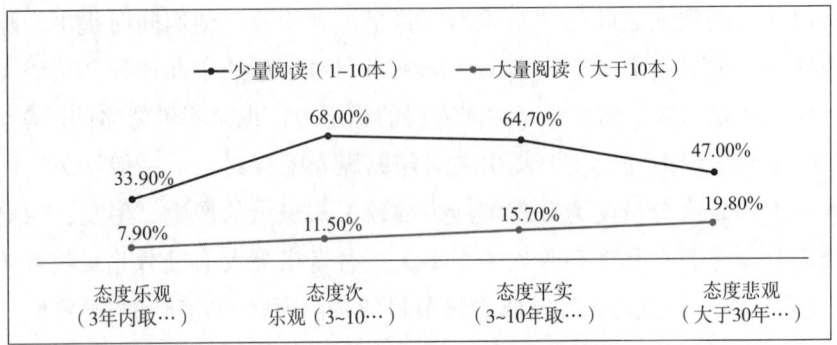

图50（1） 电子书阅读者对电子书前途的预测情况（1）

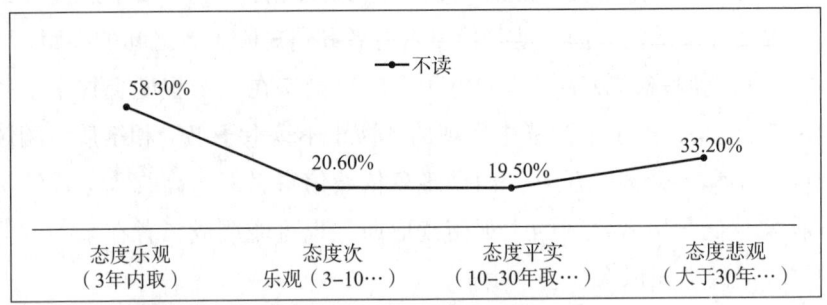

图50（2） 电子书阅读者对电子书前途的预测情况（2）

（五）小结

1. 关于网民数字阅读时长情况

55%的受访网民每天数字阅读的时长约为1-3小时。其中，女性是数字阅读，尤其是重度数字阅读的主体人群；随着年龄增长，轻度数字阅读人群的占比逐渐上升。表现在地域上，地域生活节奏越快，人均收入水平越高的省份，越热衷轻度数字阅读。

2. 关于网民电子书阅读数量情况

三分之一的网民不阅读电子书，40%的网民不阅读纸质书。50%以上的网民每年仅阅读1-10本的电子书，纸质书数量更少。其中，女性是电子书的重度阅读者，随着年龄的增长，95后到70后人群中电子书的轻度阅读者占比类似。可见，电子书阅读并不是年轻人的专属爱好。当然，电子书的重度阅读者依然集中在90后与95后中。随着学历上升，对电子书和纸质书的轻度阅读和重度人群占比都有显著升高。可见，电子书阅读仍然是一种文化活动和较高的精神追求。随着收入的增加，电子书少量阅读人群和大量阅读人群占比均有上升，可见，电子书阅读在中产阶级中较为普及。

3. 数字阅读一定程度上抹平了不同学历和收入者之间获取知识的鸿沟

根据以上的数据分析和对"知识沟"和"数字鸿沟"的讨论，数字阅读正如1970年代的电视等媒介一般，成为了某些领域知识的"知识均衡器"。"现在数字阅读率已经超过58%，数字阅读最有效地、最大限度地消除了城乡之间、不同地域间信息获得的鸿沟。"中国新闻出版研究院院长魏玉山说，数字阅读解决了过去传统出版物所不能覆盖、不能到达的人群，提供了获取信息的新方式。随着移动互联网的发展，人们的数字阅读习惯正由浅入深，从碎片化阅读向系统性阅读发展。

4. 电子书阅读者与纸质书阅读者呈现出一种同质化趋向，二者在阅读爱好者中属于"协同竞争"关系

通过数据分析可以看出，现有的电子书阅读者，仍然与纸质书阅读者具有极大的同质性，可以说，电子书是作为一种并行选项出现在爱书人视野中的，其便捷和即时更新、易获得性都是对纸质阅读的一种提升。真正的重度阅读者（每月阅读超过一本书的人群）会同时通过两种途径阅读，这也极大地增进了知识的获取效率。可惜的是，这类人群在社会中所占比例不大，真正值得警惕的问题是"超过三分之一的人群不读书""超过一半的人群每月读不到一本书"。在社交性的、轻松简单的资讯内容阅读方面，电子终端显然拥有极人的优势。

5. 对电子书的前景预测的"认知错位"：对电子书的阅读越深入，对纸质书被取代的预测期也越长

美国学者罗杰·菲德勒认为，媒介形态变化，即人类传播方式的改变，通常是社会需要、竞争和技术压力，以及社会和技术革新间复杂的相互作用促成的。他还提出了媒介形态变化的六个原则：（1）共同演化和共同生存的原则：新媒介的产生不一定意味着旧有媒介的消失；（2）形态变化原则：新媒介总是从旧有媒介的形态变化中逐渐产生，新的技术必须要连接过去；（3）增殖原则：新媒介会在旧有媒介的形态特点上有所改进；（4）生存法则：新媒介要么适应与进化，要么死亡；（5）机遇与需要法则：社

会、政治、经济因素有时会产生决定性影响：（6）延时使用：一项技术从产生到最后普及一般会有30年的时间。[①]

根据菲德勒的媒介变化六原则，我们能够发现，电子书阅读是脱胎于纸质书阅读的，它结合了纸质书的内容和电子终端的特点，在其旧有的基础上进行了改进，更适应于社会政治、经济等因素的新发展。

五、婚姻状况下的阅读题材

人是作为一个社会人存在的，婚姻对一个人生活状态的影响必然十分巨大，从阅读行为来说，不仅会影响到个人的时间分配、阅读的偏好等，夫妻二人的阅读习惯也会相互影响。调查发现，受访网民对不同题材的选择及与之相关的阅读习惯存在关联。

（一）受访网民数字阅读的题材分布

1. 总体分布

本次调查将数字阅读的题材类型分为文艺类、人文社科类、自然科学类、政治军事类、生活娱乐类和其他类。调查数据显示，在进行数字阅读时，生活娱乐类和文艺类是最受欢迎的，分别是39.0%和35.5%；其次是人文社科类和自然科学类，分别是28.0%和27.1%；最后是政治军事类和其他类，分别是20.0%和13.0%。

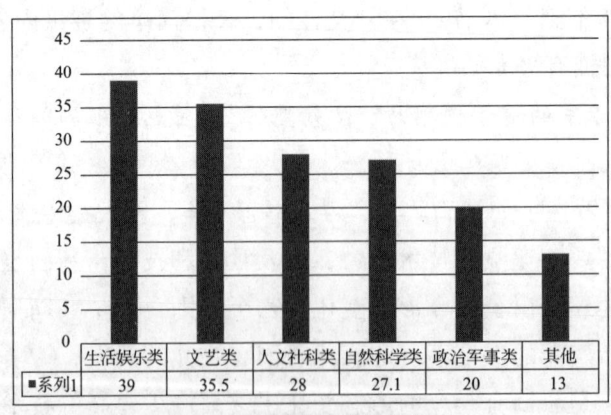

图51　不同题材的总体分布

---

① 罗杰·菲德勒. 媒介形态变化：认识新媒介[M]. 明安香，译. 北京：华夏出版社，2000：24-25.

2. 不同题材的地理分布

（1）文艺类题材上海阅读率最高，海南省最低

由数据分析得出，在文艺类题材中，上海的阅读率远超其他省份，高达40.70%，而吉林省和海南省相较其他省份而言对文艺类题材兴趣稍低。

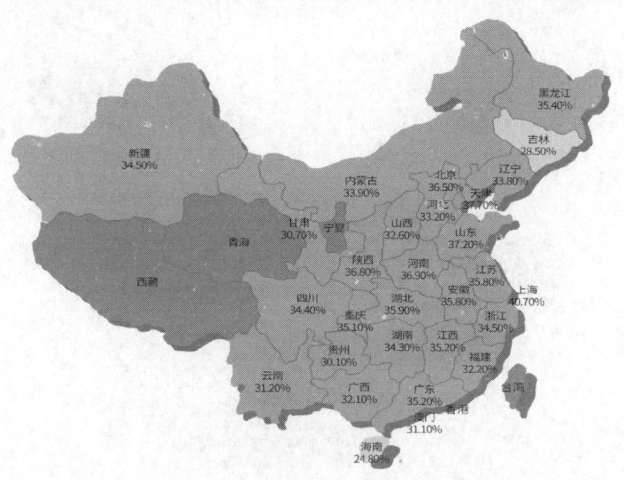

图52　文艺类阅读率地理分布

（2）人文社科类题材北京阅读率最高

由数据分析得出，在人文社科类题材中，北京、云南、湖北、海南、河南、山东地区的阅读率要远高于其他省份，北京、云南和湖北地区阅读率最高，依次是32.00%、31.90%和31.20%，而内蒙古、甘肃和安徽等地区阅读率较低。

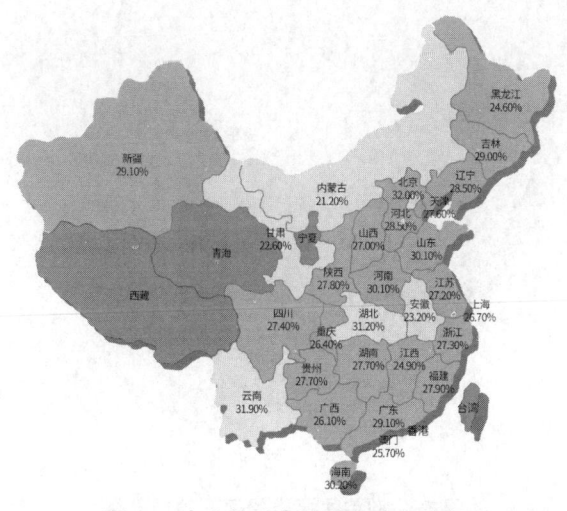

图53　人文社科类阅读率地理分布

（3）自然科学类阅读率海南省最高

在自然科学类题材中，海南、湖北和河南地区的阅读率要远高于其他地区，依次是32.20%、31.60%和30.90%，而新疆、澳门、内蒙古等地区阅读率较低。

图54　自然科学类阅读率地理分布

（4）政治军事类阅读率海南省、云南省最高，天津市最低

数据显示，在自然科学类题材中，海南和云南地区的阅读率要远高于其他地区，依次是25.50%和25.40%，而天津市的阅读率较低。

图55　政治军事类阅读率地理分布

（5）生活娱乐类——基本沿长江流域分布，其中四川省和浙江省的阅读率最高

有意思的是，长江流域的网民更钟爱生活娱乐类题材，四川省和浙江省的阅读率居前两名，依次是46.00%和45.10%，而澳门、甘肃等地区的阅读率较低。

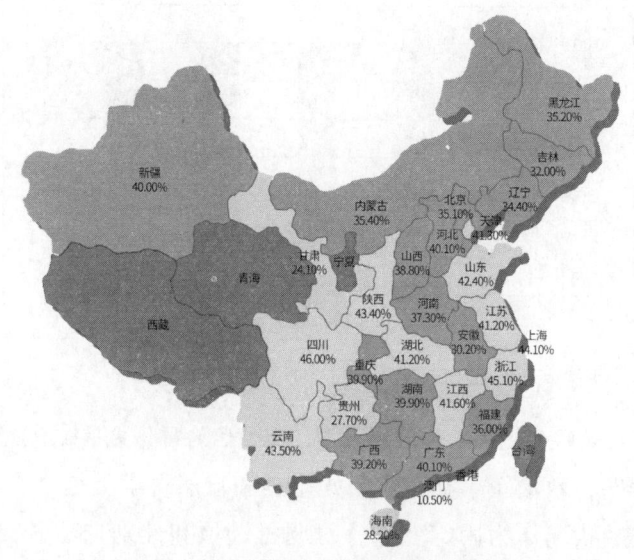

图56　生活娱乐类阅读率地理分布

（二）不同婚姻状况下的题材人口特征分析

1. 政治军事类、自然科学类和人文社科类题材更受男性偏爱

调查显示，政治军事类、自然科学类和人文社科类是男性偏爱的类型，其中政治军事类、自然科学类最受男性欢迎，男女比例差分别为43.8%和21.2%；而文艺类和生活娱乐类则为女性所偏爱，男女比例差分别为-22.6%和-17.2%。

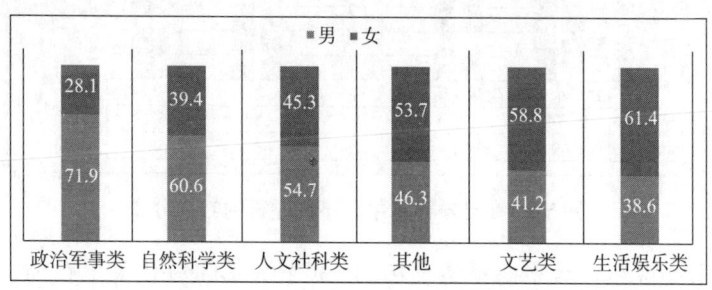

图57　不同题材在性别中的比例分布

2. 政治军事类、生活娱乐类和自然科学类更受已婚人群喜爱

从图58中可以看到，各题材类型在不同婚姻状况中的分布趋势极为一致，均是已婚群体远高过未婚群体，总体比例约为7∶3。其中政治军事类、生活娱乐类和自然科学类更受已婚人群喜爱。

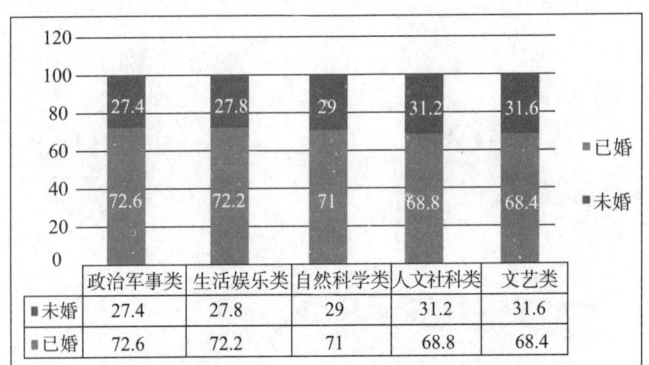

图58 不同题材的情感状况分布

3. 男性已婚群体更偏爱政治军事类，女性已婚群体更偏爱自然科学类

图59表明，政治军事类、生活娱乐类和自然科学类是最受已婚人群喜爱的。将婚姻状况作为固定变量，对题材选项和性别选项做交叉后发现，除了共同的喜好生活娱乐类之外，男性已婚群体更偏爱政治军事类，女性已婚群体更偏爱自然科学类，这是一个有意思的发现，可能跟已婚女性需要更多地担负子女教育的责任有关。

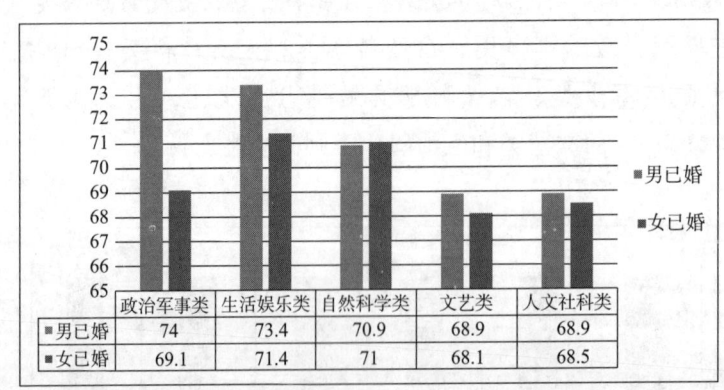

图59 在已婚群体中，不同题材的性别分布

4. 未婚群体阅读率高峰集中在21-30岁，已婚群体集中在31-40岁

将婚姻状况作为固定变量，通过对题材与年龄段做交叉后发现：

（1）受访网民中，未婚群体的阅读率高峰出现在21-30岁，而已婚群体则在31-40岁。

（2）虽然各题材在未婚、已婚群体中的总体分布趋势基本一致，但其中在21-30岁的未婚群体中，生活娱乐类、人文社科类与文艺类要远高于政治军事类和自然科学类。而在已婚群体中，41-50岁这个年龄段中，文艺类、政治军事类和生活娱乐类阅读率要高于人文社科类和自然科学类。

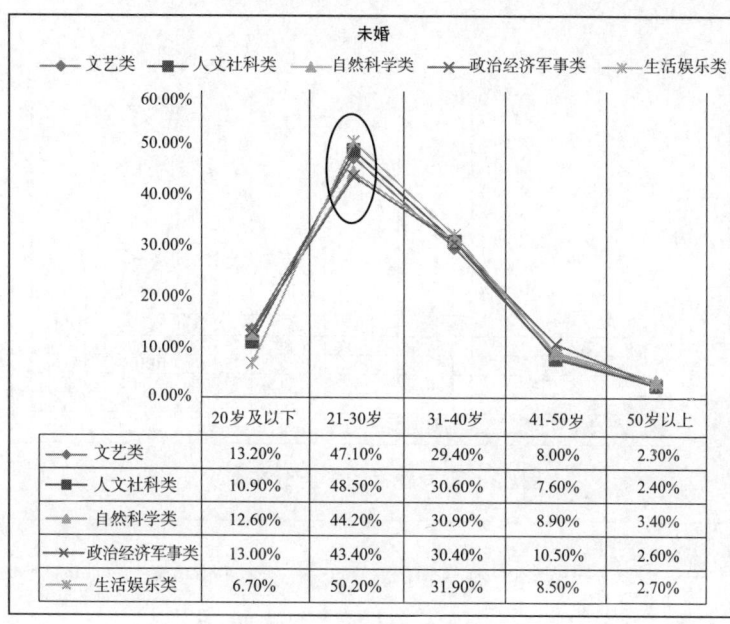

图60　不同题材的年龄分布

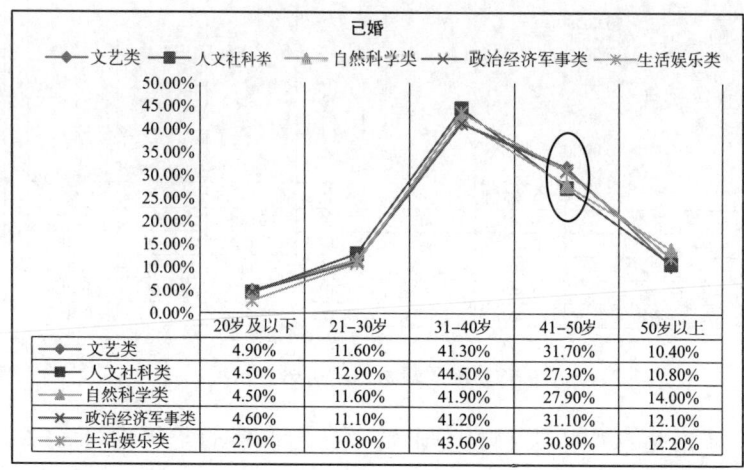

图61　不同题材的年龄分布

5. 受访网民中已婚群体相比未婚群体在题材阅读率方面有低学历倾向

在未婚、已婚受访网民中，不同题材类型在不同学历中的分布较为一致，且在本科学历的人群中达到峰值，远超其他学历人群。对比未婚、已婚数据发现，未婚群体中硕士学历人群的各题材阅读率高于已婚人群，而已婚群体中高中学历的各题材阅读率高于未婚群体，即总体而言，已婚群体相较未婚群体题材阅读率有低学历倾向。

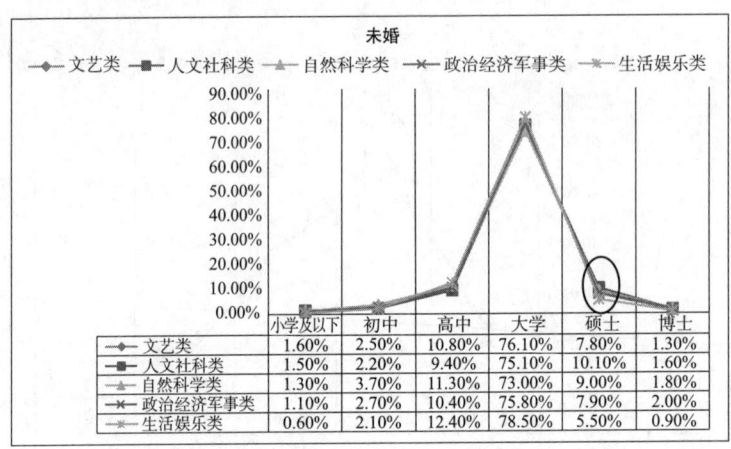

图62　不同题材的学历分布情况

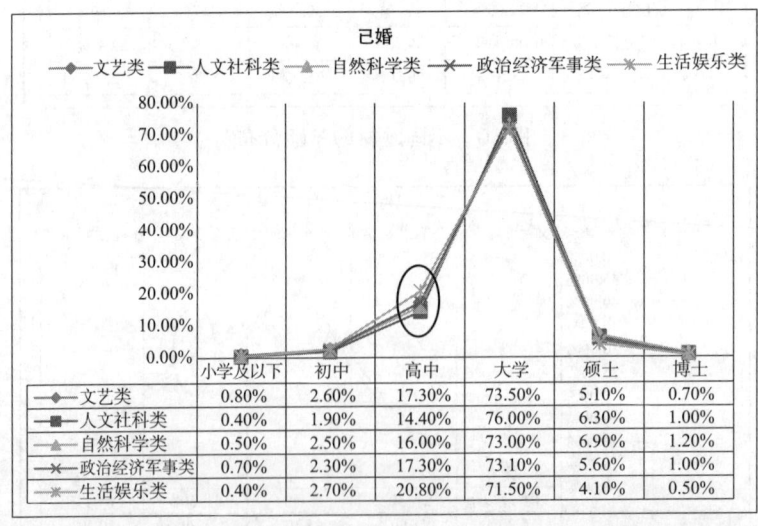

图63　不同题材的学历分布情况

进一步对生活娱乐类题材中未婚和已婚群体的学历进行考察后发现，在高中和大学这两个学历上存在明显差别。

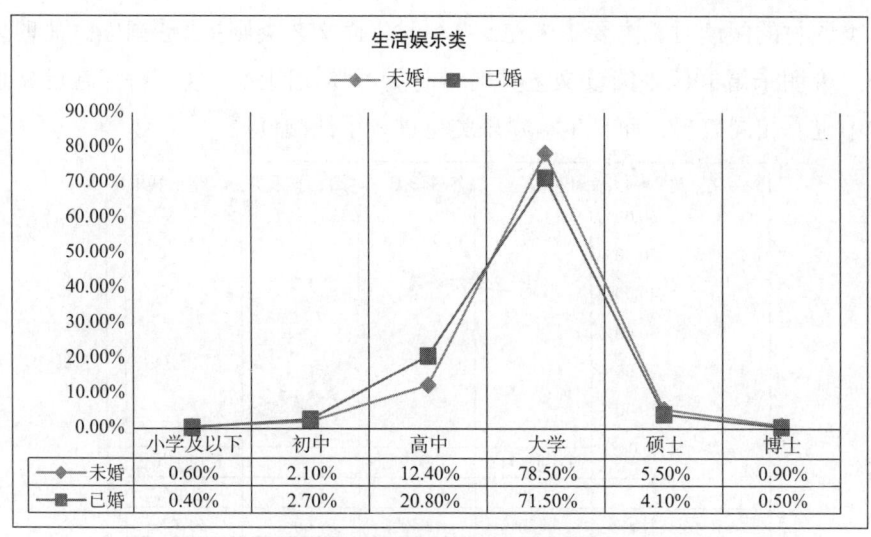

生活娱乐类

	小学及以下	初中	高中	大学	硕士	博士
未婚	0.60%	2.10%	12.40%	78.50%	5.50%	0.90%
已婚	0.40%	2.70%	20.80%	71.50%	4.10%	0.50%

图64 生活娱乐类题材的学历分布

6. 文艺类题材中，未婚群体相较已婚群体具有低收入偏向

通过对文艺类题材中已婚群体和未婚群体的月收入情况进行考察，可以发现，已婚群体主要集中在2001-6000元，而未婚群体集中在2000—4000元，2000元以下月收入中未婚群体远高于已婚群体。总体而言，在偏爱文艺类题材的受访网民中，未婚群体相较已婚群体具有低收入偏向。

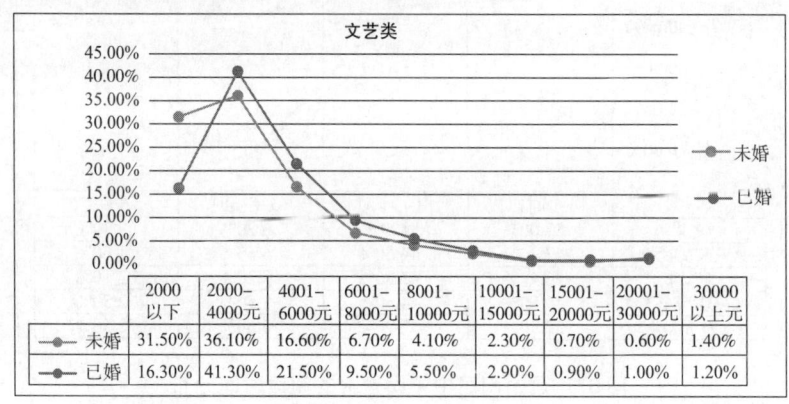

文艺类

	2000以下	2000-4000元	4001-6000元	6001-8000元	8001-10000元	10001-15000元	15001-20000元	20001-30000元	30000以上元
未婚	31.50%	36.10%	16.60%	6.70%	4.10%	2.30%	0.70%	0.60%	1.40%
已婚	16.30%	41.30%	21.50%	9.50%	5.50%	2.90%	0.90%	1.00%	1.20%

图65 文艺类题材中未婚与已婚群体的月收入分布

（三）不同婚姻状况下的题材阅读习惯

1. 大家都爱"浅文艺"，婚后还爱"浅娱乐"

数据显示，在未婚网民中，人文社科、自然科学、政治军事和生活娱乐类题材的阅读时长主要集中在1–3小时，而文艺类则主要集中在1小时以内，说明未婚群体中阅读文艺类题材时更习惯浅阅读。这一特点在已婚群体中也有相同表现，而且生活娱乐类也进入了浅阅读区。

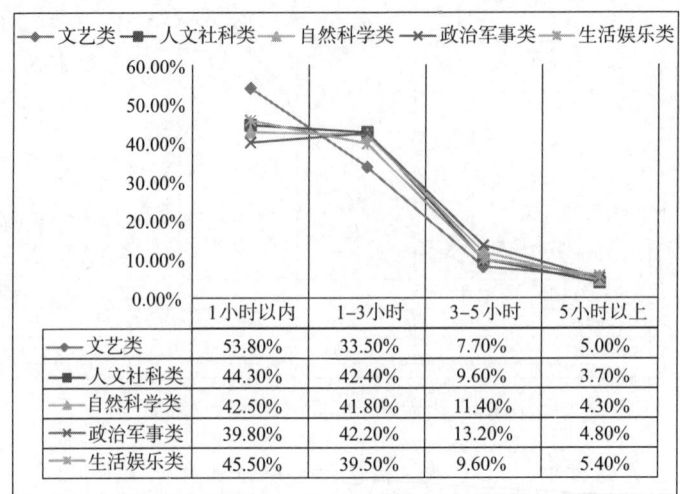

图66　未婚网民中不同题材的阅读时间分布

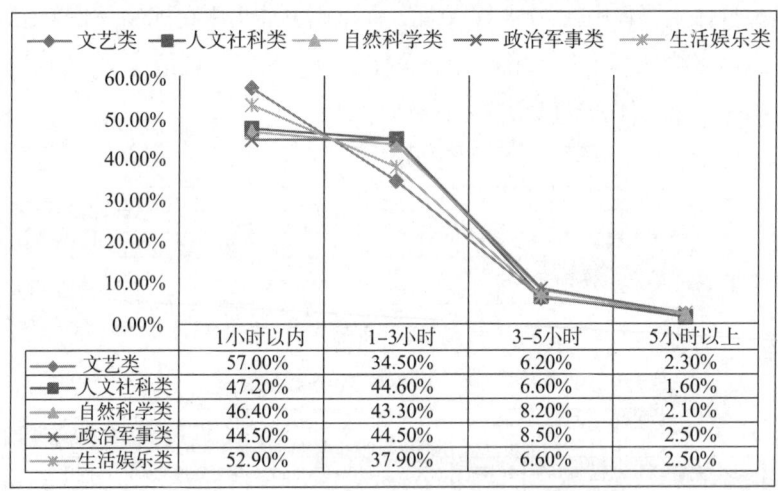

图67　已婚网民中不同题材的阅读时间分布

2. 已婚群体阅读数量更为集中

通过图68与69对比发现，已婚群体中不同题材的阅读数量分布较未婚群体更为集中，分布趋势更为一致。且在文艺类与生活娱乐类题材方面，未婚群体的重度读者（即阅读10本及以上）百分比要显著高于已婚群体。

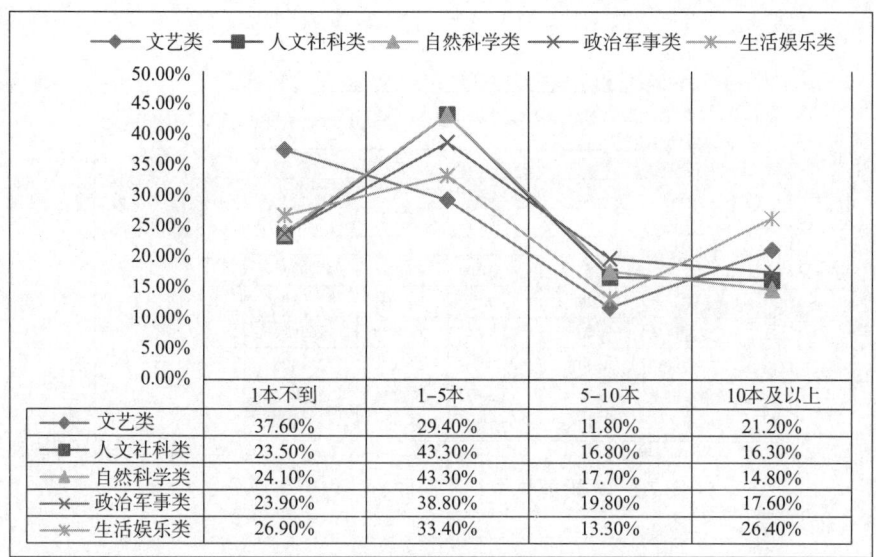

	1本不到	1–5本	5–10本	10本及以上
文艺类	37.60%	29.40%	11.80%	21.20%
人文社科类	23.50%	43.30%	16.80%	16.30%
自然科学类	24.10%	43.30%	17.70%	14.80%
政治军事类	23.90%	38.80%	19.80%	17.60%
生活娱乐类	26.90%	33.40%	13.30%	26.40%

图68 未婚网民中不同题材的阅读数量分布

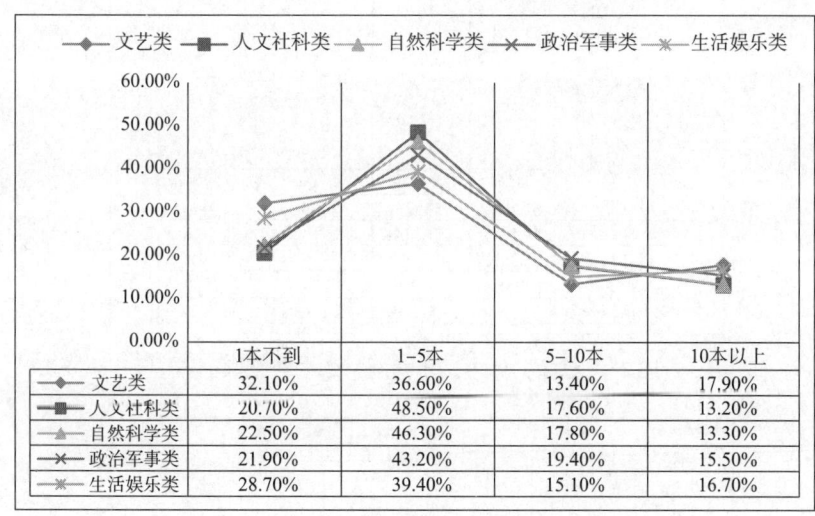

	1本不到	1–5本	5–10本	10本以上
文艺类	32.10%	36.60%	13.40%	17.90%
人文社科类	20.70%	48.50%	17.60%	13.20%
自然科学类	22.50%	46.30%	17.80%	13.30%
政治军事类	21.90%	43.20%	19.40%	15.50%
生活娱乐类	28.70%	39.40%	15.10%	16.70%

图69 已婚网民中不同题材的阅读数量分布

3. 已婚群体的内容来源渠道更集中

总体而言，在不同题材的渠道分布趋势中已婚群体更显集中，未婚群体分布则更为杂乱。其中在新闻App中，无论是已婚群体还是未婚群体，都更倾向于阅读人文社科、自然科学与政治军事类。在社交App渠道中，未婚群体各题材阅读率都远高于已婚群体，尤其是生活娱乐类。

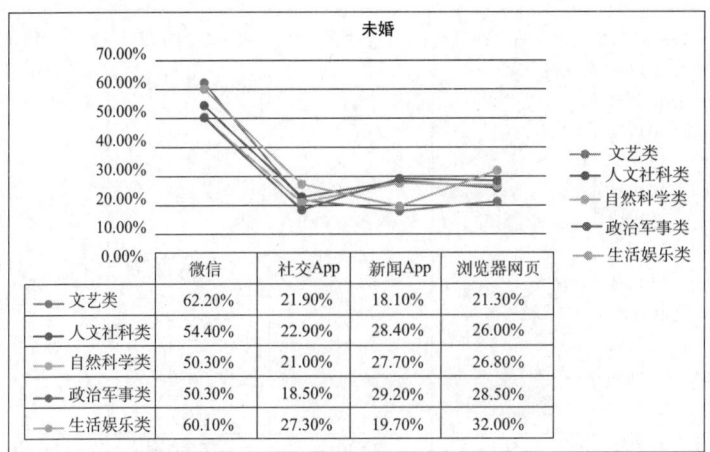

图70　未婚群体中，不同题材的内容来源分布

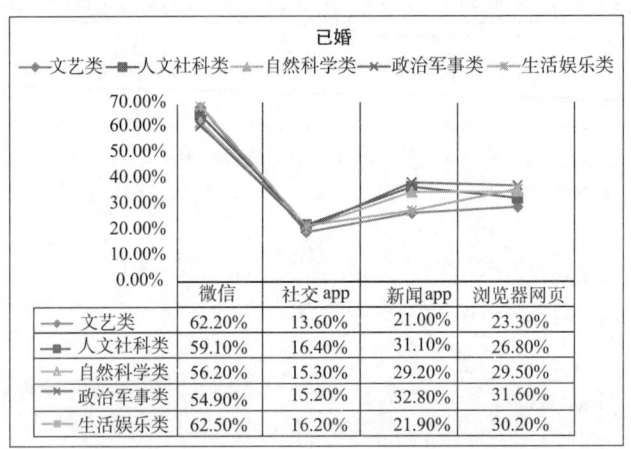

图71　已婚群体中，不同题材的内容来源分布

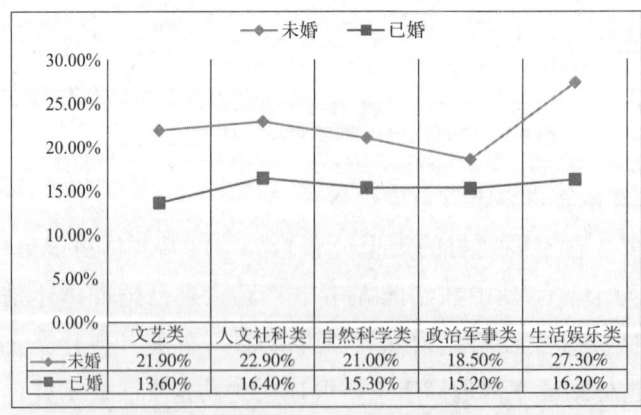

图72　社交App中，未婚和已婚群体的题材分布比较

（四）小结

1. 非专业类大众题材更受受访网民尤其是女性网民的喜爱

总体而言，生活娱乐类与文艺类是阅读率最高的题材，次高的是人文社科类和自然科学类，最后是政治军事类。而非专业类大众题材更受女性网民喜爱。

2. 各题材分布中未婚网民具有低龄化、低收入、高学历倾向

通过对未婚和已婚群体的比较分析可以看出，各题材的总体人口分布趋势虽是基本一致的，但未婚群体相较已婚群体具有低龄化、低收入、高学历倾向。

3. 已婚女性更偏爱自然科学类

自然科学类作为专业性题材，阅读率一直较低，且女性受访网民群体更偏爱生活娱乐类和文艺类题材。但是通过性别、婚姻与题材的三变量交叉发现了一个有趣的现象，除了生活娱乐类外，女性已婚群体对自然科学类的喜爱上升为第二名，文艺类成为最后一名。

4. 已婚群体的阅读习惯更为集中

在阅读习惯的比较分析中发现，未婚网民的各项分布趋势均较已婚网民更为分散，已婚群体的各项题材的阅读习惯更为稳定。

六、数字阅读会取代纸质阅读吗?

（一）受访网民对于数字阅读取代纸质阅读的看法

62.7%的网民认为数字阅读迟早会取代纸质阅读，37.3%的网民认为数字阅读永远不可能取代纸质阅读。

本次调查在"您认为在今后多长时间里数字阅读会取代纸质阅读的主体地位"一问中设置了"3年内""3-5年""5-10年""10-20年""20-30年""30年以上""永远也不可能"七个选项。

数据显示，认为数字阅读永远不会取代纸质阅读的占37.3%；剩下的62.7%的网民认为数字阅读迟早会取代纸质阅读的主体地位。认为数字阅读会取代纸质阅读的网民中选择3年内会取代的所占比例最大，占到了全体受访网民的19.3%；其次是认为5-10年内会取代的网民，占全体受访网民的

15.3%；之后是选择3–5年的网民，占13.8%；而48.4%的网民认为10年内数字阅读就会取代纸质阅读，占到了全部受访网民的近一半。总体上网民对于数字阅读取代纸质阅读的态度是相当积极的（详见图73）。

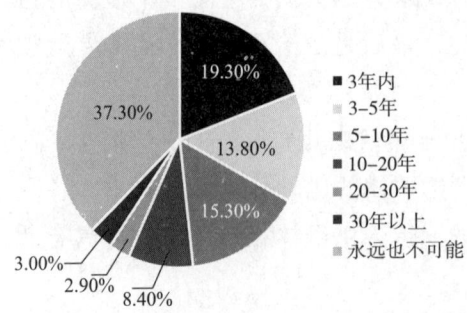

图73　网民对数字阅读多少年内取代纸质阅读的看法

（二）不同人口特征的受访网民对数字阅读取代纸质阅读的看法

1. 男性比女性更倾向于认为数字阅读会取代纸质阅读

在所有受访网民中，男性女性的比例基本上各占一半，所以在"3年内""3–5年""5–10年""10–20年""20–30年""30年以上""永远也不可能"这七个选项的每个选项内进行性别的对比分析发现，女性对于数字阅读取代纸质阅读的态度相对于男性来说更为消极，选择"永远不可能取代"的女性比例比男性高出了8个百分点，而除了在"3年内"这个选项上男性、女性表现比较接近外，3–30年以后的选项上女性所占比例均低于男性。由此可见，女性对纸质阅读的前景更加乐观，而男性对待数字阅读的态度更加开放和积极（详见图74）。

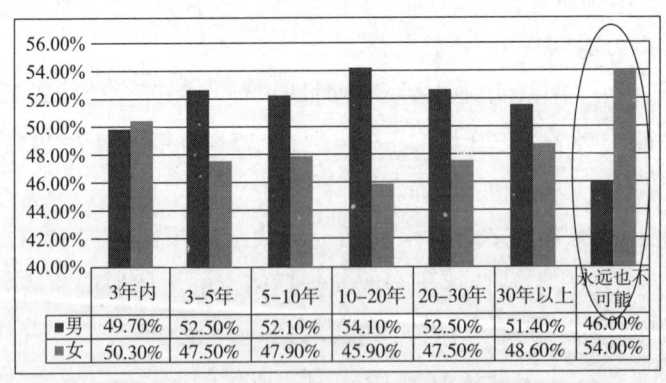

图74　不同性别的网民对数字阅读多少年内取代纸质阅读的看法

2. 20岁及以下的受访网民最倾向于认为数字阅读会取代纸质阅读

首先将年龄与数字阅读取代纸质阅读的时间做相关性分析，得出的Pearson相关性系数为0.108，呈现了显著的正相关，这与他们对数字阅读在多少年内取代纸质阅读的选择度态有密切联系。

表12 **与年龄的相关性分析**

	就您个人的感受来说，您认为今后多长时间里电子/数字阅读会取代纸质阅读	
	Pearson 相关性	显著性（双侧）
年龄段	.108**	.000

**.在.01水平（双侧）上显著相关。

其次将这两个变量进行交叉分析，综合数据显示，不同年龄段对于数字阅读取代纸质阅读的看法不尽相同，而其中最为积极的是20岁及以下的网民，这些人中选择"3年内"的比例最大，为27.50%，远远超过选择"永远也不可能"的17.10%。20岁及以下的网民选择"永远也不可能"的比例在所有年龄段中最低，而选择"3年内"的比例在所有年龄段中最高。随着网民年龄的增长，选择"永远也不可能"的比例总体呈上升趋势，而选择"3年内"的比例总体呈下降趋势。这跟不同年龄段的网民生长及成长的环境密切相关，20岁及以下的这一代出生在互联网的环境下，从小就习惯了使用电脑、手机及平板等电子产品进行数字阅读，接触数字阅读的时间比较早，并且没有那么根深蒂固的纸质阅读的习惯；而年龄越大的人接触数字阅读的时间越短，并且他们在接触数字阅读之前已经建立了纸质阅读的习惯，所以对数字阅读取代纸质阅读的态度就相对没有20岁及以下的网民那么激进（详见图75）。

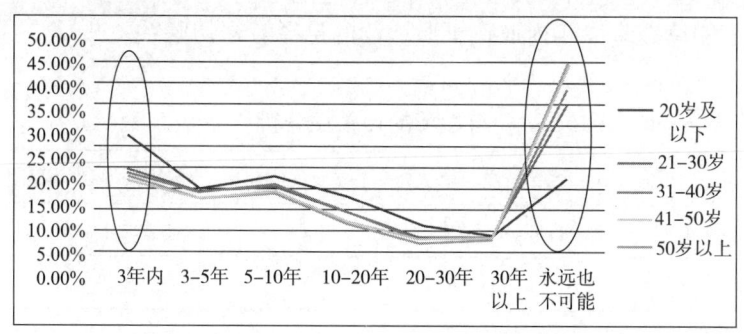

图75 在不同年龄段中网民对于数字阅读取代纸质阅读的看法

从图中可以看出，21-50岁的人的观点分布比较一致，而差别最大的是20岁以下的和50岁以上的网民。对其做进一步分析发现，在取代时间的选择上，20岁以下的人中选择每一个时间段的比例都高于50岁以上的人，所以年轻人和老年人的态度分歧较大。而在三年内和永远不可能取代这两个选项上差别最大，这说明年轻人和老年人一方面是由于年龄的差异、所处时代的不同而导致了对数字阅读和纸质阅读态度的不同，但另一方面也可能与年轻人的思想和思考不成熟有关。20岁以下的网民和50岁以上的网民比例差别最小的是在3-5年这个选项上，说明他们在数字阅读3-5年取代纸质阅读这一项上观点比较一致（详见图76）。

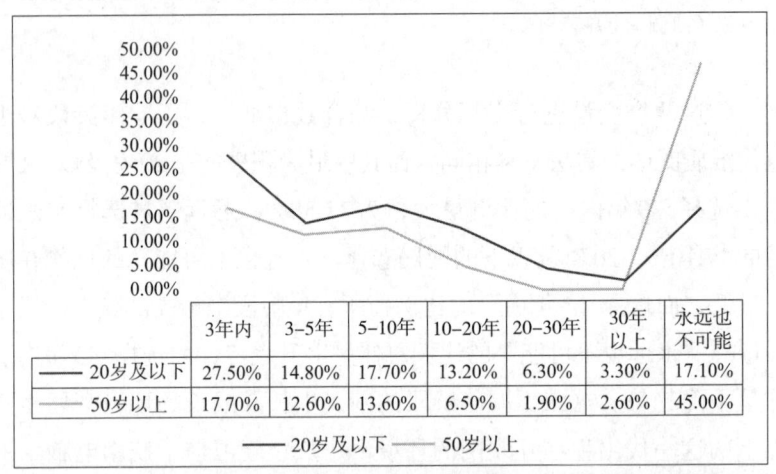

图76　20岁及以下和50岁以上网民对于数字阅读取代纸质阅读的看法

3. 学历越低的网民越倾向于认为数字阅读会取代纸质阅读

首先对学历和数字阅读取代纸质阅读的时间做相关性分析，得出的Pearson相关性系数为0.063，呈现了显著的正相关，这表明网民的学历与他们对数字阅读在多少年内取代纸质阅读的选择有密切联系。

表13　　　　　　　　　　与学历的相关性分析

	就您个人的感受来说，您认为今后多长时间里电子/数字阅读会取代纸质阅读	
	Pearson 相关性	显著性（双侧）
学历	. 063**	. 000

**. 在 .01 水平（双侧）上显著相关。

　　根据调查数据分析可以得出，从小学到博士，学历越高，选择"永远不能取代"的人口所占比例越大，对纸质阅读的前景越乐观。从图77中可以看出，在3-30年以上取代时间的选择上，除了硕士以上之外，各个学历的意见都比较一致。在各个学历中选择10-20年的比例上，硕士以上学历的比例明显高于其他学历的人，这表明硕士以上学历的人的思考更成熟，做出的选择也更加慎重。

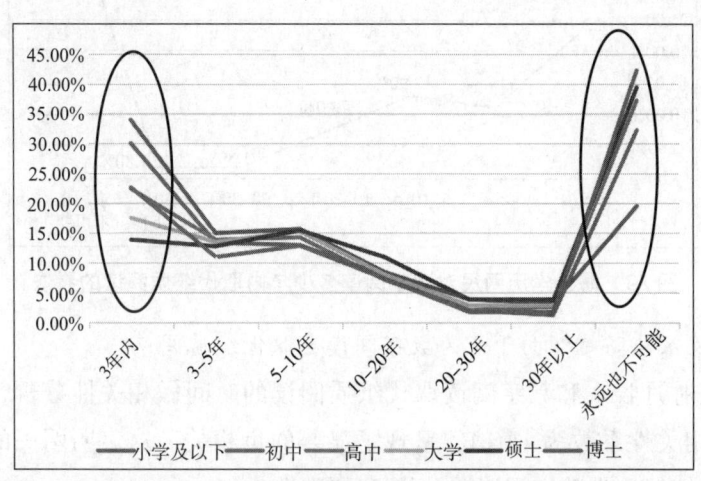

图77　在不同学历中网民对于数字阅读多少年内取代纸质阅读的看法

　　虽然博士网民中选择"永远也不可能取代"的比例在各个学历中是最高的，但是博士选择"3年内取代"的比例却仅次于小学及以下和初中学历（详见图78）。

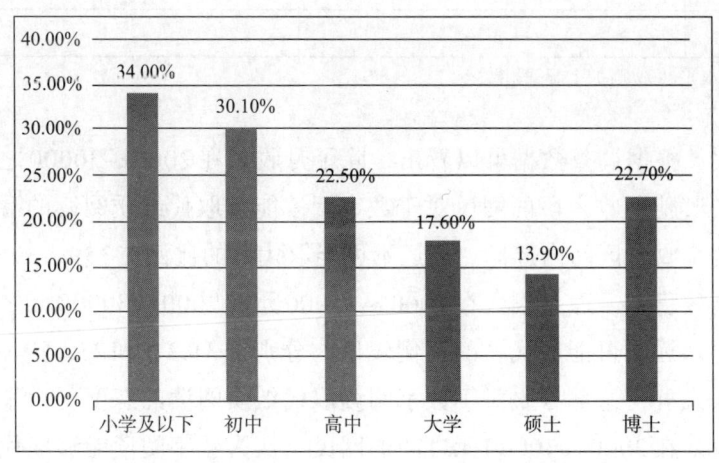

图78　不同学历中选择数字阅读3年内取代纸质阅读的人口比例分布

进一步对博士学历网民之外选择进行分析，发现除了占比最大的选择"永远也不可能取代"的42.3%之外，就是选择"3年内"取代的22.7%，呈现出了两极分化的趋势（详见图79）。

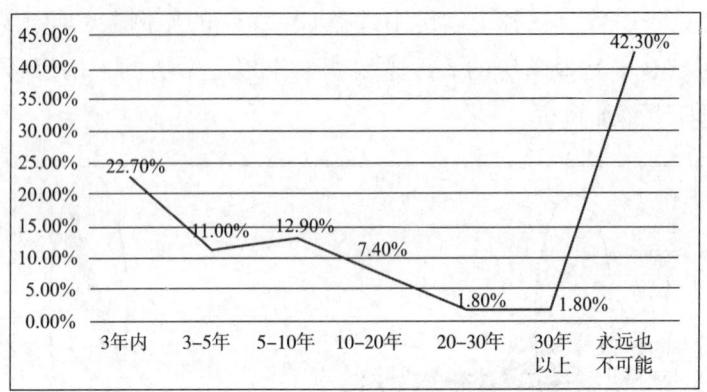

图79　博士学历网民对数字阅读多少年内取代纸质阅读的看法

4. 收入越高越倾向于认为数字阅读会取代纸质阅读

首先对月收入和数字阅读取代纸质阅读的时间做相关性分析，得出的Pearson相关性系数为−.014，呈现了显著的负相关。这表明网民的月收入越高，他们越认为数字阅读会取代纸质阅读。

表14　　　　　　　　　　　与月收入的相关性分析

	就您个人的感受来说，您认为今后多长时间里电子/数字阅读会取代纸质阅读	
	Pearson相关性	显著性（双侧）
收入	−.014*	1

*. 在0.05水平（双侧）上显著相关。

其次，根据调查数据可以看出，除了月收入在20001–30000之间的网民之外，其他各收入段的网民对于数字阅读能否取代纸质阅读的看法比较一致。各个收入区间内选择"永远不可能取代"的比例在35%–39%之间，总体上比较稳定。而月收入在10001–15000元和20001–30000元之间的网民选择"永远不可能取代"的比例较低，分别是31.2%和23.1%，相较于其他收入人群，这部分人对于数字阅读取代纸质阅读的态度更为乐观，尤其是月收入在20001–30000元之间的网民，认为数字阅读能够取代纸质阅读的比例高达76.9%（详见图80）。

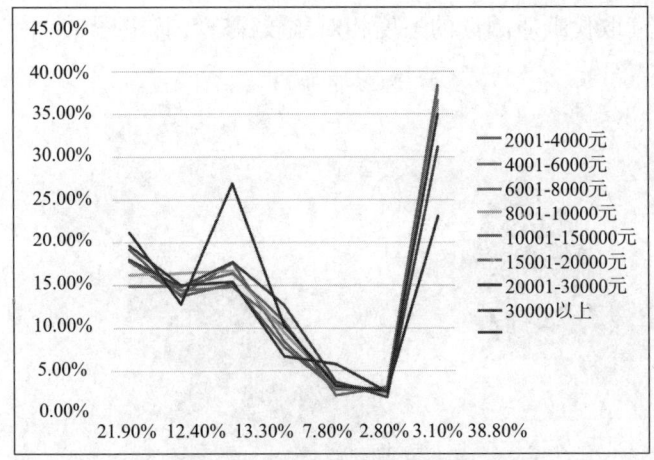

图80　不同收入的网民对数字阅读多少年内取代纸质阅读的看法

　　进一步对收入在20001-30000之间的网民进行分析发现，他们中选择数字阅读会在"5-10年"内取代纸质阅读的人口比例最大，甚至超过了选择"永远也不可能取代"的比例，并且高于选择"3年内"取代的比例。而其他所有收入区间的网民中选择"永远不可能取代"的比例都是最高的。这表明月收入在20001-30000之间的网民对于数字阅读取代纸质阅读持有极其乐观的态度，而且他们的这种乐观不是缺乏考虑的，他们的选择没有集中在"3年内"，而是集中在"5-10年"之间（详见图81）。

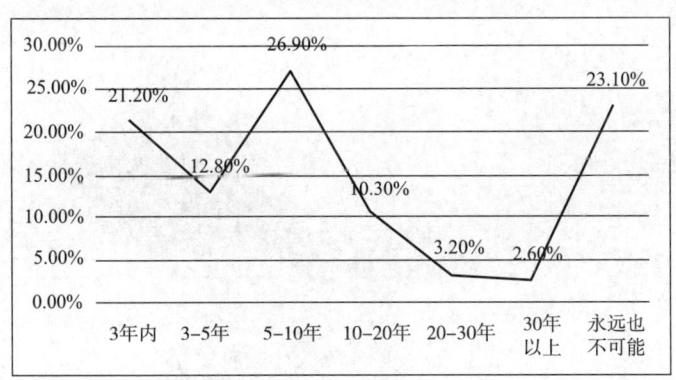

图81　收入在20001-30000元之间的网民对数字阅读多少年内取代纸质阅读的看法

　　5. 中部和新疆地区对于数字阅读取代纸质阅读的态度相对保守

　　调查数据显示，天津、山西、新疆、河北、山东、河南等省份选择"永远也不可能取代"的比例比较大，都超过了40%，表明这些地区的网民对于数字阅读取代纸质阅读的态度相对比较保守（详见图82）。

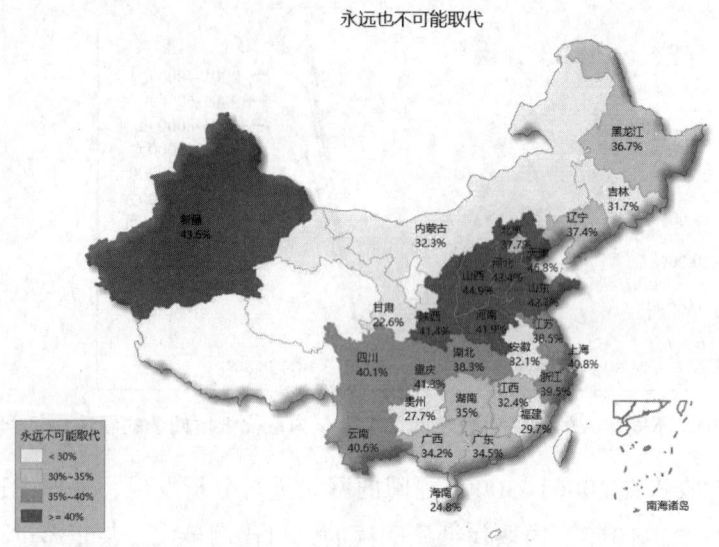

图82　不同地区的网民认为数字阅读不可能取代纸质阅读的比例分布

另一方面，东北地区、东南沿海、安徽、贵州等地区的网民选择数字阅读"3年内取代"纸质阅读的人口比例比较大，占比超过各省受访网民的20%，说明这些地区的网民对于数字阅读取代纸质阅读的态度很乐观，甚至可以说是很激进（详见图83）。

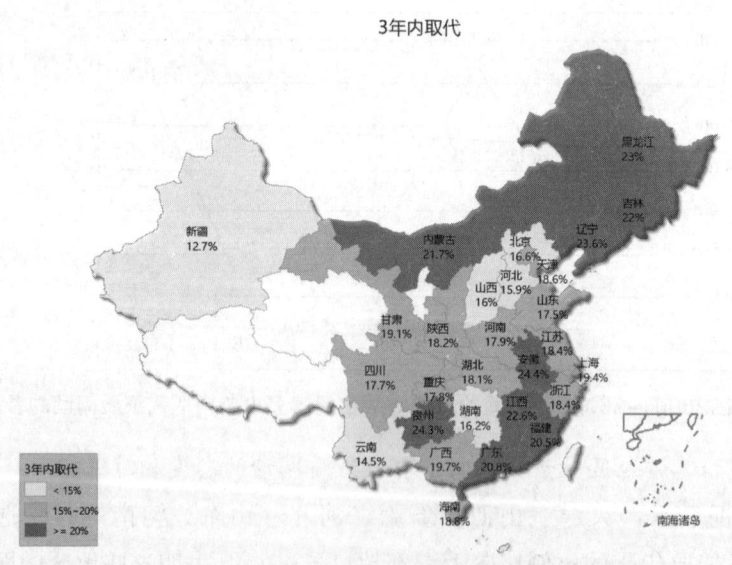

图83　不同地区的网民认为数字阅读3年内取代纸质阅读的比例分布

（三）不同阅读习惯的网民对于数字阅读取代纸质阅读的看法

1. 阅读自然科学类题材的人更倾向于认为数字阅读会取代纸质阅读

在阅读不同题材的网民中，认为数字阅读永远也不可能取代纸质阅读的比例从高到低依次是生活娱乐类、人文社科类、文艺类、政治经济军事类、自然科学类。与想象中的阅读题材专业性越强，对于数字阅读的态度越不乐观不同，阅读题材专业性越强的反而越认为数字阅读能够取代纸质阅读，而阅读题材越轻松随意，对于数字阅读取代纸质阅读的态度也就更保守，阅读自然科学类题材的网民认为能够取代的比例最高，为3.9%（详见图84）。

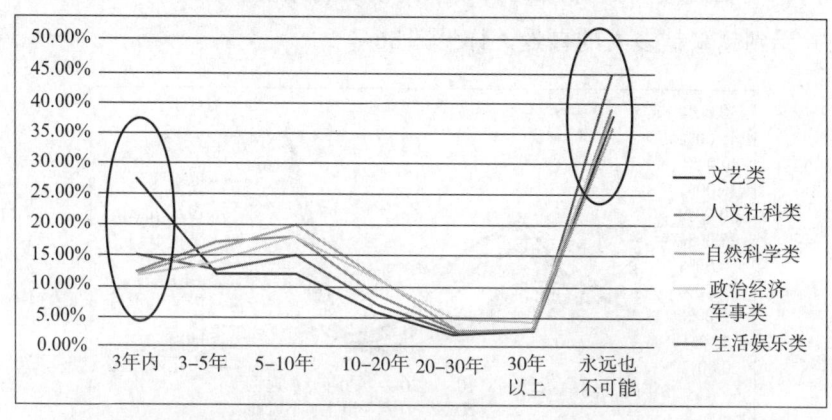

图84　阅读不同题材的人对于数字阅读多少年内取代纸质阅读的看法

进一步对阅读不同题材的网民中选择"3年内取代"的读者进行分析，发现阅读文艺类题材的网民对于数字阅读取代纸质阅读的态度最为激进，其中选择"3年内取代"的占比最高，为27.2%；远远高于选择"3年内取代"的阅读其他题材的比例。

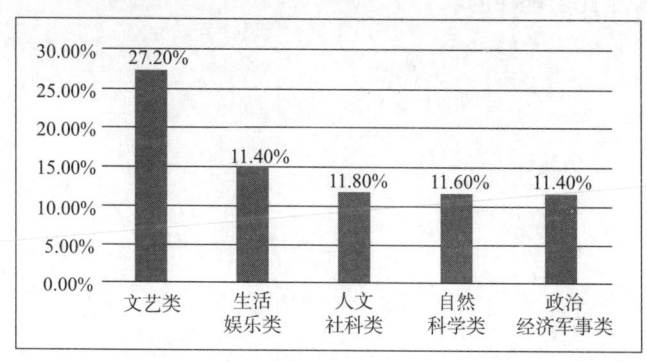

图85　阅读不同题材的网民中选择3年内取代的人口比例分布

2. 使用过专业阅读器进行数字阅读的受访网民对于数字阅读取代纸质阅读的态度更乐观

在使用方正阿帕比、博曰电子书阅读器、Kindle、iReader 掌阅器进行数字阅读的网民中，认为数字阅读能够取代纸质阅读的比例都比较高，超过了80%；而认为能够取代的比例比较低的是用平板、手机、电脑进行阅读的网民，虽然用平板、手机、电脑进行阅读很方便，但是它们本身都是一个集合了各种功能的电子器材，阅读只是它们的功能之一，而且使用这些电子器进行阅读会比较伤眼，难以长时间地进行阅读。由此可见，如果专业的电子书阅读器好好发展，数字阅读必将给更多人带来更好的阅读体验，并受到越来越多人的喜爱（详见图86）。

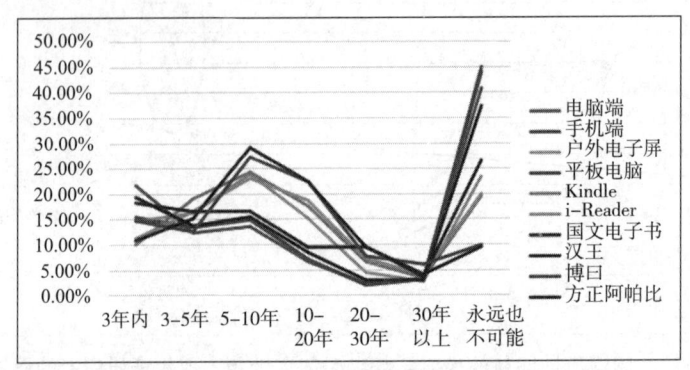

图86　使用不同终端的网民对于数字阅读多少年内取代纸质阅读的看法

对使用方正阿帕比、博曰电子书阅读器、Kindle、iReader掌阅器进行数字阅读的网民做进一步分析发现，这部分人的选择中所占比例最大的均是"5–10"年，其次是"10–20年"和"3–5"年，从这部分人的选择分布来看，他们的思考和选择是比较理性的。

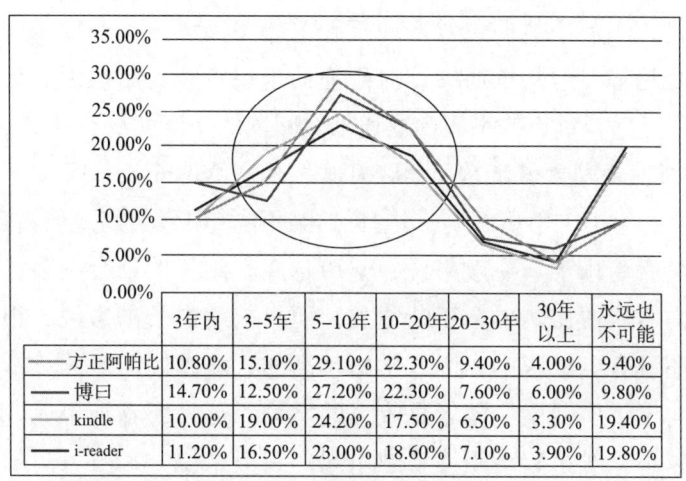

	3年内	3~5年	5~10年	10~20年	20~30年	30年以上	永远也不可能
方正阿帕比	10.80%	15.10%	29.10%	22.30%	9.40%	4.00%	9.40%
博日	14.70%	12.50%	27.20%	22.30%	7.60%	6.00%	9.80%
kindle	10.00%	19.00%	24.20%	17.50%	6.50%	3.30%	19.40%
i-reader	11.20%	16.50%	23.00%	18.60%	7.10%	3.90%	19.80%

图87 使用不同终端的网民对于数字阅读多少年内取代纸质阅读的看法

（四）小结

1. 六成受访网民认为数字阅读迟早会取代纸质阅读，男性比女性更看好数字阅读

在接受调查的网民中，有62.7%的人认为数字阅读迟早会取代纸质阅读，数字阅读的前景得到了大多数人的认可。互联网的不断发展使得越来越多的人习惯于使用手机、平板、电子书阅读器等电子产品进行阅读，而各种网络社交工具的发展使得人们对这些电子产品的依赖性越来越大，因此也就花费越来越多的时间进行数字阅读。除此之外，数字出版的发展为人们带来了更多高质量、多种类的阅读内容，专业的电子书阅读器的出现与优化都大大提升了人们的阅读体验，这也增加了人们对于数字阅读的认同感。而相对于女性来说，男性对于新产品新事物的猎奇心更强，接受度也更高，因此男性在数字阅读上的体验更丰富，对其了解也更多，在总体上会比女性更看好数字阅读的前景。

2. 互联网"原住民"最看好数字阅读

互联网"原住民"是指那些出生并成长在互联网时代的人群，他们从小就开始接触互联网和各种电子产品，数字阅读是伴随他们成长的司空见惯的事物，所以他们对于数字阅读的前景非常看好，认为数字阅读取代纸质阅读是自然而然的事情；而对于年龄稍大些尤其是五十岁以上的人来说，他们更习惯于传统的纸质阅读，因为这才是伴随着他们长大的阅读方式。

虽然在时代的潮流中他们也较多地接触了数字阅读，也明白数字阅读取代纸质阅读是趋势，但是纸质阅读对于他们来说意味着更亲近，他们对数字阅读有种距离感，对于数字阅读取代纸质阅读的态度就没有那么乐观。

3. 学历越高越看好纸质阅读，月收入越高越看好数字阅读

从小学到博士，学历越高，选择"永远不能取代"的人所占比例越大，对纸质阅读就更乐观。一般来说，学历越高，阅读的书会越多，而且其中专业性的内容所占比例也会不断增加，而目前就电子书来说，很多专业性的书籍都还没有电子版本，因此学历越高的人就越倾向于阅读纸质书，也就更加偏向于纸质阅读。随着月收入的增加，选择"永远不能取代"的人所占比例越小，对于数字阅读就越乐观。一般来说，月收入高的人工作比较繁忙，也就更加没有时间进行纸质阅读，数字阅读对于忙碌的他们来说是一个很好的替代纸质阅读的选择，无论在飞机上还是在办公室和家里，只要拥有手机或者平板电脑等电子产品，他们就可以进行数字阅读，而纸质书对于这些人来说携带起来很不方便。

4. 阅读文艺类题材的网民最激进，专业阅读器助推数字阅读

阅读文艺类题材的网民选择"3年内取代"的占比最高，为27.2%，远远高于选择"3年内取代"的阅读其他题材的比例。在数字阅读的内容中，文艺类题材的数字内容更加丰富，种类相对于其他题材也更繁多，获取途径也会更加便捷，因此这部分人对于数字阅读取代纸质阅读的态度非常激进。而在使用不同阅读终端的网民中，使用专业阅读器的网民对于数字阅读取代纸质阅读的态度非常乐观，也更为理性，这与专业阅读器为读者带来的良好体验不无关系。

七、结论

对全国24 591名网民进行的数字阅读状况的调查和分析，不仅可以大体呈现出网民对于数字阅读来源的选择情况，也可以在一定程度上反映出目前我国数字阅读的发展与现状及存在的规律与问题。

1. 我国已经开始进入了"屏读"时代，移动阅读趋势明显

"屏读"顾名思义是指通过电子屏幕进行的阅读，它包括阅读文字，还包括观赏音乐、阅读图像。如凯文·凯利所言，今天，文字已经从纸浆里转

移到了电脑、手机、游戏机、电视、电子显示屏和平板电脑的像素当中。字母不再白纸黑字地固化在纸上，而是在玻璃平面上以彩虹样的色彩于眨眼间飞速来去。屏幕占据了我们的口袋、行李箱、仪表盘、客厅墙壁和建筑物的四壁。我们工作时，它们就在我们面前安坐，无论我们做的是什么样的事情。我们现在成了屏幕之民。没错，当下越来越多的人选择进行数字阅读，他们通过多种终端，也就是屏幕来阅读信息，获取知识。比如调查显示，手机端、PC端、平板电脑、户外电子屏、Kindle等电子阅读器都在发挥着终端屏幕的作用，网民依靠这些终端进行数字阅读。其中，六成以上的网民选择了手机这一终端，手机从一开始的通讯设备已然转换成了娱乐、学习的移动阅读工具，完全颠覆了长久以来专家们一直秉持的一个观点：没人想在巴掌大的小屏幕上阅读。人们不曾料到，我们在有了PC端、平板电脑、电子书阅读器作为阅读终端之后，手机也成了阅读终端中的一匹黑马，这与技术的发展以及其小屏的易储存性、携带的便利性等有一定关系。再者，调查显示，Kindle等电子阅读器在网民总体的选择中也占有一定地位，尤其受到年轻人、高学历和高收入网民的追捧。在这类电子阅读器中，我们可以把希望记住的段落进行标记，还能对这些重点标注的部分重新阅读，更重要的是，我们也可以把标注出的重点分享给其他读者。由此，我们可以瞥见阅读的社交化趋向。通过屏幕，我们能够分享的不再只是我们正在阅读的书名，还有我们的反应，以及读书时做下的笔记和标注。

2. 在数字阅读迅速发展的同时，网民的碎片化阅读趋势也有了新的特点

这里的碎片化一方面指的是阅读内容的碎片化，指读者更愿意读一些篇幅较短、信息量较少的文字资料；另一方面指的是读者阅读时间的碎片化，短时间的阅读成为了获取大量消息的主要形式。阅读内容的碎片化与数字阅读所依赖的屏读习惯是密不可分的，凯文·凯利说过，有人可以花上好几个小时来阅读网络上的文字，但从来不会进入到这种文学空间里，得到的反而只有碎片、线索和印象。网络最大的吸引力就在于此：五花八门的碎片化信息以松散的方式聚集在一起。但如果缺少定力的话，这些松散聚集在一起的碎片化信息就会把人搞得晕头转向，把读者的注意力带离核心，在中心论述和观点之外的地方游荡。[①]比如，调查发现，在多样的数

---

① 凯文·凯利. 必然 [M]. 周峰，董理，金阳，译. 北京：电子工业出版社，2016：139.

字内容来源中，"微信公众号推送和朋友圈分享"的使用率最高，这类渠道中的内容多为篇幅小、信息量少的文章。阅读内容的碎片化依赖于阅读媒介便携性的增强，数字阅读终端的广泛发展为即时性的、非正式的阅读提供了必要条件。比如，调查中显示，随着阅读时长的增加，"微信公众号推送和朋友圈分享"的使用率不断降低，这意味着通过各种"社交性"阅读来源进行阅读的网民，他们的阅读时长和阅读数量相对较少。但与此同时，值得注意的是，数据显示，在1~5小时的阅读时长内，随着阅读时长的增加，"Kindle电子书"的阅读比例不断上升，这表明虽然网民更趋向于在社交渠道花费零碎时间阅读碎片内容，但相当一部分网民也在使用专业阅读器进行深度阅读。

3. 数字阅读产品需要坚持渠道细分、内容为王和题材多样化

数字阅读发展迅速，当前市场上的数字阅读渠道比较多，但网民的数字阅读内容选择十分集中，仅"微信公众号推送和朋友圈分享""浏览器网页""澎湃、今日头条、网易新闻等新闻App"就已经占据了大部分的市场，而剩下的市场，相对需要更多的专门性、专业化数字阅读渠道来加以填补，满足网民的个性化需求。渠道对于网民来说固然重要，内容提供商也必须以"内容为王"为原则，注重文化属性，要保证内容来源的多样性，满足不同网民的需求。赖特认为，媒介有四种功能：环境监视、解释与规定、社会化功能、提供娱乐。可见，媒介的一个重要功能就是提供娱乐。"生活娱乐类"是当前数字阅读题材的重要方面，占到39.0%，所以非专业类大众题材更受网民尤其女性网民喜爱。但不同的网民对于题材有不同的需求，男性已婚群体更偏爱政治军事类，女性已婚群体更偏爱自然科学类，选择"社交性"阅读来源的网民则偏向文艺类和生活娱乐类题材，而选择"文学网站"专门性阅读来源的网民更喜欢的是人文社科类和政治经济军事类题材。从这可以看出，不同网民在数字阅读时会偏好不同的题材，所以在为网民提供内容时，必须坚持题材多样化，满足网民的细分要求。

4. 互联网"原住民"更喜爱数字化阅读，对数字阅读看法乐观

相比互联网移民，互联网原住民就是在网络下成长的新一代。随着以80后、90后为主体的"互联网原住民"正在由青涩走向成熟，他们开始从细分群体成为主流，网络原住民意味着他们不仅是将计算机及网络看作一种工具，更是看作一种生活方式或者生存方式。20世纪六七十年代，美国

传播学者格伯纳提出了著名的"涵化理论"，涵化理论的基本论点是：电视已成为人类社会化过程中一个极为重要的因素，电视的主要功能在于散布、稳定社会行为模式。而随着时代的发展，电视已经走向互联网，在互联网时代，原住民们从小被互联网包围，已经习惯使用各种数字化互联网产品，手机、PC、平板、Kindle 阅读器，不同的媒介环境必然会对人的习惯与行为产生影响，原住民从小就接触到各种数字阅读，在这种环境下，相对互联网移民，他们更喜欢进行数字阅读，数字阅读已经成为他们学习、娱乐的重要方式。比如调查显示，Kindle 阅读器在 20 岁以下的年龄段中的覆盖率最高。阅读来源是 Kindle 电子书的也是 20 岁以下的网民，他们已习惯到各大文学网站上去进行阅读。习惯这种阅读的原住民，他们对于纸质阅读并没有太多的情感，也不能充分体会到纸质阅读所带来的不一样的阅读体验与优势，所以相对于年龄较大的网络移民，原住民对于数字阅读是否能够取代纸质阅读明显抱着积极乐观的态度，他们中的 27.5% 都认为 3 年内数字阅读会取代纸质阅读。相信随着原住民的成长壮大，数字阅读的发展前景也会越来越好。

5. 作为数字阅读的主要内容，电子书阅读者和纸质书阅读者具有较高的同质性，在当前的市场中，电子书与纸质书仍然处于"协同竞争"的胶着状态

通过对数字阅读者的纸质阅读情况进行分析，发现随着对电子书阅读数量的增多，不读纸质书的人群在减少，而较多阅读纸质书的人群在增加。简单地说，电子书的阅读和纸质书的阅读是同步增加和减少的，因此，现阶段的电子书阅读者并非排斥纸质书阅读者，相反，电子书阅读作为纸质书阅读的一个平行选项存在。

但与此同时，在每年读超过 10 本电子书的重度电子书阅读者中，接近一半（45%）的人群，其纸质书阅读量小于电子书，可见作为纸质书的竞争者，电子书的影响力正在逐渐增大。因此，二者在现阶段的发展状况下，纸质书为电子书提供内容来源，而电子书在一定程度上拓展了纸质书的读者群，同时也分流了一部分纸质书读者群。

这种电子书与纸质书的竞争关系我们称之为"协同竞争"，矛盾的双方相互联系、相互依赖、相互引导、相互转化，竞争导致协同，协同引导竞争。协同竞争已成为现代产业竞争的发展趋势，体现着当代竞争战略的

要求和企业经营观念的创新，它有别于以往竞争主体间你死我活的竞争较量，强调通过合作竞争达到共赢。从产业关系来看，当共同创造一个市场时，商业运作的表现是合作，现阶段的纸质书出版商积极发展数字资源，电子书运营平台也竭力扩展对优质纸质书资源的占有，二者互相促进，最终形成螺旋式的共同发展；其次是合作竞争中的关系转移过程，两大产业共同寻求同质化对象和资源，并使受众注意力在二者之间进行转化，比如美国 Lynn 大学进行的购买纸质教辅即可获取相应电子书资源的活动，便极大地扩展了纸质书和电子书双方的阅读空间和阅读受众。系统中的组织采取合作竞争的策略，最大限度地通过资源共享提升网络组织的价值创造，最终达到"蛋糕越吃越大"的良性效果，创造更多的热爱阅读、热爱优质内容资源的受众，这也符合业内乃至读者对数字阅读发展前景的期待。

6. 在对数字阅读取代纸质阅读的时间长度预测中，近六成网民认为数字阅读迟早会取代纸质阅读

这一调查结果一方面体现出在当前互联网浪潮的裹挟之下，网民对数字阅读的热衷和期许，另一方面也展现了传统的纸质阅读吸引力的显著下降，尤其是伴随数字媒体成长的一代人，或许，他们才代表了阅读受众的明天。然而，媒介技术处在不断的进化之中，我们使用的媒介形态经历了非语言媒介、口语媒介、文字媒介、印刷媒介、电子媒介以及如今以横扫千军之势到来的以网络和手机为代表的互动媒介等阶段。自从文字诞生，人类就开始了阅读的历程，而随着技术的变迁，从竹简木牍到互联网云端，人类阅读的媒介渠道和载体都有了天翻地覆的变化。对媒介变迁的预测也成了衡量媒介发展和演化的重要指标。

在接受调查的网民中，有62.7%的人认为数字阅读迟早会取代纸质阅读，数字阅读的前景得到了大多数人的认可。互联网的不断发展使得越来越多的人习惯于使用手机、平板、电子书阅读器等电子阅读终端进行阅读，而各种网络社交工具的发展也滋生了人们的技术依赖。除此之外，数字出版的发展为人们带来了更多高质量、多种类的阅读内容，专业的电子书阅读器的出现与优化都大大提升了人们的阅读体验，这也增加了人们对于数字阅读的认同感。美国学者罗杰·菲德勒认为，媒介形态变化，即人类传播方式的改变，通常是社会需要、竞争、技术压力以及社会和技术革新间复杂的相互作用促成的。他还提出了媒介形态变化的六个原则：（1）共同演化和共同生存的原则；（2）形态变化原则；（3）增殖原则；（4）生存法则；（5）机遇与需要法则；（6）延时使用。①

从菲德勒的媒介变化六原则的角度，我们发现，电子阅读是脱胎于纸质阅读的。而关于大众媒介发展的原因，英国学者麦奎尔提出，有四个因素至关重要：第一是技术。任何媒介形态变化的前提都是技术的进步，近10年来，手机等移动互联终端的发展，各类平台自有阅读器的开发和应用，都大大促进了民众获取内容方式的变迁；第二是社会的政治、经济、文化情况。在调查中我们发现，学历和收入水平的差异极大地影响了网民对数字阅读取代纸质阅读时长和前景的预测；第三是人类的某种活动或功能需要。在"大众创业，万众创新"的今天，对快速准确的资讯内容的渴求是以往的年代无法比拟的，采用全新的媒介手段，也深度满足了对优质阅读体验的需求；第四是人。尤其是形成集团、阶级或势力的人。

至于数字阅读是否会取代纸质阅读，正如菲德勒所言，一项技术的普及仍需30年及以上的时间，在这不短的时间中，受众阅读习惯的培养仍然大有可为。何况，即使"屏读"最终取代了"纸读"，只要牢牢守住内容的优势，传统出版物未尝不会有麦克卢汉预言的"逆转"并"复活"的一天。

参考文献：

［1］李明伟. 知媒者生存［M］. 北京：北京大学出版社，2010.

［2］刘海龙. 大众传播理论：范式与流派［M］. 北京：中国人民大学出版社，2008.

［3］格兰·G·斯帕克斯. 媒介效果研究概论. 北京：中国人民大学出版社，2013.

［4］数字阅读_百度百科，http：//baike.baidu.com/link?url=lN7QpBgmpHF5G-u3BCLeoCdxJEplE UtSBk7f2 FNAuQHyGMf9j5m1Q5pzSBBVIKpHFnQ GFOLepIGK5wB0nHnnsa.

---

① 罗杰. 菲德勒. 媒介形态变化：认识新媒介［M］. 明安香，译. 北京：华夏出版社，2000：24-25.

后　记

一部出版史，其实就是一部人类的文明史。"出版"是人类文明传承和传播的路径和工具。所谓"出版"就是一种发表，是通过可大量进行内容复制的媒介实现信息传播的一种社会活动。

出版研究主要涉及四个维度：一是出版载体；二是出版符号；三是出版技术；四是出版成就（包括出版家、出版社、出版物、出版制度等）。

从出版技术看，名副其实的"出版"或"版印"，实际上要从6—7世纪中国隋唐之际的雕版印刷开始算起。到11世纪，中国宋代毕昇发明胶泥活字印刷术，开启现代印刷技术的滥觞。15世纪中叶，德国古腾堡金属活字印刷术的发明和应用，标志着现代出版业的诞生。

而从出版载体看，整个人类的出版历史，其实有着非常鲜明的特征性与阶段性。其最大的特征是出版载体由硬变软、由大变小、由宏变微、由承载很少的信息量到承载海量的信息量的发展过程。在历经了龟甲兽骨、陶器泥板、金石鼎碑、竹简木牍、纸莎草、贝叶等硬质出版载体后，人类又逐渐探索出绢帛、兽皮和植物纤维纸等的软质出版载体，而后又继续探索出声光电磁出版、计算机出版和数字出版等虚拟出版形态。未来还将发展到人工智能出版和大脑意识出版这样更加虚化和人性化的出版形态。由此，我们将人类出版大致划分成三个主要阶段：（一）"开启文明"的硬质出版阶段；（二）"以柔克刚"的软质出版阶段；（三）"有容乃大"的虚拟出版阶段。这三大阶段常有过度、交叉、甚至平行发展的情况出现，但主体特征还是非常鲜明的。

个人认为，"数字出版"就是人类出版第三大发展阶段"虚拟出版"的当下状态。目前，数字出版的实践一日千里，处在不停的变化发展状态之中。对于数字出版的理论总结和学术研究也处在变化发展和思考探索之中。本书对于数字出版的一些看法和判断，是作者在教学和科研实践中的一管之见和粗浅认识，愿与学界、业界及社会各界一起研讨交流。

　　这本《数字出版研究》系中央高校基本科研业务费专项基金资助项目："数字出版的运行机制与发展趋势研究"（项目批准号：SKZXY2015078）的阶段性成果。

　　全书有七章内容构成。万安伦和曹培培完成了本书的绪论及第七章内容；万安伦和郭雨晴完成了本书第一章和第二章内容；万安伦和鲁晓双完成了本书第三章和第四章内容；万安伦和李明珏完成了本书第五章和第六章内容。而附录的《中国网民数字阅读状况调查报告（2016）》则由万安伦和陶然（数字阅读的终端状况）、吴莹莹（数字阅读的内容来源）、魏倩（数字阅读的时长和数量）、张慧明（婚姻状况与数字阅读题材）、杨露（数字阅读的前景）共同完成。

　　感谢中国传媒大学出版社及黄松毅责编的奉献和付出！感谢所有关心和支持本书出版的领导、同事、亲人、朋友！

　　由于时间紧迫和水平不足，本书一定存在许多缺点和错误，敬俟批评！

作　者

2017 年 3 月 15 日